日本近代法学の揺籃と明治法律学校

村上一博【編著】

明治大学社会科学研究所叢書

日本経済評論社

はしがき

明治大学は、二〇〇六（平成一八）年一月に、開校一二五周年を迎えた。明治法律学校が、一八八一（明治一四）年に、当時すでに、「健訟ノ具」と化した法学の弊風を「救正」して「法理ヲ講究シ其真諦ヲ拡張」すること、すなわち人民の「権利自由」に枢要な法学の普及と、それを担うべき法曹（代言人および判検事）の養成を目的として開校され（「明治法律学校設立ノ趣旨」）、ボアソナード門下の秀逸を集めた講師陣のもとで、法知識の全国的普及に努めるとともに、幾多の法曹を輩出してきたことは、先学の諸研究によってすでに明らかにされている。しかしながら、講師陣のうちで最も研究が進んでいると思われる創立者の三人、岸本辰雄・宮城浩蔵・矢代操についてみても、その完全な法学著作目録は未だ作成されておらず、その法学理論の特徴、たとえば彼らの近代資本主義的法律観の特徴、恩師ボアソナードの見解との異同、フランス法学説の受容形態などの重要な諸問題について、彼らが担当した講義内容は言うまでもなく、著書・論文・講演なども含めて、総合的に——さらには、法制官僚・法曹としての実際的活動とも関連づけながら——分析する作業は、まだまだ不充分である。創立者の三人以外の著名な講師陣——草創期に限ってみても磯部四郎・井上正一・熊野敏三・光妙寺三郎・井上操ら錚々たる人々が見出される——に至っては、まとまった研究は、これまでほとんどなかったと言ってよい。

このような研究状況を受けて、我々は、明治大学社会科学研究所の研究助成をうけて（二〇〇三～二〇〇五年度総合研究「明治法律学校講義録の総合的研究」）、①創立者の三人を中心としながらも、可能な限り多くの講師陣を対象に、②従来の研究成果に加えて、これまで知られていない講義録や著作類を発掘収集し、③明治法律学校で行われていた法学教育の内容を総合的に分析すること、また法理論上の検討にとどまらず、④彼らの法曹実務家としての実践的活動をも追跡・検討すること、さらには、⑤卒業生司法官・代言人の法曹活動についても資料収集に努め、明治法律学校時代における法学教育の全国的拡がりを探ることを目指した。

具体的な活動としては、国立国会図書館・法務省法務図書館・国立公文書館をはじめ、東京大学・京都大学・神戸大学・九州大学などの大学図書館において、明治法律学校講師の講義録や著作類を収集し、また、講師陣や卒業生代言人らの在野法曹活動については、当時の法律雑誌や新聞の記事を手がかりとして、各地に残る地方資料を調査発掘することに努めた。岸本辰雄の出身地である鳥取県鳥取市、磯部四郎の富山県富山市、光妙寺三郎の山口県防府市、矢代操の福井県鯖江市、宮城浩蔵の山形県天童市ほか、各地の公立図書館・資料館において現地調査を実施し、パリ・ディジョン・リヨンの図書館や文書館、ベルリンの大学文書館においても、資料収集活動を行った。

こうした作業と平行して、日本の民法学説史に造詣が深い平井一雄教授（中京大学法科大学院）・岡孝教授（学習院大学法学部）・渡辺左近氏（信山社社長）らと諮って「日本近代法学史研究会」を立ち上げ、在京の法制史・民法・近代史・大学史の研究者、および血縁者・郷土史家らの協力も得て、二〇〇一年一〇月以来、研究会を開催してきた。

本書は、以上のような資料収集・研究会活動から得られた知見を、明治大学社会科学研究所叢書の一冊として刊行するものであるが、すでに、研究成果の一部、とくに磯部四郎の法理論に関しては、シンポジウム「富山が生んだ法曹界の巨人　磯部四郎」（『高岡法学』第一七巻一＝二合併号、二〇〇六年三月）、村上一博編『日本近代法学の巨擘　磯部四郎論文選集』（信山社、二〇〇五年一一月）、平井一雄・村上一博編『日本近代法学の巨擘　磯部四郎研究』（信山社、二〇〇七年二月）として発表済みである。本書と併せて参照いただければ幸いである。

御茶ノ水駿河台研究棟にて

研究代表者　村上　一博

目 次

はしがき ⅲ

第一章 明治法律学校における講義科目・担当者の変遷と講義録の発行……………村上一博 1

　第一節　講義科目と担当者の変遷 1
　　A　明治一四〜一六年の講義科目と担当者 1
　　B　明治一八〜二〇年の講義科目と担当者 4
　　C　明治二一年の講義科目と担当者 8
　第二節　講義録の発行 10
　　A　通信教育の嚆矢──井上正一・宮城浩蔵編『法律講義』（知新社） 10
　　B　講法会 16

第二章 岸本辰雄と横田秀雄の民法（家族法）理論……………村上一博 23

A　自然法論　26
B　婚姻契約論　28
C　財産相続論　29
D　法理論の変質　30
第三節　明治民法の制定とその運用――横田秀雄　32
A　横田秀雄の経歴　32
B　大審院長への就任と信条　32
C　著名な民事判決　34
第四節　むすび　36
第三章　光妙寺三郎の憲法講義……江藤英樹　43
第一節　はじめに　43
第二節　光妙寺三郎の人物像　49
A　パリ留学時代の光妙寺　49
B　光妙寺の人間像　49
第三節　光妙寺三郎の憲法観　56
A　大日本帝国憲法公布に対する反応　56
B　光妙寺の憲法講義　58

第四節　おわりに　65

第四章　宮城浩蔵の刑法講義――「旧刑法典」の立法者像素描……岩谷十郎　73

第一節　はじめに　73
第二節　宮城浩蔵の刑法関連著作――『刑法正義』の位置付け　74
第三節　『刑法正義』にみる宮城の解釈方法の検討　76
A　「草案」への回帰の姿勢　82
B　審査修正段階への批判的視点　83
第四節　おわりに――宮城刑法学における「立法者」像をたずねて　85

第五章　岸本辰雄の商法理論――優先株問題をめぐる梅謙次郎との論争……村上一博　93

第一節　はじめに――岸本辰雄と商法編纂　93
第二節　商法関係の講義と著作　94
第三節　旧商法第二二一条をめぐる梅謙次郎との論争　95
A　法典調査会における優先株論議　96
B　梅の優先株肯定論　104
C　岸本の優先株否定論　107

D　岸本に対する梅の反論　111
E　梅に対する岸本の再批判　112
F　明治商法における優先株　114
第四節　むすび――岸本商法理論の特徴　116

第六章　磯部四郎の民事訴訟法講義録……………………………………中山幸二　129

第一節　はじめに　129
第二節　磯部の訴訟法学の形成過程　131
A　司法省法学校での訴訟法の修養　131
B　パリ留学時代　132
C　法律取調委員としての民事訴訟法制定過程への関与　132
第三節　磯部の講義の基本的スタンスと講義録の構成　133
第四節　磯部のレトリックと講義の雰囲気　135
第五節　磯部の解釈論の諸相　138
A　管轄違いと移送　138
B　裁判官の除斥・忌避　140
C　検事の立会い　144
D　訴訟係属の効果――二重起訴の禁止と訴え変更の禁止　152

G 既判力論 165
H 詐害再審 169
I 強制執行法 171
第六節 結びに代えて 173

付録 明治法律学校機関誌の沿革 ……………… 村上一博

第一節 はじめに 183
第二節 『明法雑誌』 184
　A 発刊の目的とその後 184
　B 各号の内容 185
第三節 『法政誌叢』 218
　A 発刊の目的とその後 218
　B 各号の内容 220
第四節 『法治協会雑誌』 236
　A 発刊の目的とその後 236

第一章　明治法律学校における講義科目・担当者の変遷と講義録の発行

村上一博

第一節　講義科目と担当者の変遷

A　明治一四〜一六年の講義科目と担当者

明治法律学校は、明治一四（一八八一）年一月一七日、東京府麹町区有楽町三丁目一番地（数寄屋橋内旧三楽舎旧島原藩邸跡、現在のニュートーキョービル（千代田区有楽町二丁目二）の北側付近）に開校した[1]。当初の講義は、創立者の三人が担当し、岸本辰雄が仏国民法半部・同商法・行政法、宮城浩蔵が日本刑法・治罪法、矢代操が仏国民法半部・民事訴訟法を担当したようである[2]。その後、まもなく、西園寺公望が仏国行政法を担当し、続いてアペール（通訳宇川盛三郎）・井上正一・杉村虎一・一瀬勇三郎が講師陣に加わった。

開校の一四年から翌一五年にかけての講師および講義科目を、当時の諸新聞の広告記事などから見ると、次の通りである。

明治一四年九月より

仏国民法人事編講義	岸本　辰雄
同　契約編・日本刑法輪講	矢代　操
同　売買編輪講	一瀬勇三郎
日本刑法講義	宮城　浩蔵
経済学講義	アッペール（宇川盛三郎口訳）
第二第四土曜日法論会々頭	西園寺公望
毎月三回擬律擬判受持	杉村　虎一

明治一五年一月より

経済学	アッペール（宇川盛三郎口訳）
行政法	井上　正一
商法	岸本　辰雄
日本治罪法	宮城　浩蔵
討論会	西園寺公望
仏国民法名代契約	矢代　操
同　賃貸契約	一瀬勇三郎
擬律擬判	杉村　虎一

同年九月より

仏国商法	岸本　辰雄
日本刑法	宮城　浩蔵
仏国民法特権ノ部	矢代　操
経済学	アッペール（宇川盛三郎口訳）
行政法	井上　正一
仏国民法貸借ノ部	杉村　虎一

明治一五年九月からの講義予定では、西園寺公望と一瀬勇三郎の名前が消えていることがわかる。その後まもなく、熊野敏三と井上操が講師陣に加わり、熊野は法律大意・人事法・相続法・万国公法を、井上操は財産法・治罪法・訴訟法・英吉利証拠法を担当したようである。

東京府から布達された「町村立私立学校幼稚園書籍館設置廃止規則」に対して、一六年二月に東京府学務課に提出された「明治法律学校明細書」によると、教師数は全七名で「仏蘭西大学法律博士一名、同学士二名、同明法寮法学校ニ於テ仏人ボアソナード氏ニ就キ仏国六法ヲ卒業シタル者二名、仏国ニ十二年間留学シ法律政体ノ二学科ヲ学ヒタル者一名」と記されている（もう一名については記載なし）。「仏蘭西大学法律博士一名」は井上正一、「同学士二名」は岸本辰雄と宮城浩蔵、「同明法寮法学校…二名」は矢代操と杉村虎一、「仏国ニ十二年間留学…一名」は西園寺公望、を指すのであろう。三学年制が採られ、講義科目については、次のように記されている。

一年生　前期：仏国民法人事ノ部、日本治罪法

後期：仏国民法財産ノ部、日本刑法

二年生　前期：仏国民法相続ノ部・遺贈ノ部、仏国訴訟法

後期：仏国民法証拠ノ部・契約ノ部、仏国訴訟法、経済学

三年生　前期：仏国民法夫婦財産契約ノ部・売買ノ部・交換ノ部・賃貸ノ部・会社ノ部・貸借ノ部、仏国商法会社ノ部・諸手形法・海上保険法、仏国憲法、経済学

後期：仏国民法付託法・偶成契約ノ部・代理ノ部・保証ノ部・和解ノ部・質ノ部・先取特権書入質、仏国商法船舶法・分散及倒産法・商事裁判法、行政法、経済学

「明治法律学校明細書」から各講義科目の担当者について知ることはできないが、一五年までと比較して、講義科目が格段に充実していることがわかる。

B　明治一八～二〇年の講義科目と担当者

一六年九月から二年間の講義科目・担当者については委細不明であるが、一八年九月以降については、詳しく知ることができる(3)。

第一年科

法律大意、〔仏民法〕人事法・相続法　熊野敏三

〔仏民法〕財産法、治罪法　井上　操

刑法　宮城浩蔵

表１－Ａ　明治一八年の時間割表

曜日	午前七時半～八時半	午後三時半～四時半	午後六時～七時
日曜日	休業		
月曜日	第二年科民法 矢代君	第三年科商法 岸本君	第一年科治罪法 井上君
火曜日	第三年科民法 岸本君	第一年科刑法 宮城君	第一年科民法 熊野君
水曜日	第二年科民法 矢代君	第二年科経済学 小池君代理乗竹君	第二年科訴訟法 杉村君
木曜日	第三年科商法 岸本君	第一年科刑法 宮城君	第一年科民法 井上君
金曜日	第二年科民法 矢代君	第三年科民法草案 磯部君	第三年科万国法 熊野君
土曜日	第一年科治罪法 井上君	第三年科憲法 自一時至二時 光妙寺君	自二時至六時 討論会

第二年科
〔仏民法〕贈与〔贈遺〕・契約・証拠・賃貸・貸借・付託
・偶生契約・代理・保証・和解・質　矢代　操
〔日仏〕訴訟法　杉村　虎一
経済学　乗竹孝太郎
擬律擬判
第三年科
民法草案　磯部　四郎
〔仏民法〕売買・交換・会社・債主特権・書入質
・不動産差押・期満得免・行政法　岸本　辰雄
〔仏〕憲法　光妙寺三郎
万国公法　熊野　敏三
〔仏商法、日本為替手形法、行政法〕
擬律擬判

なお、当時の時間割表が『明治法律学校規則』（明治一八年九月）に掲載されているので、参考までに掲げておこう〔表1－A〕。

一九年一月になると、従来の法律学科に加えて、行政学科が新設される。しかし、法律学科の講義科目について、一八年度と比較してみ

表１－B　明治20年４月21日づけの科目表

土	金	木	水	火	月
同	同	同	同	同	リヨ時八第前午
法三年科 仏商法 岸本辰雄	行法一年科 仏民法 杉村虎一	行法一年科 刑法 宮城浩蔵	行法一年科 仏民法 杉村虎一	行法一年科 刑法 宮城浩蔵	法二年科 訴訟法 杉村虎一
リヨ時一第后午	リヨ時三第后午	リヨ時九第后午		リヨ時三第后午	
行三年科 憲法 光妙寺三郎	行法二年科 仏民法 矢代操	毎月第一木曜日 入校試験		法二年科 仏民法 矢代操	
リヨ半時二第后午	同	同	同	リヨ半時四第后午	リヨ半時四第后午
文章 永山近彰	行一年科 日本行政法 宇川盛三郎	行三年科 国際法 熊野敏三	法三一年科 口述推問 井上正一	法三年科 仏商法 岸本辰雄	行法一年科 法学通論 熊野敏三
リヨ半時四第后引	同	リヨ半時六第后午	リヨ半時七第后午	同	リヨ半時六第后午
法三二年科 口述推問 井上正一	法三年科 民法草案 磯部四郎	法二年科 治罪法 内藤直亮	法三年科 民法草案 磯部四郎	法二年科 治罪法 内藤直亮	法三二年科 理財学 乗竹孝太郎
リヨ半時六第后午	同	同		同	リヨ時八第后午
第二第四 土曜日 討論会	法二一年科 経済学 乗竹孝太郎	法三年科 仏民法 岸本辰雄		法三年科 仏民法 岸本辰雄	法行三二年科 仏行政法 宇川盛三郎

出所：『明治大学百年史』第３巻通史編Ｉ（p196）

ると、仏行政法と仏商法が第二年科に見出されるほかに、とくに大きな変更点はない。

一九年八月に森有礼文部大臣から発せられた通達「私立法律学校特別監督条規」を受けて、二〇年三月以来幾度となく、日課表の変更届が帝国大学監督委員宛てに提出されているが、四月二一日付けの日課表を示せば、〔表1－B〕の通りである。[4]

『明法雑誌』第四五号に掲載されている二〇年九月からの新学期の講義科目および担当者は次の通りであり、木下廣次（担当科目は擬律擬判であろう）と木下哲三郎の二人が新たに講師として加わると報じられているが、[5] 註（7）の同時期における学生の講義筆記録と必ずしも一致していない。

日本治罪法、訴訟法（仏文対照）	井上　正一
憲法、特権及書入質法（日本民法草案対照）	光妙寺三郎
契約法（日本民法草案対照）、相続法、贈遺及遺嘱法	矢代　操
国際法、売買法、交換法、時効法（日本民法草案対照）、法学通論	熊野　敏三
日本刑法、夫婦財産契約法	宮城　浩蔵
財産法（日本民法草案対照）	木下哲三郎
前加篇、人事篇、商法、仏蘭西行政法	岸本　辰雄
賃貸法、会社法、貸借法、付託法、偶生契約法、代理法、保証法、和解法、質法（日本民法草案対照）	磯部　四郎
理財法、財政学	乗竹孝太郎
日本行政法	宇川盛三郎

C 明治二一年の講義科目と担当者

さらに、二一年四月の『帝国大学特別監督私立法律学校規則』第九条で、法律学部の科目編成は、次のように定められた。

第一年科

法学通論

仏国民法前加巻・人事法・財産法（仏国民法及ヒ日本民法草案対照）

日本刑法　全

日本治罪法　全

第二年科

相続法・贈与及ヒ遺嘱法・契約ナクシテ生スル義務法・契約法・私犯法・証拠法・賃貸法・民事会社法・貸借法・付託法・偶成契約法・代理法・保証法・和解法・質法（仏国民法及ヒ日本民法草案対照）

日本訴訟法草案（仏国訴訟法対照）

仏国商事会社法（日本会社法草案対照）

日本手形法（仏国手形法対照）

口述推問

擬律擬判

第三年科

夫婦財産契約法・売買法・交換法・特権及ヒ書入質法・所有権ノ強逼収奪法・時効法（仏国民法及ヒ日本民法草案対照）

一般ノ商法・海上法・破産法・倒産法（仏国民法及ヒ日本民法草案対照）

仏国行政法　全

憲法　全

口述推問

擬律擬判

それぞれの担当者名は明らかでないが、同規則中に、教員として列挙されているのは、西園寺公望・岸本辰雄・宮城浩蔵・矢代操・杉村虎一・熊野敏三・宇川盛三郎・小池靖一・井上操・岡村輝彦・磯部四郎・乗竹孝太郎・光妙寺三郎・内藤直亮・井上正一・木下廣次・木下哲三郎の一七名である。

以上が、明治法律学校の草創期、すなわち明治一四年の創立から明治二一年まで、文部省ないし帝国大学による講義科目への統制指導が行われるまでの（法律学科の）講義科目と担当者の変遷である。

たとえば、岸本辰雄に絞ってみると、結局のところ、明治法律学校において彼が担当したのは、フランス民法および商法の講義であり、フランスから帰国して以来、法制官僚として商法関係の立法に関与していた点をあわせて考えると、とりわけ後者（商法分野）について、該博な専門知識をもっていたと考えられる。

ともあれ、以上本章で述べてきた講義内容は、明治法律学校における実際の講義を網羅しているわけではないようである[6][7]。少なくとも、岸本辰雄による「公証人規則講義」（明治一九年九～一〇月）が脱漏していることは確かである[8]。

当該講義のように、臨時あるいは特別講義といった類が、随時、実施されていた可能性は否定しがたい。

第二節　講義録の発行

A　通信教育の嚆矢――井上正一・宮城浩蔵編『法律講義』（知新社）

法律学において通信教育が導入されたのは、明治義塾においてもっとも早く（明治一七年九月開始）、その影響下に開設された英吉利法律学校がこれに次ぎ（明治一八年七月開始）、以後、東京法学校・東京専門学校・専修学校・明治法律学校と続いたと言われている[9]。明治法律学校の場合、本格的な通信教育の開始は、明治二〇年一〇月の「講法会」設立に求められてきたのである。

もっとも、「講法会」の設立以前に、明法堂（東京神田裏神保町七番地）という書肆から、明治法律学校の機関誌『明法雑誌』（明治一八年二月創刊）や教科書類は数多く刊行されている。『明法雑誌』には、例えば、

［岡村輝彦］	英国代理法講義	吉井盤太郎筆記	『明法雑誌』第六・八・九号
岸本辰雄	期満法講義	吉井盤太郎筆記	『明法雑誌』第一四号
熊野敏三	国際法講義	井本常治筆記	『明法雑誌』第一九・二〇号
宇川盛三郎	日本行政法講義	井本常治筆記	『明法雑誌』第二一～二九号
光妙寺三郎	憲法学講義	井本常治筆記	『明法雑誌』第三〇・三一・三四～三六号

といったような、当時の実際の講義内容を筆記収録したものと推測される記事が収載されている。

明治大学総合図書館や大学史資料センターでは、関東大震災と東京大空襲によって灰燼に帰したこれら講義録の収集に努めてきたが、まだ未収集のものも多く、とりわけ、もっとも早い時期に発行されたと思しき『法律講義』については、その存在自体は知られていたものの、現物は一点も確認されていなかった。

ところが、二〇〇三年四月の法科大学院開設にともなって、旧法学部資料センターを法科大学院ローライブラリーへ改組すべく、その蔵書整理が行われた際、『法律講義』が書架の一隅から発見された。確認された『法律講義』は、第一号（明治一五年五月二九日板権免許、七月二一日発兌）から第九二号（明治一九年九月五日発兌）まで、全八〇号であり（第二一・二二・五五・五七・六〇・六六・七八・八三・八四・八五・八七・八八号の一二号分が欠本であり、第九三号以降については委細不明である）、発行所は、全号を通して「知新社」（東京京橋区弥左衛門町十五番地）、編輯者は、第一号から第七二号までは、井上正一と宮城浩蔵が担い、第七三号（明治一八年六月一〇日発兌）からは佐藤友治に交替している。

『法律講義』の目的について、創刊号の「緒言」は、「一ニ曰ク教育ヲ浹クス、二ニ曰ク法学ヲ便利ニス、三ニ曰ク公衆ニ法ノ思想ヲ伝播ス、四ニ曰ク権利義務ヲ明カニシ自治ノ精神ヲ発揮ス、五ニ曰ク力ヲ社会ノ改良ニ添フ」の五項目を挙げ、講義の完結に四年を期すと述べている。巻末では、より具体的に、第一年・仏国民法（井上正一）・日本刑法（宮城浩蔵）、第二年・仏国民法・同訴訟法・日本治罪法、第三年・仏国民法・同商法・同憲法・行政法、第四年・経済学・万国公法・性法、と四年間の講義予定が示され、執筆者には、井上正一・宮城浩蔵のほか、岸本辰雄・加太邦憲・井上操・中村健三・杉村虎一（全員が、もと司法省法学校一期生）が予定されていると記され、さらに、通信教育の意義が述べられている。

抑々法学ノ世ニ必要ナルヤ、今更蝶々ヲ待タス。然ルニ、法学ニ志アル者ハ皆ナ東京ニ来リ、官立若クハ私立ノ学校ニ入塾スルニ非サレハ其目的ヲ達スルノ途ナク、東京ニ来ルニハ、遠ク郷里ヲ去リ、子弟タル者ハ父兄ヲ離レ家主タル者ハ家事ヲ抛タサルヲ得サルノミナラス、亦許多ノ資金ヲ費サヽル可カラス。是レ法学ヲ為スニ付テノ障碍ナリ〔中略〕是ヲ以テ志アリ才アルモ遂ニ其業ヲ為スコト能ハスシテ已ム者幾千ナルヲ知ラス。嘆スルニ勝ユ可ンヤ〔中略〕世ノ法学ニ志アル諸君、此書ヲ熟読セラレナハ、郷里ヲ去リ父兄ヲ離レ資金ヲ費スノ労ナクシテ法学ヲ卒業シ、十分ノ才能ヲ伸フルヲ得ヘシ。則是レ寒村僻邑坐ナラ良師ヲ得ル也。

ここには、法律学における通信教育の必要性と、『法律講義』が通信教育に資するとの自覚が直截に謳われている。明治義塾より二年以上前に、すでに、明治法律学校関係者によって通信教育が開始されていたことが知られるのである。

さて、第一号～第九二号に掲載されている講義内容は、（A）仏国民法人事編・（B）日本刑法・（C）仏国商法など全九種類であり、各号に収録された講義の内訳は以下の通りである。

A　井上正一「民法」「仏国民法」（仏国民法人事編）

一（明治一五年七月二一日）～二一、三一、三四、三八、四〇、四二、四三（明治一七年二月一五日）。

岸本辰雄「仏国民法」

四四（明治一七年二月二〇日）～五〇、五二、五四、五六～五八、六二、六四、六六、六九、七三、八〇（明治一八年九月一日）。

B　宮城浩蔵「刑法」「日本刑法」

一（明治一五年七月二一日）～二二、二六、二八、三二、四三、四七、五一、五三、五五または五七、五八～

六八、七〇～七四、七六～七九、八一（明治一八年一〇月五日）、以下掲載号不明。

C

岸本辰雄「商法」「仏国商法」

一三（明治一六年三月五日）～三〇、三二～四二、四七、四九、五三、五五または五七、五八、六七、七一、七六、七九、八〇（明治一八年九月一日）、以下掲載号不明。

D

井上　操「治罪法」「仏国治罪法」

二二（明治一六年七月一五）～二五、二七、二九～三一、三三、三五～三七、三九、四一、四四～四六、四八、五〇～五四、五六～五七、五九、六一～六三、六五～六六、六八～七五、七七～八九、九一～九二（明治一九年九月五日）、以下掲載号不明。

E

加太邦憲「訴訟法」「仏国訴訟法」

二三（明治一六年七月二五日）～四六、四八～五二、五四～五七、五九～六一、六三～六五、六七～七〇、七二～七七（明治一八年七月二〇日）。

F

加太邦憲「仏国民法売買編」

八一（明治一八年一〇月五日）～八二、（八三～八五、八七～八八？）。

井上　操「仏国民法売買編」

交替号不明、八九（明治一九年五月二五日）、以下掲載号不明。

G

磯部四郎「仏国民法先取特権及ヒ書入質編」

八二（明治一八年一一月一日）、八三または八四または八五、八六、九〇～九一（明治一九年八月二五日）、以下掲載号不明。

H

磯部四郎「仏国民法証拠編」

九〇（明治一九年七月二五日）、九一、以下掲載号不明。

Ｉ　井上　操「日本行政法」

九二（明治一九年九月五日）、以下掲載号不明。

各号に連続的あるいは断続的に掲載された各講義は、連載終了後に合本・刊行されたと推測されるのだが、各講義の内容を、管見の限りで、今日確認されている各著者名の講義録と比較してみると、少なくとも、ＡＣＥＧの四講義が連載後に刊行されていたことがわかる。

Ａ　井上正一・岸本辰雄『仏国人事法講義　全』（明治二一年五月、明法堂刊）と、完全に一致する。

Ｂ　宮城浩蔵による、同時期の講義録として、『刑法講義』（明治一七年五月刊、五味・豊田・武部・安田筆記、講述兼出版人宮城）および『日本刑法講義』（明治二二年、講法会刊）などが刊行されているが、文言が異なる。

Ｃ　岸本辰雄『仏国商法講義』（刊行年月不明）と、ほぼ一致する。

Ｄ　井上操による、同時期の講義録として、『治罪法講義』三冊（明治一九年四～八月、知新社刊）は、吉井・安田・五味筆記で、文言が異なる。

Ｅ　加太邦憲『仏国訴訟法講義　全』（刊行年月不明、明大図蔵）と、完全に一致する。

Ｆ　加太邦憲と井上操の共著あるいは単独名による『仏国民法売買編講義』は、見出されない。

Ｇ　磯部四郎『仏国民法先取特権及書入質編講義』（刊行年月不明、明大図蔵）と、ほぼ一致する。

Ｈ　磯部四郎『仏国民法証拠編講義』（刊行年月不明、明大図蔵）と、文言が異なる。

Ｉ　井上　操『日本行政法講義』は、見出されない。

ところで、前述のように、創刊号の緒言などによれば、『法律講義』に掲載された講義は、東京から遠距離にあって法学を直接学ぶ機会のない者たちを対象に、とくに通信教育の教材として執筆されたものであるから、井上正一と宮城浩蔵が編者をつとめ、執筆者のすべてが明治法律学校の講師であったとしても、必ずしも、明治法律学校における実際の講義を反映していたとは言えないことになる。しかし、過日、九州大学法学部図書室で閲覧した、明治二三～二四年頃に刊行されたと推測される塩入太輔講述『日本新法典之十大原則　完』（政治学講習会）の巻末に、次のような明法堂の広告記事が見出された。

法学博士井上正一先生
法律学士岸本辰雄先生共著　明治法律学校教科書
●**仏国人事法講義**　全一冊　実価一円十五銭　逓送費共
本書ハ曩キニ明治法律学校ニ於テ講師井上、岸本両先生ノ講述セラレタルモノヲ筆記シ尚ホ両先生ノ校訂ヲ経タルモノナレハ精説各［確の誤りか］論近時流行ノ著述出版ト其選ヲ異ニスルハ弊堂ノ保証スル処也

この広告記事によると、A井上正一・岸本辰雄『仏国人事法講義　全』（明治二一年五月、明法堂刊）は、明治法律学校における実際の講義を筆記収録（補訂のうえで）したものだと言うのである。

掲載された他のすべての講義が、これと同様であるかどうかは判然としないけれども、明治法律学校における実際の講義を一定程度反映していたことは確かであるから、『法律講義』（明治一五年五月二九日板権免許、七月二一日第一号出版）は、実質的に、明治法律学校における通信教育の始まりであったと考えてよいであろう。

B　講法会

明治二〇年前後になると、帝国憲法の発布と国会の開設を控え、あるいは判事登用試験の実施や代言人試験の試験内容の変化（事例問題から英仏法理問題へ）を受けて、法学の需用が大きく拡大したため、明治法律学校は、明治二〇年一〇月に「講法会」を設立して、講法会員向けの通信教育教材として講義録を発行した。もっとも、以後続々と刊行された講義録は、明治法律学校における当時の講義を筆記収録したものだけでなく、外部生向けに特に執筆されたものも含まれているため、講義科目・担当者ともに、実際の講義とは異なる場合がある。ともあれ、明治法律学校が創立開校されたのは、明治一四年一月であるから、創立後六年半にして、ようやく本格的な通信教育と講義録の発行に乗り出したのである。

『講法会規則』によれば、「本校ノ講義ヲ筆記シ講義録（八〇頁以上）トシテ毎土曜日ニ刊行シ之ヲ会員ニ配賦」し、「講義録ニ掲載スヘキ各学科目並ニ担任ノ教員ハ本校学則」と同一とする（第三条）[10]。明治二五年には、月三回・一回一六〇頁と講義録の充実が図られ、翌二六年一二月に、第一期の講義録（全二二八号）が完結を迎えた。

明治二七年八月から開始された第八期講義録の科目と講師は次の通りである（二六年の第七期から講義録の完結期間が短縮されて三年となった）[11]。

法例・民法人事編【一年科】　岸本辰雄
民法財産編第一部　前田孝階
民法財産編第二部　井上正一
刑法・刑事訴訟法　亀山貞義

民法証拠編【二年科】	磯部四郎
民事訴訟法（一〜五編）	高木豊三
民事訴訟法（六〜八編）	河村譲三郎
帝国憲法・行政学	有賀長雄
国民経済学	有賀長文
経済学	乗竹孝太郎
民法財産取得編・商法【三年科】	岸本辰雄
民法債権担保編	木下哲三郎
国際公法	パテルノストロー
国際私法	安達峰一郎
財政学	小池靖一
法理学【科外】	パテルノストロー
国家学	高木豊三
論理学・史学	有賀長雄

その後、明治三〇年九月に、講法会は明治法律学校出版会となり、講義録やその他の著書の出版を担うこととなるのである。

註

（1）『図録 明治大学百年』（明治大学、一九八〇年）二三頁、『明治大学の発祥』（明治大学、一九九五年）一一頁など、参照。

（2）以下に述べる講義科目と講師については、『明治大学百年史』第三巻通史編Ⅰ（明治大学、一九九二年）および『明治大学百年史』第一巻史料編Ⅰ（明治大学、一九八六年）を参照。

ちなみに、明治一四年一月発兌の『法律志叢』第二七号に掲載された「明治法律学校設立広告」では、創立者三人のほかに、一瀬・アッペール・杉村・西園寺・磯部が、開校当初から講義に加わる旨が記されている（高塩博「『明治法律学校設立広告』の紹介」『法史学研究会会報』創刊号、一九九六年、一六〜一九頁）。

（3）この講義広告（『明法雑誌』第八号（明治一八年九月七日）掲載）と、同年に印行された「明治法律学校規則」第四六条に規定された科目と比較し、［ ］で註記しておいた。

（4）「私立法律学校特別監督条規」が配置すべきことを命じた講義科目は、次の通りである。

第一年
民法（人事編）
私権、身分証書、住所、失踪、婚姻、離婚、父タルコト、養子、父権、幼者、後見、丁年者、禁治産、裁判上ノ保佐人
同（財産編）
財産区別、所有権、収実権、地役
刑法
第二年
民法
時効、契約、売買、交換、賃貸、貸借、付託、偶生契約、代理、和解、会社
訴訟法
治罪法
第三年
民法
保証、質、書入質、先取権、相続、贈遺、遺嘱、婚姻財産、契約

商法
擬律擬判

（5）『明法雑誌』第四五号（明治二〇年九月）八三〇頁。
（6）講義録は、『明法雑誌』など学校機関紙に随時掲載された。二一年以降は、「講法会」から広く出版されるようになる（本章第二節を参照）。
（7）一九九八年末、仙台在住の東海林恒英氏から、吉田正志氏（東北大学法学部教授）・筆者を経由して、本学に寄贈された講義筆記録は、中村清七郎・松田茂三郎・伊藤徳太郎（いずれも明治二三年七月明治法律学校卒業）の三人の学生が、主として、明治一九年から二三年の講義を筆記したものであり、分野・講師別に（およそ講義年月日順に）整理してみると、以下の通りである。

民法
杉村虎一口述『仏国民法財産編』（中村清七郎筆記）
　第一回（明治二〇年一月一二日）～第二七回（同年四月二〇日）
杉村虎一口述『仏蘭西民法前加巻講義』（中村清七郎筆記）
　第一回（［明治二〇年］四月二七日）～第九回（同年六月一〇日）
岡村輝彦口述『英国証拠法講義』（中村清七郎筆記）
　第一回（明治二〇年九月二〇日）～第一〇回（同年一二月一三日）
熊野敏三口述『仏国民法前加巻講義』（中村清七郎筆記）
　第一回（明治二〇年一〇月六日）～回数不詳（年月日不詳）
矢代　操口述『仏国民法貸借法』（中村清七郎筆記）
　第一回（明治二一年九月一一日）～第五回（同年一一月六日）
矢代　操口述『仏国民法会社法』（中村清七郎筆記）
　第一回（明治二一年九月一三日）～第七回（同年一一月八日）
矢代　操口述『日本民法草案　財産取得編先占添付之部』（中村清七郎筆記）
　第一回（年月日不詳）～第九回（年月日不詳）
磯辺［部］四郎口述『仏国民法相続法』（中村清七郎筆記）
　第一回（明治二一年九月一四日）～第二回（同年九月二一日）

磯部四郎口述『日本民法草案　財産取得編講義売買之部』（松田茂三郎筆記）

第一回（明治二二年一二月四日）～第一五回（二三年四月二日）

磯部四郎口述『交換和解及会社法講義』（松田茂三郎筆記）

第一六回（〔明治二三年〕四月七日）～第二〇回（同年四月二三日）

〔木下哲三郎口述〕『民法草案　担保編　保証之部』（〔中村清七郎筆記〕）

第一回（明治二二年九月〔日不詳〕）～第一一回（年月日不詳）

〔木下哲三郎口述〕『民法草案　担保編　連帯之部』（〔中村清七郎筆記〕）

第一一回（年月日不詳）～第一九回（年月日不詳）

木下哲三郎口述『民法草案　担保編　留置権ヨリ不動産質ニ至之部』（中村清七郎筆記）

第〔二〇〕回（明治二二年一二月〔日不詳〕）～第二八回（二三年二月四日）

木下哲三郎口述『日本民法草案　債権担保編講義　物上担保之内先取特権之部』（松田茂三郎筆記）

第二九回（明治二三年二月七日）～第四二回（同年四月八日）

木下哲三郎口述『日本民法草案　物上担保編抵当之部講義』（松田茂三郎筆記）

第四三回（明治二三年四月〔日不詳〕）～第五〇回（同年五月一六日）

商法

岸本辰雄口述『仏国商法講義』（中村清七郎筆記）

第一回（明治二一年一〇月二二日）～第六回（同年一二月三日）

岸本辰雄口述『仏国商事会社法講義』（中村清七郎筆記）

第一一回（明治二二年二月二二日）～第一二回（年月日不詳）

本尾敬三郎口述『日本商法草案講義海商之部八二四～八五九条』（中村清七郎筆記）

第一回（年月日不詳）～第七回（〔年不詳〕五月一〇日）

長谷川喬口述『日本商法草案講義破産編之部九七八～九八四条』（中村清七郎筆記）

第一回（明治二二年九月二〇日）～第七回（同年一二月二〇日）

樋山資之口述『日本商法草案講義破産編之部九八五～一〇二二条』（中村清七郎筆記）

第八回（明治二三年二月一八日）～第一三回（同年四月二五日）

樋山資之口述『日本商法草案　破産編講義』（松田茂三郎筆記）【上と同内容】

　　第八回（明治二三年二月一八日）～第一三回（同年四月二五日）

刑法・刑事訴訟法

　宮城浩蔵口述『日本刑法講義』（中村清七郎筆記）

　　第一回（明治二〇年九月二七日）～第二一回（年月日不詳）

　井上正一口述『日本治罪法講義』（中村清七郎筆記）

　　第一回（年月日不詳）～第一八回（[年不詳]三月八日）

憲法・行政法

　宇川盛三郎口述『仏国行政法講義』（中村清七郎筆記）

　　（回数・年月日ともに不詳）

　宇川盛三郎口述『日本行政法講義　第一』（伊藤徳太郎筆記）

　　第一回（明治二二年九月一八日）～第一九回（同年一二月一八日）

　宇川盛三郎口述『日本行政法　第二巻目』（伊藤徳太郎筆記）

　　第二〇回（明治二三年一月二二日）～第三一回（同年四月一〇日）

　光妙寺三郎口述『憲法』（筆記者不詳）

　　第一回（[明治二三年]九月一四日）～第一九回（[明治二四年]五月六日）

経済学

　乗竹孝太郎口述『経済学総則篇講義　一』（中村清七郎筆記）

　　第二三回（明治一九年一〇月一三日）～第三六回（明治二〇年三月一八日）

　乗竹孝太郎口述『経済学貿易篇講義　二』（中村清七郎筆記）

　　第一回（明治二〇年三月二五日）～第一二回（同年七月八日）

　乗竹孝太郎口述『理財学講義』（中村清七郎筆記）

　　第一回（明治二〇年一月一七日）～第一九回（同年七月四日）

　乗竹孝太郎口述『理財学講義　歴史之部』（中村清七郎筆記）

　　第一回（明治二〇年八月一七日）～第一三回（年月日不詳）

以上のように、民法人事編・民事訴訟法・手形法あるいは擬律擬判など、若干の欠落はあるが、ほぼすべての講義が含まれていると言ってよい。

（8）拙稿「草創期明治法律学校の法律家群像――岸本辰雄とその周辺」『明治大学社会科学研究所紀要』第四二巻一号、二〇〇三年一〇月、参照。

（9）前掲『明治大学百年史』第三巻通史編Ⅰ、二六三～二六四頁。

（10）前掲『明治大学百年史』第一巻資料編Ⅰ、二六四頁。

（11）前掲『明治大学百年史』第三巻通史編Ⅰ、四一三～四一四頁。

第二章　岸本辰雄と横田秀雄の民法（家族法）理論

村上一博

第一節　はじめに

本章では、明治一四年一月に開校して以来、昭和初期までの約五〇年間におよぶ、明治法律学校における民法学の展開過程を跡づけてみたい[1]。開校当初、明治法律学校における民法学の講義は、岸本辰雄と矢代操の二人が担当したが、まもなく一瀬勇三郎・井上操がこれに加わり（一時期のみ）、さらに一〇年代後半から二〇年代前半にかけては、岸本・矢代のほか、熊野敏三・磯部四郎・杉村虎一・木下哲三郎らが分担した。この顔ぶれから知られるように、民法の講義担当者は、すべて司法省法学校出身者で占められており[2]、したがって、その講義内容は、フランス民法の解説が中心であった。『明治大学六十年史』は、当時の講義形式について、「在来、法学の講義なるものは、恰も漢籍の講義の如く一定の洋書を訳読せしに過ぎざりしが〔中略〕其の型を全く破り、講師は多数の学説及び判例等を咀嚼し、其れ自らの説として講義を行ったのである。是れ今日の官私学に於て等しく行はれるものであるが、当時我国に於ては、正に破天荒の」「一新紀元を劃」する「新式講義」であったと評価している[3]。

フランス民法の解説に加えて、一八年九月からは、磯部によって旧民法草案の講義が開始されているが[4]、二三年に旧民法が公布されると、その条文の解釈が講義の中心となり、(5) フランス民法は傍らで講じられるようになった。講義の担当者は、二四年四月に矢代が死去したため、(6) 磯部・岸本を中心として、あらたに高木豊三・河村譲三郎・前田孝階・掛下重次郎・木下友三郎ら司法省法学校出身の裁判官によって担われた。(7)

いわゆる法典論争の結果、第三帝国議会において旧民法の施行延期が決したのち、明治民法の編纂にむけた旧民法の修正作業が開始された。岸本・磯部・熊野は、法典調査会委員として明治民法草案の審議に加わったとはいえ、その中心は穂積陳重・梅謙次郎・富井政章という三名の東京帝国大学教授であり、また穂積・富井によってドイツ民法学の受容が強調されたため、岸本らの意見はほとんど採用されることがなかったと言われている。こうした状況を反映して、二〇年代後半になると、仁保亀松・仁井田益太郎ら、明治民法の編纂に関わった東京帝国大学出身の若手のドイツ民法学者があらたに講師に参入してくる。さらに、三一年に明治民法が公布施行されると、民法学は圧倒的な官学優位、ドイツ流の法解釈学（概念法学）の全盛時代を迎えることとなり、前年九月に実施された学校改革の一環として講師の増聘が計られたこと（三一年九月現在総数八六名で、二六年当時の二倍となった）も反映して、帝大教授との提携が強められて（三四年現在の法律関係教員三七名中、二〇名が明治法律学校と帝大の兼任であった）、仁保・仁井田のほかに、岡松参太郎・鳩山秀夫・川名兼四郎・鵜沢聡明ら多数のドイツ法学者が講師に迎えられた。ただし、同じく帝大出身者でも、いわゆる民法学者のほかに、横田秀雄・島田鉄吉・飯島喬平ら裁判官による出講という旧来の方式も維持された。(8)

明治四五年四月に岸本が急逝して後、大正期に入っても、東京帝大教授と裁判官を両輪にした民法講義という図式は続くが、大正九年四月に、「大学令」（七年一二月、勅令第三八八号）により明治大学が発足し、専任教員制がとられると、法学部長の鵜澤聡明以下、民法担当者としては、島田鉄吉・横田秀雄・霜山精一ら裁判官——いずれも当時大審院判事——が講師として残った。(9) なかでも、横田は、一二年九月に第一四代大審院長の要職につく傍ら、一三年一一月に明治大学学長となり、さらに昭和二年八月に大審院長を定年退職すると、七年に総長に就任するなど、明治大学の教育と経営に深く関わることになる。

以上、明治法律学校における民法学の展開を講義担当者の変遷を中心に概観したが、時期的には法典論争を境として、大きく前後期に分けることができる。開校から法典論争までの民法講義は、フランス民法学の受容と旧民法の解説を内容として、司法省法学校出身の実務家（法制官僚・司法官）によって担われており、その中心は矢代操・岸本辰雄・磯部四郎の三名であった。法典論争以後昭和初年までの民法講義は、ドイツ民法の影響を受けた明治民法の条文解釈を内容として、帝大教授と帝大出身の実務家（司法官）が担当したが、この時期を代表する者としては、横田秀雄を挙げることができよう。

およそ上述した民法講義担当者すべての講義内容を細部にわたって検討することは、とうてい筆者の能力の及ぶところではなく、また紙幅の制約もあるため、以下では、検討の対象を大きく絞り込み、前後期を代表する民法講義担当者として、岸本辰雄と横田秀雄をとくに選んで、その民法理論（とりわけ家族法分野）の特徴を一瞥するにとどめざるをえない。

第二節　フランス民法の受容と旧民法——岸本辰雄

パリ大学での留学を終えて明治一三年二月に帰朝した岸本辰雄は、四月の判事任官から新進気鋭の法務官僚としてのスタートを切ったが、その傍ら、一二月に宮城・矢代と連名で明治法律学校の設立届を東京府に提出した[10]。彼の民法講義は翌一四年から開始されたと推測されるが、残念ながらその内容を知ることはできない。しかし、もっとも早い時期に発表した民法関係の論文として、①「性法ニ基テ契約ノ効力ヲ論ス」（『法律志叢』第八七・九一号、明治一五年一月)、②「婚姻契約及ヒ夫婦ノ地位ヲ論ス」(『法律志叢』第一一六号、同年六月)、③「相続論」(『明法雑誌』第四・八・九号、一八年五・九・一〇月)、④「期満法講義」(『明法雑誌』第一四号、一九年三月)が知られており、別に、⑤エミール・アコラス『仏国法典改正論』(知新社、明治一四年一二月)の共訳もある。また、フランス民法の講義録としては、『仏国人事法講義』(井上正一と共著)(明法堂、二一年五月)のほか売買編と時効編の講義録(講法会、二三年)が、公布された旧民法の解説としては、人事編・財産取得編・証拠編の講義録も残されている。明治民法については『民法講義総則編』が唯一の著作であろう。その他に、校外生のための『法学通論』(講法会、二三年一一月)がある。

これらの講義録や著作を手掛かりとして、岸本の民法理論の特徴を探ってみることにしよう[11]。

A　自然法論

おそらく、岸本の処女論文であると考えられる①「性法ニ基テ契約ノ効力ヲ論ス」[12]は、

> 已ニ承諾ヲ与ヘテ一旦結了シタル契約ハ各自必ラス相遵守セサル可ラス即チ契約ノ効力以テ人ノ自由ヲ束縛スルヲ得ルハ社会一般ノ通則ニシテ古今人ノ疑ヲ容レザル所ナリ然レトモ性法ニ基テ之レヲ論スルトキハ(中略)性法ノ元則タル人ヲ害スル勿レノ一言ニ由レハ契約ハ必ラス遵守スヘキハ論ヲ待タサルカ如シト雖トモ是レ皮相ノ偏見ニシテ(中略)若シ其損害ヲ弁償スルトキハ如何ナル場合モ之レヲ履行セスシテ可ナルカ如シ[13]

と述べ、「性法」が契約の基礎たるべき旨を論じているが、この「性法」の意味については、後年の著書『法学通論』において、より詳細な説明を見出すことができる[14][15]。

人ノ性タル必ス人ト相依リ相資ケ社ヲ為シ以テ其生ヲ遂クルコト〔中略〕実ニ社ナルモノハ人々己レカ自由ヲ得ント欲シテ先ツ人ノ自由ヲ尊敬スルニ在リ若シ然ラスシテ人々己レカ自由ノ為メニ人ノ自由ヲ顧ミサレハ弱ノ肉ハ強ノ食トナリ相奪ヒ相害シテ而シテ後ニ止ムノミ是故ニ人々社ヲ為シ其目的ヲ達スル為メニハ道理上必ス守ラサル可カラサル所ノ法則アルヲ認メサル可カラス此道理ヨリ出テタル自然ノ法則ヲ名ケテ性法又ハ自然法ト云フ〔中略〕余輩性法ト名ツクルモノハ其付スル所ノ名称ノ如何ヲ問ハス天ノ賦スル所、良知ノ悟ル所、道理ノ顕ハス所ノ訓戒ニシテ決シテ人々相群スルニ及ンテ初メテ生スルモノニアラス而シテ此訓戒ハ唯タ道ノ要旨ニアラス即チ法ノ規則ナリ〔中略〕又之ヲ名ケテ不易ノ法ト云フ仮令立法者ニ於テ自然法アルヲ信セス之ニ背キテ法ヲ立テ社会ヲシテ危険ニ陥ラシムルニ至ルモ安ンソ能ク自然法ヲ消滅セシムルヲ得ンヤ是レ他ナシ此理ハ人ニ先タツテ既ニ存在セシモノナレハナリ

岸本は、さらに、契約を履行させることが自由の束縛とならないかという問題に論を進める。エミール・アコラスの所説、すなわち「義務ハ其種類ノ如何ヲ問ハス悉ク損害要償ヲ以テ自由ニ之レヲ変更スルヲ得可ラシム」れば人の自由を束縛することにならず、民主主義に適したものとなるという説を、「卓越シタル見識」として評価しながら、「氏ノ説ニ従ヒ金銭ヲ以テ〔中略〕代償セハ契約ハ破解スルヲ得ルト雖トモ為メニ自由ノ労働ヲ以テ得タル必要ノ金銭ヲ支出セサルヲ得[16]」ないこととなり、納得しがたいと言う。岸本によれば、契約は人の自由を束縛するものに他ならないが、「人間ノ人間タル所以ヲ伸暢スルノ利益」「社会ヲ組織スルノ目的」に適合するがゆえに「性理ニ背戻[17]」しないと考えるべきなのである。

結論の当否はともかく、岸本がアコラスを始めとするフランス法学説を充分に吸収しながら、さらに独自の説明を創出しようと試みていることは、注目されて良いであろう。

B　婚姻契約論

このような自然法思想を基礎にして、婚姻契約が説明される。②「婚姻契約及ヒ夫婦ノ地位ヲ論ス」[18]では、婚姻契約の性質について「婚姻ハ愛情ニ由テ配偶者其身ヲ相依倚シ相親睦スルヲ以テ成立ツモノニシテ各自思想ヲ相交換シ二人ノ身上ニ関スル一切ノ義務ハ共同シテ之ヲ負担シ其吉凶苦楽ヲ相享受センコトヲ約束シタル契約」であり、「一夫一婦対偶ノ婚姻ヲ以テ天理ニ適スルモノ」[19]であって、重婚・姦通・蓄妾など「情ヲ割テ愛ヲ他ニ及ホス如キ」行為は、「結婚ノ本趣ヲ害シ純粋ノ条理ヲ傷ケ又タ倫理上ノ徳義ヲ害スル」がゆえに、男女・軽重の区別なく罰すべきである。しかるに、「現行法律ハ各国皆ナ奸犯ノ罰ヲ加フル往々男ヲ軽シ女ヲ重クスル」が「是レ男女ノ義務ヲ異ニスル外形ヨリ見解ヲ下スモノ」にすぎず、「曾テ性法ノ取ラサル所ナリ」と断じている。[20]

また、夫婦の権利については、「天ノ人ヲ生スルヤ万人必ス同等ノ権利ヲ賦与シ同等ノ位置ヲ以テ配偶シ其長短ヲ相補ハシム故ニ男女其長所ヲ異ニスト雖トモ必ス良智良能ヲ有シテ権衡平ヲ保」たねばならない、すなわち「天理ヲ以テ論スルニ[男]女ノ間権利上秋毫ノ差アラサルナリ夫婦ハ宜シク同等ノ地位ヲ以テ同等ニ支配スベシ決シテ軽重ス可」[21]きではない。「親族権ハ夫婦相互ニ属」し「或ハ夫或ハ婦皆ナ同等同一」[22]であり、「財産共通ヲ以テ婚姻者理財ノ良法」[23]であるとも言う。

岸本は、婚姻契約の本質を夫婦の愛情に求め、夫婦間における対等平等な権利義務を、「性法」の観点から強調するのである。フランス民法に内在していたジェンダーを克服しようとする、極めて啓蒙的かつ進歩的な家族論として特筆に価する。[24]

C　財産相続論

③「相続論」[25]においては、相続が「民生ニ関シ頗ル重要ノ問題」であることを確認したのち、家名相続を批判し、財産相続を採用すべきことを論じる。すなわち、曰く。

> 我国ニ於テ重ニ行ハルヽ所ハ家名相続ナリ家名相続ハ概ネ長子独占ニ帰ス是レ習慣ノ然ラシムル所ニシテ而カモ自然ノ勢ナリ抑々我国家名相続ノ風ヲ養成シタルハ素ヨリ習慣ノ然ラシムル所ト雖トモ亦タ封建制度ノ勢終ニ之ヲシテ然ラシムルモノアリ然ラハ即チ封建廃レテ郡県起リ旧習一タビ変シテ欧米ノ文明ヲ採択スルノ今日ニ在テハ封建制度ノ下ニ行レシ家名相続ハ決シテ之ヲ維持ス可カラス決シテ維持ス可ラサレハ即チ早晩必ス之ヲ改良セサルヲ得ス何トナレハ此主義ハ啻ニ文明社会ニ適セサルノミナラス茶毒ヲ社会ニ流布スルノ害アレハナリ[26]〔中略〕要スルニ養子ト云ヒ隠居ト云ヒ皆是レ家名相続ヨリ続発スルモノ故ニ其根幹ヲ去リ枝葉ヲ除クノ旨趣ニ基キ家名相続ノ主義ヲ変シテ財産相続ノ方法ヲ採択セバ人心自カラ振起シテ風俗モ亦移易シ従テ独立ノ気像ヲ養成シ得可シ其各自ニ財産ヲ掌有シ得ルカ故ニ人々奮起シテ致富ノ基ヲ開キ終ニ一国ノ経済ヲシテ上進セシムルニ至ラン夫ノ養子及隠居等ノ若キ風習ハ自カラ一洗シテ痕ヲ我社会ニ留メサルヘシ故ニ予輩ハ断シテ曰ハン相続法ハ必ス財産相続法ノ主義ヲ採用スヘシト[27]

岸本は、旧来の家名相続は「封建制度ノ余弊」にすぎないとして、長男単独相続についてもその弊害を厳しく追求している。

こうした岸本の家族法論は、パリ留学時代にその家塾に通ったエミール・アコラスの急進的なフランス民法批判

（例えば、岸本が訳出した『仏国法典改正論』知新社）からの影響が随所に看取されるのであって、相続法の側面においても、アカデミックな立場から、フランス民法を越えて、男女平等な権利と自由の体系を近代日本に移入しようとしたものと評価できる。

D　法理論の変質

それでは、後年の講義では、右のような明治一〇年代の論文に見出される啓蒙的進取性はどのように変化するのだろうか。

『法学通論』(28)（二三年一一月）を見ると、「性法」は、「天ノ賦スル所良知ノ悟ル所道理ノ顕ハス所ノ訓戒〔中略〕法ノ規則」であると定義され、「性法」を基礎とするフランス契約法の原理に従って、契約自由の原則が説明されており、上述の趣旨と変化はない。婚姻制度について見ても、「婚姻は人事に関する重大なる契約」であり、「婚姻の本然の性質に適し道徳に合ふものは一夫一婦の配偶にして一夫数婦を迎〔中略〕が如きは婚姻の性質に背反する」と明言し、蓄妾を否定し、さらに「姦通は男女何れに於けるも婚姻に要する本然の条件中其一を破壊して夫婦間に於ける同等の親愛を害するの点に至ては毫釐の差」もないから「姦通罪に付ては男女同一に之を規定したる法律に非ざれば公正にして且道理に適ふたる法律と謂ふを得ざるなり」と述べている。ところが、制限つきとはいえ、夫権と婦人の服従義務を認め、「親権」（子に対して夫婦共に有すべき権利）を退けて、「独り父のみに委ねる」「父権」を容認し、その理由は、「敢て男尊女卑の蛮風に依るに非ず〔中略〕婦人は元来経験に乏しく且其体格上より之を見るも概ね孱弱なるが故」であると説明する。さらに、相続については、財産相続に関してのみ説明を加え、仏国では「社会人民の多数を占むる平民間には常に平等主義」が維持されたのに対して、英国では「長男相続を採り古来不同等主義を維持」してきた。「唯だ理論上より之を考ふるときは仏主義を以て優れりと為さざる」をえないが、社会の利益という観点から「其風俗政体などの異同に依り或は英主義を以て優れりと為さざる可からず〔中略〕又土地之形況に依ても之を分つの利否一ならず或は英の如く大耕作の適するあり或は仏の如く小耕作の適するあり〔中略〕両主義の可否優劣は決して一概に断定する能はざるなり」と述べている。

右のような、夫婦間における夫権や親子間における父権の説明、あるいは分割相続の相対的評価という点に、明治一〇年代の見解からの「後退」が読み取れないであろうか。

さらに、旧民法の講義[29]では、第一四九条「親権ハ父之ヲ行フ」を説明して、「親権ハ父母両者ニ属スルモノニシテ之ヲ彼ノ仏法ノ如ク単ニ父権ト称スルハ名実相副ハサル所アリ故ニ我立法者ハ新タニ之ヲ名ケテ親権ト称セリ是レ固ヨリ其宜シキヲ得タルモノトス」と述べながらも、

> 父母同時ニ同等ノ権力ヲ行使スルハ其子ノ教養ノ方針一定セスシテ子ノ為メ非常ノ不利益タルノミナラス二個ノ権力ハ時ニ相衝突シテ一家ノ風波ヲ醸スノ憂ヒアリ必スヤ父母ノ中一人ヲシテ専ラ此権ヲ行ハシメサルヲ得サル〔中略〕天下普通ノ制トシテ婦ハ固ヨリ其夫ノ権力ノ下ニ在ルカ故ナリ

として、夫による親権行使が正当化されており、ここには、婦人の地位の向上をめざす法制度について積極的な提言を示すという姿勢は見出されない。旧民法の条文内容からの制約としてではなく、やはり、現実の肯定、現状との妥協の結果として、岸本の法理論に内在する進歩性の限界と解さざるを得ないであろう。

第三節　明治民法の制定とその運用——横田秀雄

A　横田秀雄の経歴

明治民法が施行されると、鳩山秀夫・石坂音四郎らによってドイツ民法学が全面的に移入され、精緻な条文解釈を至上とする、いわゆる「概念法学」の全盛期を迎えたが、明治末年になると、これに対する批判として「社会法学」「自由法学」運動が登場し、法の精神や目的・社会的機能、判例による法創造機能の重要性が、牧野英一・末弘厳太郎らによって主張され始めた。

こうした法学の新しい潮流を、裁判官として、もっとも自覚的に実務に反映させたのが、横田秀雄であった。文久二（一八六二）年八月一九日、長野県埴科郡松代町に生まれた横田は、明治一三年九月に司法省法学校正則科（第三期生）に入学し、二一年七月東京帝国大学法科大学を卒業した。その年、一二月司法省参事官試補となったが、二三年八月に判事試補に転じ、以後、昭和二年八月に大審院長を定年退官するまで、三七年の間、裁判官として活動した。[30]

B　大審院長への就任と信条

横田は、三四年一二月、三九歳の若さで大審院判事に抜擢登用され、大正一二年九月には第一四代大審院長に就任した。新年（一三年）の抱負を語るなかで、横田は、新刑事訴訟法（大正一一年五月五日法律第七五号）の施行にともない大審院による事実審理が開始されたことに触れ、次いで、「裁判の実際化」の必要性を、次のように力説した。[31]

従来は形式的論理主義＝法条に立脚してそれから生ずる論理的結果を収むれば宜いと云ふのでそれが実際上に如何なる影響を生ずるかは深く考慮しなかった。然しながら法の条項は勿論重んずべきではあるが、又必ずしも法文に拘泥しないで其の精神に依つて法律を解釈することが必要である。

就中、裁判は社会の通年即ち道徳上経済上の法則などと云ふものに通暁して国民の実際生活が如何に活動し又は変遷しつゝあるかと云ふことを常に研究して此方面に関する知識を充分に蘊蓄して置かなければならぬ。之が法律を活用する上に於て頗る大切なことである。〔中略〕

要之。法文の弾力性をはっきりして活用すれば特に立法するの繁を避けることが出来るのみならず、法の解釈上極めて必要である。法の解釈としては素より法文に反するやうなことは出来ぬが、時勢の変遷に従つて法の不備欠点を補ふと云ふことも法律解釈の主要なる任務と云はねばならぬ。斯の如くしてこそ法律をして社会文化の反映たる本領を全ふする所以である。

横田は、このような方針にしたがって、大審院長を襲うや、前院長の平沼騏一郎が一度も法廷で検察・裁判事務を採らなかった点を改め、「民刑事両部の法廷にも親しく出席し且務めて当事者の弁論を聴」いた。大審院長自ら、第一刑事部で裁判長を務め、島田鉄吉・平野猷太郎・西川一男・田中右橋の部員四人を束ねたのである[32]。この「裁判（法理）の実際化」こそが、彼の一貫した判決目標であったことは、昭和二年八月一八日に満六〇歳となり大審院長を定年退官するにあたって、次のように述懐していることからも知られる。

私は裁判がどこまでも法理と実際の連絡を保つ所に生きて行くと信じている。これは私の裁判する目標である。学者の論文のやうに純粋の思想界に止るのみにあらず、之を実際社会に応用して、どう活用するかが大切なる問題である。しかし、吾々は法理を無視することが出来ない。唯法理を尊重する余り、常識外に出て実際を顧みないといふことは避けねばならぬと思ふ。[33]

C　著名な民事判決

横田は、「裁判（法理）の実際化」を、実際の判決において如何に実現しようとしたのであろうか。彼が大審院判事として関与した裁判事例のなかで、(a)電気を刑法上の「物」と解した「電気窃盗事件」（明治三六年五月）、(b)零細な反法行為は不問に付するのが社会観念に適し法の精神に合すると判示した「一厘事件」（四三年一〇月）、(c)浪曲は演奏のつど曲節が変化するため著作権法上の「音楽的著作物」に当たらないとした「著作権法違反事件」（大正三年七月）、(d)狸と貉を別物と思惟して捕獲した者は、故意の要件としての違法性の認識を欠くため無罪であると判示した「狸貉事件」（一四年六月）、(e)大審院で事実審理を開いて被告人を無罪とした「尊属殺人事件」（昭和二年七月）など刑事事件が著名であるが、民事事件でも、①「婚姻予約有効判決」（大正四年一月）と②「男子貞操義務判決」（一五年七月）が画期的な名判決として知られている。[34][35]

①「婚姻予約有効判決」　明治民法の施行によって法律婚主義が確立した。このため、戸籍への届出を欠いた事実上の婚姻関係は法律上の婚姻とはみなされず、いわゆる「内縁」として法的保護の外に置かれることとなった。しかし、「内縁」は跡をたたず、私生児の大量発生など種々の社会的問題を生じさせた。大正四年一月二六日、大審院は民事連合部の判決（横田が部長判事を務めた）で、「内縁」を「婚姻予約」、すなわち将来夫婦の関係を生ぜしむる旨の契約と解してその有効性を認め、正当な理由なく違約した場合には、相手方が被った有形無形の損害を賠償する責めを負うべき旨、判示した。[36]もっとも、横田は、すべての「内縁」を事実上の「婚姻」として法的効果を認めようとしたわけではなく、「男女両性カ合意ノ上同棲シ事実上夫婦ノ如キ関係ヲ創設スルモ其相互間ニ於テ真ニ夫婦トナルノ

意思ヲ有セサルトキハ婚姻予約ノ問題[37]」は生じないと述べている。こうした限界はあるが、この判決は、民法の解釈を越えた「補充的立法行為」（穂積重遠）であると高く評価されている。

②「男子貞操義務判決」　大正一五年七月二〇日、大審院第一刑事部（裁判長は横田）は男子の貞操義務を否定して妻を有罪（恐喝罪）とした大分地裁判決を破棄し、事実審理をやり直す旨の中間決定を示し、翌昭和二年五月一日に、男子の貞操義務を認め、妻に無罪を言い渡した（裁判長は平野猷太郎[38]）。

> 婚姻ハ夫婦ノ共同生活ヲ目的トスルモノナレハ配偶者ハ互ニ協力シテ其ノ共同生活ノ平和安全及幸福ヲ保持セサルヘカラス〔中略〕配偶者ハ婚姻契約ニ因リ互ニ誠実ヲ守ル義務ヲ負フ〔中略〕婦ハ夫ニ対シ貞操ヲ守ル義務アルハ勿論夫モ婦ニ対シ其ノ義務ヲ有セサルヘカラス民法第八百十三条第三号ハ夫ノ姦通ヲ以テ婦ニ対スル離婚ノ原因ト為サス刑法第百八十三条モ亦男子ノ姦通ヲ処罰セスト雖是主トシテ古来ノ因襲ニ胚胎スル特殊ノ立法政策ニ属スル規定ニシテ之レアルカ為メニ婦カ民法上夫ニ対シ貞操義務ヲ要求スルノ妨トナラサルナリ

当該判決については、穂積重遠が「我国の裁判史、婚姻法史、女権拡張史に於て画期的な名判決[39]」と評価したことはよく知られているが、横田自身は、「私達大審院のものの意見が特に進んでいたといふわけではなく」、臨時法制審議会での親族法改正論議の影響をうけた旨を述べている。

横田が大審院長を定年退官するにあたり、「法律新聞」は、異例にも、在職延長の決議を大審院に求めた。同紙は、その理由として「凡そ判事に何が必要であるかといえば公平である。君は時代に順応して新しき判例を起し、着々斯道に貢献し来りし跡は燦として判例史上に輝いてゐる。此誠懿なる努力に対する反影は所謂信望となり其信望の大なる、朝野法曹を通じて、恐らく君の右に出づる人がない[40]」と惜しみない賛辞を与えている。

以上のような「裁判（法理）の実際化」を展開した幾多の著名判決を下し、「大正の大岡越前守」と呼ばれた横田は、裁判官としての職務を果たす傍ら、明治二九年に早稲田専門学校の講師となったのを手始めとして、三二年六月から明治法律学校、その他、法政・中央・日本・慶應の各私立大学で民法を講じた[41]。このうち、もっとも親密な関係を持ったのは、明治大学であり、大正九年四月明治大学法学部教授・終審評議員、一〇年六月理事・法学部長、一三年一一月理事・学長、一四年二月七日辞任、五月一三日復職、昭和二年一一月二三日学長に再選、七年三月総長、九年三月辞任、一一年六月名誉顧問など要職を歴任した。その意味で、横田を明治大学の民法講義担当者を代表するものとみなしても失当ではないであろう。

第四節　むすび

以上、岸本辰雄と横田秀雄の民法論（とくに家族法論）の一部分を紹介しえたにすぎないが、両者に代表されるように、明治法律学校においては、開校以来一貫して、実務家による実際的な法運用の実態をふまえた講義が、しかも――フランス民法の受容にせよ、明治民法の解釈運用にせよ――先取の気性に富んだ斬新な講義――もちろん一定の「限界」はあるが――が行なわれていたと言える。

大正七年三月に、研究生制度が設けられて、母校出身者の中から専任教員を養成する制度が漸く整えられ、八年八月に大谷美隆がドイツほかに留学したのを手始めに、法学部の三兄弟と呼ばれた、森山武市郎（九年一月から）・松岡熊三郎（一一年四月から）・野田孝明（昭和二年七月から）が相次いでドイツへ留学し、帰国後は助教授として母校の教壇に立った[42]。こうして、大正期後半から昭和初年にかけて、明治大学出身の教員が誕生してくるのだが[43]、既述のような実務経験者による講義という伝統は、その後も引き継がれていくのである。

註

（1）明治一四年の開校から二〇年代始めにかけての民法講義担当者については、本書第一章を参照。なお、明治大学法学部八十五年史編纂委員会編『明治法律学校における法学と法学教育』（法律論叢別冊、一九六六年）、歴史編纂資料室報告第六集『成立期明治大学関係者略伝』（明治大学広報課歴史編纂資料室、一九七四年）など、参照。

（2）全員がいわゆる司法省法学校正則科第一期生であり、このうち、岸本・熊野・磯部の三名がパリ大学に留学を命じられた。

（3）長井善蔵編『明治大学六十年史』（明治大学、一九四〇年）三頁。

（4）磯部は、明治一三年四月の旧民法編纂作業の当初から民法編纂委員（分任員）として関与している（大久保泰甫・高橋良彰『ボワソナード民法典の編纂』雄松堂、一九九九年、三三頁以下）。

（5）明治二一年四月の「帝国大学特別監督私立法律学校規則」において、法律学部の科目編成として、民法の講義は「仏国民法及ヒ日本民法草案対照」と定められたため、明治法律学校など仏法系の学校のみならず、英独法系の学校でも、旧民法に関する講義が行われることとなった。

（6）矢代の死去の後、明治二六年には、宮城・光妙寺三郎が相次いで死去した。

（7）高木が司法省法学校正則科第一期生、河村・前田・掛下が第二期生、木下（友）が第三期生である。

（8）『明治大学百年史』第三巻通史編Ⅰ（明治大学、一九九二年）三九七頁以下。なお、横田は、東京帝大の卒業ではあるが、司法省法学校正則科第三期生である。

（9）前掲『明治大学百年史』第三巻通史編Ⅰ、六七五頁以下。

（10）岸本辰雄の経歴や人物像については、とりあえず、松岡三郎「岸本辰雄論」（『明治大学――人とその思想』明治大学新聞学会、一九六七年）、渡辺隆喜「岸本辰雄の人と学問」（『自由への学譜――明治大学を創った三人』明治大学、一九九五年）、三枝一雄「法典編纂者　岸本辰雄」（『一二〇年の学譜〈大学史紀要第六号〉』明治大学、二〇〇一年）など、参照。

（11）先学による試みとして、向井健「岸本辰雄とその自然法論」（『一橋論叢』第八〇巻三号、一九七八年）、同「岸本辰雄とその婚姻法論」（高梨公之教授還暦祝賀『婚姻法の研究』上、有斐閣、一九七六年）があるが、掲載号数の誤記などが見られる。

（12）岸本辰雄「性法ニ基テ契約ノ効力ヲ論ス」（『法律志叢』第八七・九一号、明治一五年一月）。

（13）『法律志叢』第八七号、一六〜一七頁。

（14）岸本辰雄『法学通論』（講法会、二三年一一月）一〇〜一一、一四〜一五頁。

（15）岸本の「性法」理解と師ボアソナードのそれとの異同という問題は興味深いが、ここでは触れえない。ボアソナードの「性法」認識については、とりあえず、向井健「ボアソナードの自然法論」（『法律時報』第四五巻七号、一九七三年）、池田真朗「ボアソナード『自然法講義（性法講義）』の再検討」（『法学研究』第五五巻八号、一九八二年）など、参照。

(16)『法律志叢』第九一号、七~九頁。
(17)同右、一二頁。
(18)岸本辰雄「婚姻契約及ヒ夫婦ノ地位ヲ論ス」(『法律志叢』第一一六号、明治一五年六月)。
(19)『法律志叢』第一一六号、四~五頁。
(20)同右、五~六頁。
(21)同右、一〇~一二頁。
(22)同右、一〇頁。
(23)同右、一三頁。
(24)村上一博「近代日本の家族法制とジェンダー――親権概念の形成」(三成美保編著『ジェンダーの比較法史学』大阪大学出版会、二〇〇六年)一三四頁以下、参照。
(25)岸本辰雄「相続論」(『明法雑誌』第四・八・九号、一八年五・九・一〇月)。
(26)『明法雑誌』第四号、三~四頁。
(27)同右、一〇頁。
(28)岸本辰雄『法学通論』(復刻本)(明治大学、一九八四年)。同書巻末に収められている木元錦哉氏による解題を参照。
(29)岸本辰雄『民法正義(人事編巻之壱[下])』(新法註釈会、明治二四年一二月)。
(30)横田の裁判官としての経歴は、次の通りである(主な役職を含む)。明治二三年八月麹町区治安裁判所判事試補、同年一〇月熊谷区裁判所判事兼浦和地方裁判所判事、二四年一〇月東京区裁判所判事、二五年七月東京地方裁判所判事、同年同月代言出願人試験委員、二六年一二月千葉地方裁判所部長、二八年九月東京控訴院判事、三〇年五月判事検事登用第二回試験委員(のち一回)、同年六月函館控訴院判事、三一年一二月函館控訴院部長、三二年四月東京控訴院部長、三二年六月判検事登用第一回試験委員・弁護士試験委員(のち同委員四回)、三四年五月文官懲戒委員、三四年一二月大審院判事、三九年一〇月文官高等試験臨時委員(のち同委員六回)、四一年三月九日法学博士、四二年三月欧米各国へ被差遣、四三年三月帰朝、大正二年二月法律取調委員(~八年九月)、六月大審院部長、三年六月判事検事登用第一回試験委員長・弁護士試験委員長(のち一回)、八月高等捕獲審検所評定官、五年五月会計検査官懲戒裁判所裁判官、七年八月高等試験臨時委員(のち三回)、一一年六月会計検査官懲戒裁判所裁判官、一二年七月臨時法制審議会臨時委員、同年九月大審院長、一四年六月帝国学士院会員、昭和二年八月大審院長定年退官、一三年一一月一六日逝去(『帝国法曹大観　改訂増補』大正一一年、三四頁)。
　その他、彼の経歴については、『横田秀雄先生年譜』(横田秀雄先生景仰同志会、一九三九年)、飯山正秀編『成功偉人名家列伝』二(明治四一年、国鏡社)、井関九郎編『大日本博士録』第一巻(大正一〇年、発展社)、など参照。

なお、主要な著書として、『物権法』（明治三八年六月）、『債権総論』（明治四一年一月）、『債権各論』（大正元年四月）、『法学論集』（一・二・三、大正九～一〇年）、（合本、一九二四年）がある。

(31) 横田秀雄談「今後の法律解釈と裁判の実際化」（『法律新聞』第二二〇一号、大正一三年一月一日発行）五面。

(32) 雑報「新に構成せられたる大審院民刑事部部員」（『法律新聞』第二一一八号、大正一二年一一月一〇日発行）二～三面。ちなみに、このとき、当時東京控訴院判事であった尾佐竹猛が第三刑事部（裁判長は磯谷幸次郎部長判事）の代理判事に抜擢された。

(33) 「今大岡の名を高くせる前大審院長横田秀雄氏　勅選内定を前に過去と将来を語る」（『法律新聞』第二七二〇号、昭和二年八月二〇日発行）二一面。

(34) 横田は自らが関与した裁判について語ることの多かった極めて稀な裁判官である。その理由に付いて、令息の正俊氏は、「裁判官は判決書以外に於て説明又は弁解せずといふ立場乃至裁判官は自分が職務上知り得た事件の内容を漏らしてはならぬといふ立場から、一般に堅く慎しむべきこと」とされているが、「父一流の信念〔中略〕即ち自己の体験を通じて司法官、否、司法裁判、司法権の運用といふものに対する世人の関心と正しい理解とをよび起さんとした」ためであったのではないかと言う（横田正俊『父を語る――横田秀雄小伝』巌松堂書店、一九四二年、二一〇～二一一頁）。

(35) これらの事件については、横田自身が雄弁に語っており（前掲・横田正俊『父を語る――横田秀雄小伝』一八五頁以下および二〇九頁以下）、いずれの判決も好意的に迎えられた。例えば、「著作権法違反事件」判決について、播磨龍城は「名判決中の名判決」であり「大審院に大光明を放つ人は所謂国宝以上の国宝である」（播磨「横田博士の還暦を寿するに就て」『法律新聞』第一八九四号、大正一〇年一〇月一五日発行、三面）と批評し、「狸狢事件」判決について、穂積重遠は「『大正大岡捌き』の一に算ふべき名判決」（穂積『判例百話』日本評論社、一九三二年）と賞賛した。

(36) 当該判決の意義については、前掲・横田正俊『父を語る――横田秀雄小伝』二九五頁以下、手塚豊「日本の名裁判官（二）横田秀雄」（手塚著作集第一〇巻『明治史研究雑纂』慶應通信、一九九四年）一〇一～一〇二頁、穂積重遠「婚姻予約有効判決の真意義」（『法学志林』一九一七年）など、参照。なお、明治民法施行以前における判決例に見られる事実婚主義については、拙著『日本近代婚姻法史論』（法律文化社、二〇〇二年）三頁以下、参照。

(37) 横田秀雄「婚姻ノ予約ヲ論ス」（『法政雑誌』第一八巻二号、一九二一年、のち横田『法学論集（合本）』清水書店、一九二四年）九二五頁。

さらに彼の主張を詳しく見れば、横田は当該判決の意義を、①「婚姻予約ニ関スル当事者ノ地位ヲ社会観念上ヨリ観察」、②「当事者一方ノ理由ナキ違約ニ因リ相手方ノ被ムル苦痛損害ノ動モスレハ甚大ナルノ結果ニ鑑ミ法律上違約ニ対スル制裁ヲ設クルヲ必要ニシテ且正当」という二点から、「判例ヲ変更シ婚姻予約ノ当事者ハ相手方カ正当ノ理由ナクシテ違約シタル場合ニ付キ之ニ対シテ損害ノ賠償ヲ請求スルノ権利アルコトヲ確定」した点に求め、さらに、婚姻予約の成立意要件と効力について、次のように述べている。

婚姻予約の成立要件

「男女両性間ニ於テ将来婚姻ニ因リ夫婦ノ関係ヲ生セシムルコトニ付キ意思ノ合致アルコトヲ要シ一般契約ト等シク其成立要件ト有効条件ヲ具備スルコトヲ要シ成立要件ヲ欠如セル予約ハ当事者ヲ拘束セサルト同時ニ有効条件ヲ具備セサル予約ハ取消権ノ行使ニ因リ其効ヲ失フ」が、第三者による脅迫・欺罔も取消原因となり、「媒酌人ノ虚構ノ言ヲ信シテ承諾ヲ為シタル当事者ハ若シ真ノ事実ヲ知ルニ於テハ其承諾ヲ与ヘサリシモノト認メラルル場合ニ於テハ之ヲ取消スコトヲ得」。

「婚姻ノ予約カ正式ニ行ハレタトキハ其契約ハ結納ノ授受ニ因リテ成立スルモノト解スルヲ相当トス〔中略〕当事者ノ意思ハ結納ノ授受ト共ニ確定スルモノト解スルヲ以テ社会観念ニ適スルモノト断セサルヲ得ス」。ただし、「当事者カ将来夫婦ノ関係ヲ生セシムルニ付キ確定的ニ其意思ヲ決定シタリト認ムヘキ事実ノ生シタル時ヲ以テ婚約成立」と認めざるを得ず、「各場合ニ於ケル事実状況ニ依リテ之ヲ判断スルノ外ナシ」。結婚式または同棲は、婚約成立の要件ではないが、婚約の事実を推定すべき重要な証拠材料となる。

婚姻予約の効力

「婚姻ノ予約ハ債権契約ト異ナリ相手方ノ違約ノ場合ニ付キ訴権ノ目的トナルヘキ請求権ヲ発生セス従テ相手方カ拒絶ト共ニ履行不能ノ状態ニ陥ルヲ免カルルコトヲ得」ず、違約者の賠償責任が発生する。

　賠償責任の根拠　①不法行為説〜「責任ヲ予約成立当時ニ遡及セシメ其意思ヲ変更スル以前ノ事実ニ対シテモ尚ホ不法行為ノ責ヲ負ハシメ賠償義務ニ服従セシムルハ不可なり」、②義務不履行説〜「婚姻予約カ身分契約ニアラサル以上ハ債務不履行ノ観念ニ基ツキ当事者ノ賠償義務ヲ律スルハ其性質ニ反スルノミナラス予約カ絶対ニ当事者ヲ拘束セスシテ当事者ハ常ニ婚姻ヲ為スト否トヲ決定スルノ完全ナル自由ヲ享有スル以上ハ予約上ノ義務ヲ履行スルニ代ヘテ賠償ヲ支払フノ義務アリトスルハ失当」、③信義原則説〜「契約カ其効ヲ失ヒタル場合ニ於ケル消極的損害賠償〔中略〕予約当事者ハ婚姻ノ予約ヲ為スニ当リ其違約ノ場合ニ付キ未必的ニ賠償義務ヲ負担スル」。

（38）当該判決については、前掲・横田正俊『父を語る――横田秀雄小伝』二九五頁以下、前掲・手塚豊「日本の名裁判官（二）横田秀雄」一〇四〜一〇五頁、穂積重遠「男子貞操義務判決の真意義」（『法学志林』第二九巻七号、一九二七年）、利谷信義「男子貞操義務論争」（加藤一郎編『民法学の歴史と課題』東京大学出版会、一九八二年）など、参照。なお、明治民法施行以前の判決例に見られる夫の貞操義務については、前掲・拙著『日本近代婚姻法史論』一〇九頁以下、参照。

(39) 前掲・横田正俊『父を語る——横田秀雄小伝』二八六頁。

(40) 社説「横田大審院長に付在職延期の決議を為すべし」（『法律新聞』第二七一七号、昭和二年八月三日発行）三面。

(41) 大正一〇年一〇月九日、横田の還暦祝賀会が、六私立学校合同で盛大に催されている（『法律新聞』第一八九四号、大正一〇年一〇月一五日発行）七～一一面。

もっとも、判検事による私立学校への出講は、しばしば批判の対象とされた。例えば、言平老人「高級司法官の内職（学校講義）問題批判」（『法律新聞』第二七四五号、昭和二年一〇月一三日発行）三～四面。

(42) 参照すべき文献は多いが、ここではとりあえず、前掲『明治大学六十年史』三四頁以下、参照。森山武市郎（労働法）については『司法保護の回顧＝森山武市郎先生顕彰録』（森山武市郎先生遺徳顕彰の会、一九六九年）、松岡熊三郎（商法）については『法律論叢』第三五巻四・五・六合併号「松岡熊三郎教授在職四十年記念」（一九六二年）、野田孝明（民法）については『法律論叢』第三九巻四・五・六合併号「野田孝明教授古稀記念論集」（一九六六年）などを挙げておく。

(43) 野田孝明によれば、「法学部の実体法を担当する教授は、卒業生席が優秀であること、国家試験に合格していること、三年以上実務の経験を有することおよび大学から留学を命ぜられたこと」が教授会の申し合わせ事項として、新制学部への切り替えまで厳守されていた（野田「松岡さんを語る」前掲『法律論叢』第三五巻四・五・六合併号、四一二頁）。

もっとも、大谷より以前に、明治法律学校出身者で、母校の講師となった者がないわけではなく、例えば岡田庄作（明治三五年卒業）は、本務（司法官）の傍らで、明治末期から刑法を講じているが、民法では、おそらく大谷が最初であろう。

第三章　光妙寺三郎の憲法講義

江藤英樹

第一節　はじめに

本章では、明治一九年より明治法律学校において教鞭を執っていた光妙寺三郎の憲法観を、①明治一九年二月六日から六月一一日にかけて行われた谷山國信筆記の憲法講義（三七回分）[1]、②明治二三年九月一四日から翌二四年五月六日にかけて行われた全一九回の講義を筆記した中村清七郎の「憲法講義」、③井本常治筆記の「憲法学講義」、④光妙寺三郎講述の『憲法講義』・『大日本帝国憲法講義』等を素材に検討する。

明治法律学校講義録一覧（村上作成）

①『憲法講義』（一～四）光妙寺先生口演・谷山国信筆記［光妙寺による仏蘭西憲法第二回講義であると推測される］

第一回（明一九・二・六）　第二回（二・一三）　第三回（二・二〇）　第四回（二・二七）

第五回（三・六）　第六回（三・一三）　第七回（三・二七）　第八回（四・一〇）

第九回（四・一七）　第一〇回（四・二四）　第一一回（五・一）　第一二回（五・八）
第一三回（欠）　第一四回（六・一二）　第一五回（六・二六）　第一六回（七・三）
第一七回（九・一八）　第一八回（九・二五）　第一九回（一〇・二）　第二〇回（一〇・二三）
第二一回（一一・二七）　第二二回（一二・四）　第二三回（一〇・九）
第二四回（明二〇・一・一五）　第二五回（一・二二）　第二六回（一・二九）　第二七回（二・五）
第二八回（二・一二）　第二九回（二・一九）　第三〇回（四・二）　第三一回（四・九）
第三二回（四・一六）　第三三回（四・二三）　第三四回（四・三〇）　第三五回（五・一四）
第三六回（五・二一）　第三七回（六・一一）

②『憲法講義』　光明寺三郎口述・中村清七郎筆記
第一回（明二二・九・一四）　第二回（一〇・五）　第三回（一二・七）　第四回（不明）
第五回（一二・一八）　第六回（不明）　第七回（明二三・一・一五）　第八回（不明）
第九回（一・二二）　第一〇回（不明）　第一一回（不明）　第一二回（不明）
第一三回（不明）　第一四回（不明）　第一五回（四・二二）　第一六回（四・二五）
第一七回（不明）　第一八回（不明）　第一九回（五・六）

③『憲法学講義』　光妙寺三郎先生講述・井本常治筆記［仏蘭西憲法第一回講義であると推測される］
第一回『明法雑誌』第三〇号（明治二〇・二・二〇）　三八〇～三八四頁
第二回　同　第三一号（三・五）　四一三～四一八頁

第三回　同　第三四号（二・二〇）　四九五〜四九九頁
第四回　同　第三五号（五・五）　五二六〜五三〇頁
第五回　同　第三六号（五・二〇）　五四七〜五五一頁

（註）明大百年史第三巻通史編一（三一八頁）によると、同講義録は「明治二〇年から明治法律学校（法律学科三年、行政学科二・三年）の学生を対象として行った講義（史料一七三）の概要」と言うが、井本の学生時代の講義ノートであれば、講師（明一八年四月〜）として招聘後、初の講義ではないかと推測される。

④『大日本帝国憲法講義』（講義録）　一〜三八頁
『憲法講義』総論（講義録）　一〜一一八頁

まず初めに、光妙寺三郎の経歴を見ることから始めてみよう[2]。

光妙寺は、嘉永二年（一八四七年）八月に、現在の山口県に当たる周防三田尻光妙寺住職半雲師の子として生まれている。当初は、姓を光田としていたが、後に末松と改めている。光妙寺という姓は、生まれた寺の名前からとった通称である。ちなみに、国会議事録によると、第一回議会では末松、第二回議会では光妙寺となっている。慶応元年（一八六五年）に、長州藩が京都で敗れ、井上聞多（馨）が鴻城軍を起こすと、当時、一七、八歳であった光妙寺は、僧籍を脱し、これに加わった。慶応二年の幕府による長州征伐の折には、森清蔵の下で参謀として豊芸備などの各地（現在の福岡、大分、広島、岡山など）において、功績を挙げ、明治元年には、井上馨の長崎行に従事し、振遠隊の隊長になっている。

その後、明治三年には毛利候に見いだされ、フランスに留学し、同一一年には日本人として初の法律学士の学位を取得して帰国し太政官書記官になっている。明治一五年には、フランス駐在日本公使館の書記官となり、一九年には検事、二三年には大審院検事に就任している。光妙寺は、前述の如く、検事となった明治一九年より明治法律学校の講師を務めている。

ところで、わが国初の近代憲法である大日本帝国憲法の公布が明治二二年二月一一日であり、その施行が翌明治二三年一一月二九日であるから、光妙寺の講義は、時宜にかなうものであったと考えられる。なお、誤解を避けるために記しておくが、『大日本帝国憲法講義』以外は、英仏を中心とした諸国の比較憲法の講義である。また、光妙寺は、憲法のみを専門としていたのではなく、商法、国際私法、および民法などに関する翻訳書も出版していることから、その学識の広さをうかがい知ることができよう[3]。

それはさておき、留学先のパリ大学（留学期間一八七〇年～一八七八年）においてフランス法を学んだ光妙寺が、プロイセンの影響を受けた大日本帝国憲法をどのように講じたのかも興味を引かれる点である。

その前に、明治一四年の政変を経て、大日本帝国憲法の制定に至るまでの足跡をたどることにしよう。まず、明治一五年二月に、明治政府は、勅語に基づき、伊藤博文を欧州に派遣し、各国の憲法の調査を開始した。政府としての本格的な調査はこのときが始めてであるが、当時の太政官大書記官であった井上毅が、明治一四年六月から一五年にかけ、綿密に憲法の研究を実施しているし、さらに、明治九年以来、元老院において国憲案が作成されている。

また、民間においても同様に、明治一三年から一四年にかけて、多くの私擬憲法案も作成されていたことは、周知の事実である。中でも、植木枝盛の作成した「日本国国憲案」（明治一四年八月）は有名であるが、このほかにも、筑前共愛会「大日本国憲法大略見込書」（全一三四ヵ条、明治一三年二月）、交詢社「私擬憲法案」（全七九ヵ条、明治一四年四月）、立志社「日本憲法見込案」（全一九二ヵ条、明治一四年九月）などがある。

これらの中で、立志社案は民権急進派の案であり、交詢社案は穏健派の案である。両者の共通点は、立憲君主制を採用し、国民の権利義務を定め、国会議員の選挙方法を定めていることにある。立志社案は一院制を採用しているところに特徴がある。また、交詢社案は、他の二案の定める摂政・皇族の地位継承法や国籍取得・地方自治といったものに関する規定をおいていないが、内閣の対議会責任を定め、議院内閣制の導入を示唆するものとなっていた。

また、植木枝盛の「日本国国憲案」の第一編第一条には、「日本国ハ憲法ニ循テ之ヲ立テ之ヲ持ス」とあるが、未成稿では「此日本国憲法ハ明治十□年日本憲法議会ニ於テ議定セル所也」とあり、彼の国憲案が民約憲法的な思想を背景として作成されたことを示すものとなっている。[4] この規定は、成稿では外されるが、憲法改正権が国会のみに属することが明記されている。つぎに、主権の所在と参政権について、植木は「日本連邦ニ関スル立法ノ権ハ日本連邦人民全体ニ属ス」（第一一四条）、さらに、「日本連邦人民ハ皆連邦ノ立法議政ノ権ニ与カルコトヲ得」（第一一五条）と記しているが、草稿では、「第□条　日本国ノ最上権ハ日本全民ニ連属ス独一也矣些モ分離ス可カラズ焉壊滅ス可カラズ焉」と書かれ、ここには一七九三年のフランス人権宣言第二五条の定める人民主権の影響が見られる。[5]

植木は、以上のような考え方に基づき、国会の構成については二院制ではなく、一院制の立場をとっている。その理由は、二院制はそもそも歴史的な妥協の産物に他ならず、代議制の本来の趣旨に反するというものであった。

以上のような民間の私擬国憲案に対し、政府側においても国憲案作成の取り組みが実施されている。元老院では、明治一一年七月に第二次案をまとめたが、これは、岩倉らの反対から、結局再検討を余儀なくされている。そこで、岩倉と三条とが特選議会を設置し、これを民選議会に移行させるという参議である山県有朋の意見に従い、内閣各参議から立憲政体に関する意見を集めるという提案を行っている。この提案を受けて提出された意見は、提出済みの山県、特に意見がないとする西郷および寺島を除くと、黒田清隆の国会開設尚早論（明治一三年二月）、山田顕義の憲法仮定論（明治一三年六月）、井上馨の民法編纂後憲法制定論（明治一三年七月）、伊藤博文の元老院更張論（明治一三年一二月）などである。さらに、岩倉も国憲審査局を設立するための建議を行っている（明治一三年八月）。このように、政府としての意見は、未だ統一されていなかった。

そのような状況の中で、明治一四年、明治政府の筆頭参議だった大隈重信一派が、憲法制定・国会開設、それに北海道開拓使の官有物払い下げの疑惑などにおける対立が原因で、政府から一掃されたいわゆる明治一四年の政変が起きた。

翌明治一五年には、元老院議長寺島宗則の建議により、参議である伊藤博文を憲法調査のためにヨーロッパへ派遣することが決定された。明治一五年三月に横浜を出港した伊藤らは翌明治一六年八月に帰国した。伊藤は、ウィーン大学のL・シュタインに傾倒し、岩倉に宛て、次のような書簡を送っている（八月書簡）。

「独逸にて有名なるグナイスト、スタインの両師に就き、国家組織の大体を了解することを得て、皇室の基礎を固定し、大権を不墜の大眼目は充分相立候間、追て御報道申上候。実に英、米仏の自由過激論者の著述而已を金科玉条の如く誤信し、殆ど国家を傾けんとするの勢は、今日我国の現状に御座候へ共、之を挽回するの道理と手段とを得候、報国の赤心を貫徹するの時期に於て、其功験を現はすの大切なる要具と奉存候て、心私に死処を得るの心地仕候。将来に向て相楽居候事に御座候。両氏の主説とする所は、邦国組織の大体に於て、必竟君主立憲体と共和体の二種を以大別と為し〔中略〕君主立憲政体なれば、君位君権は立法の上に居らざる可からずと云の意なり」

伊藤は、以上のように述べ、さらに、シュタインの日本への招聘希望を井上馨および山田顕義に要請している。その後の立法過程の紹介は省略するが、条約改正に向けた方策が強く打ち出されることになった。さらに、伊藤の滞独中に依頼を受けた青木公使の推薦により、プロイセンの官吏であるC・ルードルフ、H・テヒョーらが政府顧問として来日している。そのような流れの中で、立憲制度の確立に向けた国内法制度の整備が開始され、前述のように、明治二三年一一月二九日の大日本帝国憲法の施行に至るのである[6]。

第二節　光妙寺三郎の人物像

A　パリ留学時代の光妙寺

二〇〇五年一一月に実施したフランス国立古文書館での調査の折りに、光妙寺の学籍簿を発見することができた。この記録によれば、光妙寺が Mitsda Comeuji Sabro と名乗っていたことをまず確認できる。さらに、同記録からは、初回の一八七四年一月二六日から一八七七年六月二七日までの計一二回にわたり、光妙寺が Gide Duverger 教授のクラスに登録していたことも確認することができる。[7] また、当時のパリ大学で行われていた講義記録のいくつかも発見することができたが、残念ながら、光妙寺が学生登録していた当時の講義記録は現存していなかった。光妙寺は、法学士の学位を取得して明治一一年に帰国している。

B　光妙寺の人間像

では、光妙寺とはいかなる人物であったのか。やや長くなるが、光妙寺の人物像を記した唯一の文献といって良いと思われる「西園寺公望傳[8]」を引用することによってそれを明らかにしてみたい。

余巴里に遊学せし時、一夕、星旗楼に飲す。先に一客あり。釵光燭影杯盤狼藉、余はその光妙寺三郎なるを知れども、未だ親近の人たらざる時なれば、知らぬ様して堂の一隅に座を占めて独酌す。既にして彼の視線は数々余の方に向いしが、突然起て余の前に来り曰く、如何なるこれ風流と、余声に応じて曰く、執拗これ風流と。余の意、実は諷する処ありしなり。彼哄然大笑して余の手を執て曰く、真に知己なり、乞う今より交を訂せんと。これ余が彼と友たるの初めなりき。今を距ること三十年に近し。そして三郎の墓木も亦己に拱す。そして余の意は猶昨日の如し

諷言が交遊の機縁となったとは、酔余の世界のことである。しかし両人の関係は深まった。つぎの事件もまた世間に流布された事実である。ある夜両人がさる旗亭で飲んでいる時、ある婦人があやまって鏡を割ってしまった。その夫人は上品な職業の者ではなかったらしいが、しきりに謝るのに店の給仕のとがめ方があまりにしつこいのに腹を立てた光妙寺が、弁償金を払った上でステッキを揮い、その鏡を粉ごなに打ち砕いたというのである。ステッキを揮ったのが西園寺とする説があるが、西園寺は光妙寺の行為をそばで一緒に見ていたといっている。このやや乱暴な行為は西園寺の性格からはありえないことだが、中江にしても光妙寺にしても西園寺が心を開いた友人にはこのような直情径行の人物が多い。

趣味、嗜好からいえば、光妙寺は中江よりも西園寺に近かった。漢詩・文芸を好んだとか、帰国してからも流行の洋服に香水をにおわせて外出したとかいわれる点も共通している。西園寺が詩文の師のひとりであった広瀬青邨へあてた一通の書簡は、両者の関係を「兄弟の如く相交」ると紹介していた。光妙寺は西園寺より早く七八年にパリ大学法学科を卒業し、帰国して元老院書記官となっている。後年に西園寺は「長州の三田の者で、なかなか役に立つ才物であつた、三田の三を光の字に替えて、やはりミタと称したが、三田に光妙寺という寺があるとかで、わたしが西園寺だからとて、自分も光妙寺姓と勝手に改めたのだ。中江、松田等と同じくフランスの学友にして悪友を兼ねたものだよ、三田を光田としたり、光妙寺としたりして、公卿の出か何かのような顔をするひどい奴だなど、わるくいう者もあつたが、それ程の衒気からではない、何か子細ありげな姓を名乗る方が女にもてる位の稚気はあつたがね、あち

らで大学を卒業もしたし、漢文詩文の素養もあつて、水賓と号した。これに兄弟の如く交わると書いてあるが、其通り親しくした」と回想している。

一八九七年（明治三〇）、久しぶりにパリ星旗楼に遊んだ西園寺は一篇の詩を賦して光妙寺を追想した。

旗星楼題壁

二十年前。予与光妙寺三郎飲此楼。三郎有詩景琴情奈我何之句。今再過此。不禁玄然。因作二十八字。

琴情詩景夢茫々　二十年前旧酒場
無数垂楊生意尽　傷心不独為三郎

〔中略〕

おなじ学友の松田正久後述の『東洋自由新聞』に西園寺を誘い、中江・光妙寺も同紙に参加した。松田は後に第一次、第二次西園寺内閣で大蔵大臣・司法大臣をつとめている。今村は九一年（明治二四年）に死亡し、光妙寺は末松と改姓して第一回衆議院議員総選挙で当選したが、これも九三年になくなった。いずれも志を得ぬ生涯だったと思われる。

〔中略〕

西園寺がフランス留学時代に友人につくしたことは、彼がしばしば金銭を融通して彼らの窮状を救おうとしたことにも見られる。〔中略〕光妙寺の死後、その遺児油屋三郎を自邸に引き取って養育し、慶應義塾を卒業させたというのも、なみの友情でできることではない。

西園寺伝は、光妙寺と西園寺との関係を以上のように記している。これは、二人の関係が非常に親密であったことを物語るものであろう。

帰国後の光妙寺の活動については前述したとおりであるが、明治二三年発行の帝国議会議員候補者列伝に基づいて記述された文献[9]によれば、「明治一八年来講師をつとめている奇行の人、光妙寺（末松）三郎（仏国法律学士）が山口県第一区から〔中略〕第一回の総選挙に出馬して当選し、代議士としても活動している」との記述がある[10]。

なお、明治法律学校の関係者では、創立者のひとりである岸本辰雄が鳥取県第二区の議員候補者として担がれたことがあったようである。また、明治二〇年以来、明治法律学校の講師をつとめた磯部四郎および井上正一（仏国法学博士）がそれぞれ東京都東京市、山口県第二区から光妙寺同様第一回の総選挙に出馬して当選している。

光妙寺の人物像はというと、先の西園寺公伝にもあるように、さらに、光妙寺の死の二日後の明治二七年九月二九日発行の『朝野新聞』などによると、色々エピソードの多かった人物のようである[11]。

この朝野新聞の記事は、光妙寺のことを次のように記載している。

> その奇偉不群の資は之く所として華かざるなし君は仏国法律の粋を嚼ひて実に性法主義を取れり其説梢々激二に過ぐるものなしとせざるも亦大に警発の効あり嘗て大学講義室に於て決闘を論ず曰く士気は決闘に依りて振刷すべし曰く決闘は罪を以て論ずべからず曰く決闘は文明の華なりと〔中略〕君又帝国憲法を論じて曰く此憲法にして苟も紊乱せらるることあらんか革命の権利は斯に人民に帰せんと

さて、そのような光妙寺が議会に於いて註目されるのは、第一回議会の開催から間もない明治二三年一二月四日に、「衆議院議員ニシテ会期前ニ逮捕セラレ開会後仍ホ拘留中ノ者ハ衆議院ノ許諾アルニ非ザレバ引続キ拘留スルコトヲ得ズ」という動議を出したことであった。この動議のことを、『国会』（一二月五日）は、「末松三郎氏の動議騒動」として次のように伝えている。

> 昨日の衆議院議事中最も面白かりしは当日の議案即ち森時之助氏拘留一件に関する議事に付議案提出したる末松氏が演壇に上りて余は余が此建議案を朗読して諸君の賛成を請ふべしと云ふや否や大江卓氏は突然上がり朗読は無用と云ふや末松氏は再び余には朗読すべき権利ありと陳べしに此時議論囂々朗読すべからずと叫ぶあり朗読するも妨げなしと云ふあり結局此事に就て議長は議場の意見を問はんとせしに末松氏は尚演壇を下らずして突立ち居たりしかば謀議員は決を取らんとするに当て演壇を下らざるは不都合なりと論ずる者ありしに末松氏壇を下りし後突然大声を揚げ決議中演壇を下らにやならぬと云ふ法律が何処にあるかと叫びしには議員を始め傍聴席まで思はずドット哄めき笑ひたり

さらに、一二月一五日に永井松右衛門議員が提出した「商法及商法施行条例施行期限延期法律案」の審議の際にも、光妙寺は、商法の不備と時期尚早を主張する発議者の提案理由に一つ一つ反駁した上で、「我ガ商業社会ノ状態ハ実ニ言フ可カラザル所ガアル〔中略〕忍ブ可カラザル所ガアル」、つまり「実ニ商業社会ノ秩序ガ大ニ乱レテ居ル」ので、「公明正大ナル裁判ヲ与ヘ得ベキ所ノ法律ヲ設クルコトハ、尤モ今日緊急ノ必要ト考ヘマス」と述べ、延期反対の論陣を張ったが、延期法案を阻止することはできなかった。

このほかに、第一議会に於いて光妙寺は、明治二四年二月五日の「憲法六十七条記載ノ歳出ニ関スル議事ノ性質」（坪田繁議員提出の緊急動議）の審議および三月五日の政府提出「戸籍法案」第一読会の続きの審議において、その存在を示している

前者において、案件を論じる過程で安田愉逸議員が口にした「憲法ガ其ノ当ヲ得テ居ルト云フコトハデキナイ」と

いう発言を光妙寺が大きく問題にし、議長（中島信行）の煮えきらない態度、安田議員の憲法軽視の態度を論難するとともに、予算審議における衆議院の重要性、議会政治における代議士の責任の重さを説いている。

後者において、個人主義的な身分証書の考え方が広まる前に、家族制度的な戸籍の考え方を時代に対応させ、強化しようとした「戸籍法案」が提出されたのに対して、光妙寺は、たとえそれが貴族院で可決されたものであっても、不都合なところがあれば修正すべきであること、もし戸籍法が「人ノ身分ニ就イテ証拠ヲ立ツル」ことを目的とするならば、民法の一部たる身分証書で足りるはずであり、拙速に議決するのは慎むべきことを力説している。その結果、衆議院本会議において、この戸籍法案は否決されるに至った。

第二議会においては、出版法案に関する第一読会の審議（明治二四年一二月二日）および新聞紙法案に関する第二読会の審議（明治二四年一二月八日）において、光妙寺の活動が顕著に顕れている。

出版法案は、植木枝盛議員の提出によるもので、大日本帝国憲法以前につくられ、時代遅れになった「出版条例」にかわり、出版についての危険や弊害を防ぐこと、人民の自由や権利を侵害しないことを二つの柱とするものであった。

この法案に対し、政府委員の白根専一内務次官は、出版物の届出をこれまでの一〇日以前ではなく直前まで良いとするような改正案では、悪しき出版のもたらす危険を防ぐことはできないとして、反対の意を表明した。この後、末広重恭および青木匡の両議員がそれぞれ、批判的および擁護の立場から、字句について論じた後に光妙寺が発言している。光妙寺の発言は、末広らの発言と同様に、多分に字句にこだわったものであったが、最後に次のように述べている。「本員モ出版条例ノ改正ヲ致シタイト云フ者デアルカラ、不同意トイフ訳デモナイガ、唯々此点ハ折角御出シニナッタ所ノ改正法案ニ甚シキ御欠点デハナイカ」と。この出版法案は賛成多数で特別審査委員会に付託されることになった。

次に、箕浦勝人議員他三名提出の新聞紙法案の第二読会が一二月八日に開催されている。この法案も出版法案の場合と同様に、発行に際して所轄官庁への届出をこれまでの一〇日以前ではなく直前までで良いとするような方向での改正案であった。

この第二読会においては、議論も逐条的になり、細部の修正を問題にしたものが多かった。光妙寺の発言も、誤った記事を掲載したときの処置に関わる第九条第二項について、特別委員が追加を建議した次の文言について、危惧を申し立てたものであった。すなわち、「正誤書弁駁書ノ掲載ヲ請求アリタルトキ其ノ事実ノ正当ナルヲ証明シテ之ヲ拒ム事ヲ得其請求者仍ホ之ニ服セサルトキハ裁判所ニ出訴スルコトヲ得」というものである。

これについて光妙寺は、この追加は不要で不当なものであると述べている。なぜならば、これでは新聞が保護されることになっても、新聞に誤ったことを書かれた一般の人々は保護されないからである。そのとき、人々は自己の権利を守るために裁判に訴えるほかなくなるが、これは一般の人々にとってはほとんど不可能なことであり、得策ではないのではないか。すなわち、「保護ヲ受ケナケレバナラヌ者ニ対シテ、甚ダ不親切千万ノ法律ダラウト考へ」ざるをえない、というものであった。

これに対し、特別委員の栗原亮一議員が、光妙寺の議論は「法律家」のものであり、自分のように「新聞屋」の立場からすると、不道徳なのは新聞屋ではなくて新聞を悪用する一部の社会であるといって反論したが、角田真平議員も光妙寺の説に賛成し、裁決において追加案は否決された。

なお、この新聞法案の第二読会には、宮城浩蔵も出席しており、新聞の記事が「誹謗」のかどで訴えられた場合の処置を扱った第一七条について、原案を簡明化した修正案を出した。それに対して、光妙寺が詳しく規定した方が良いという意見を出している。

つぎに、第二議会の衆議院議員選挙法改正案が、明治二四年一二月九日に新井章吾議員（立憲政友会）から提出されたが、この法案は、選挙区を広め、被選挙人および選挙人の年齢を五年短縮し、被選挙人の範囲を全国化することをめざしていた。この法案は、保守系の多くの議員や政府委員に冷たくあしらわれ、結局は廃案になったが、第一読会において、光妙寺は、原案をさらに推し進めて、立法権の至上を根拠に、衆議院議員選挙の当否や議員の資格の有無は、裁判所に委ねるのではなく、衆議院において審査すべきであることを主張した。

最後に、田畑地価特別修正法案が、明治二四年一二月二一日に、天春文衛議員（大同倶楽部）ほか二名によって提出された。この法案は、一部の高すぎる地価を修正低減させることを目的としていた。その第二読会において、この修正案の第三条に、「修正地価額ハ地価修正審査会ノ議決」によるとあることについて、光妙寺は、そのような審査会が勅令によって定められることになる以上、衆議院は「自分ノ立法権ヲ幾分カ削減」することになりはしないか、と疑問を呈している。

以上が、第一議会における光妙寺の発言である。光妙寺は、第二回の総選挙においても、第一回総選挙の際と同様に山口県第一区から出馬したが、落選している。

その後、光妙寺は弁護士として悠々自適の生活を送ったが、明治二七年九月二七日に病気で亡くなっている。享年四六歳である。

第三節　光妙寺三郎の憲法観

A　大日本帝国憲法公布に対する反応

そもそも、フランス法を学んだ光妙寺にとって、大日本帝国憲法はどのようなものであったのであろうか。明治大

学百年史に次のような記載がある。(12)

> 二月十一日、帝国憲法を発布せらるゝ。我校校長以下講師、校友、学生等、相卒ゐて日比谷原頭に赴きて、車駕を奉迎し、謹みて祝意を表す。講師光妙寺三郎氏、原頭に於て一場の演説を試む。奇矯耿介の資を以て、卓犖不群の材を以て、東洋のクレマンソーとして、日本の杜樊川として、仏国憲法学者として、将た雄弁家として、一種の異彩を放ちし、斯の人にして、宮中今日の盛式に列し来り、直に其所感を濾ふ。謹厳荘重、冗実痛快、殆と聴者をして我れ吾を忘れしむ。

さらに、当日の祝賀会に華を添えた光妙寺の演説について、二月一五日付けの東京朝日新聞が、「今日のみ不平ならず」という見出しで以下のように報じている(抜粋)。

> 光妙寺三郎氏は同日学生一同と御道筋に押出し例の元気にて左の如き路傍演説をなりたりしとぞ
> 抑々人は一年三六五日一日として不平ならざるの時は無し、只今日のみは一人として不平なるものあらざるべしと確信す余の師匠たる木戸孝允は曾て勅命を奉じ五ヵ条の草案を奉上したりき謂ゆる会議を興し万機公論に決するの詔是なり此は故岩倉右府が余に親話せられし所なりき思ふに諸先輩に勤苦与つて力ありと云べし其憲法は本日を以て発布せられぬ、諸君感奮せよ、興起せよ、鉋迄も民権の拡張を謀り苟も軽躁以て憲法の罪人となる勿れ感奮せよ、興起せよ！

この記事を見る限り、光妙寺も憲法の公布を歓迎していたようである。同様に、「民権は憲法の奴隷に非ず」と力説した急進民権家の植木枝盛でさえ、明治憲法の公布に際し、「憲法発布日を以て国祭日となすべし」（『土陽新聞』明治二二年二月一二日）という論説を書き、我が国にも「兎も角も憲法と名付けられたる者が誕生したるに相違なき」、「日本が世界の列国中に於て立憲国の籍に入りしこと」、と歓迎の意を表明している。

留学中にフランスの自由主義に接し、アコラスに師事した光妙寺が示したこのような反応をどのように見るべきなのであろうか。光妙寺は、植木同様、近代憲法が制定されたという事実に感激しただけであり、この憲法が外見的立憲主義のそれであるということは知りつつ敢えてそのような反応を示したのか、それとも、このような反応が当時の先進的知識人にとっての限界であったのか、講義録等を検討することによって、光妙寺の憲法観を探ってみよう。

B　光妙寺の憲法講義

光妙寺の憲法講義を筆記したものとしては、前述の中村清七郎筆記・光妙寺三郎口述『憲法講義』（明治二三年九月一四日～二四年五月六日）、さらに、明治法律学校校友であり代言人であった井本常治筆記の『憲法学講義』（『明法雑誌』三〇号～三一号、三四号～三六号）、谷山國信筆記の『憲法講義』（明治一九年二月六日～六月一一日）などがある。なかでも井本筆記の資料によると、光妙寺は、初回の講義の冒頭において、自己の講義の特徴を次のように述べている[13]。

「凡ソ憲法學ノモノタル其區域實ニ廣ク而モ歐米各国ニシテ此法アラザルノ國ナシ左レモ茲ニ萬國ノ憲法ヲ學テ悉ク講ゼント試ミバ幾多ノ年月ヲ費スニアラザルヨリハ達シ難ク且つ余ノ浅學を以テ爲シ能ハサル處タルヲ信ス若シ又想像上ニ一ノ邦國ヲ定メ此レニ適當スベキ憲法ヲ編成スルカ如キコトヲ試ミンカ此ノ事タル實ニ非常ノ難事（中略）余ヤ別ニ師ヲ求メ専門トシテ殊ニ憲法學ヲ修メタリト云フニモアラズ只自ラ好テ探リ得タル處及ビ余カ巴里ニアル頃該國ノ國會議員等ト往來ノ間ニ於テ得タル事實等ヲ以テ本講ノ材料ニ供セント欲スル〔略〕」

光妙寺は、以上のように述べた上で、まず政治学についての検討を行っている。光妙寺は、政治学を学ぶためには、

「道徳学」、「法律学」、「経済学」という三つの角度と学問が必要であること、そのうえで、法律学の一部である憲法を学ぶためには、公法と私法、成文法と慣習法との区別を知ることが重要であると説いている。さらに、憲法の原語は「コンスチュション」(constitution)であり、これは君権と民権との関係を定めるものであり、国王が君権の一部を人民に与える「シャールト」(欽定憲法)との区別の必要性を指摘する。

光妙寺の憲法の講義は、常にこの「コンスチュション」と「シャールト」の区別から始まっている。いずれの場合においても、その解説に長短の差こそあれ、内容的な差異はみられない。しかしながら、光妙寺が記した『大日本帝国憲法講義』においては、著者自身の大日本帝国憲法観を読み取ることができる。

我ガ明治皇帝陛下ハ曾テ立法行政ノ二大權ヲ其掌中ニ専握セラレ給ヒシニ此憲法ニ依リテ其立法權ノ一部ヲ臣民ニ割與セラレタリ是レ遠クハ明治八年四月十四日の勅語ニ基キ近クハ明治十四年十月十二日ノ詔命ヲ履踐シ給セシモノニシテ臣民ノ權利義務是ニ於テ始メテ確定セリト謂フ可シ

眸ヲ轉シテ歐洲「シャルト」憲法ノ起原ノ如何ヲ視察スルニ總テ時勢ノ壓迫ト民人ノ要求トニ依リ己ムコトヲ得スシテ之ヲ制定シタルモノニ係リ恰モ輿論ヲシテ滿饜セシム可キ程度ニ於テ自己ノ權利ヲ割與シタルモノトス

千八百十四年ニ於ケル佛國ノ「シャルト」千八百六十一年ニ於ケル墺國ノ「シャルト」ノ如キ是ナリ然リ而シテ「シャルト」憲法ノ嚆矢ハ千二百十五年ニ於ケル英國ノ自由大憲(マグナカルタリベルタトム)ナリトス

嗚呼歐洲「シャルト」ノ如キハ民人ノ厭迫ヲ受ケ己ムヲ得スシテ制定セル者ニ係ルモ我欽定憲法ハ之ニ反シ我叡聖ナル天皇陛下ハ毫モ他人ノ牽制ヲ受クルコトナク自由ノ精神ヲ以テ此憲法ヲ制定シ給ヒタリ是レ我欽定國憲ノ歐洲各國ノ「シャルト」ト異ナル所以ナリ(14)

光妙寺は、以上のように、大日本帝国憲法は「コンスチチュション」ではなく「シャルト」であると述べ、欧州の「シャルト」の場合は、君主が人民からの圧迫を受けてやむなく制定したものであるが、これに対し大日本帝国憲法の場合は、「天皇陛下ハ毫モ他人ノ牽制ヲ受クルコトナク自由ノ精神ヲ以テ」制定したのだと論じている。

光妙寺によれば、それゆえ「民人ノ権利此ニ於テ乎確然不動ナリトス」、すなわち、臣民の権利が不動のものとなり、さらに、臣民の権利がこのように確定されていることから、「将來ニ於ケル憲法ノ改正ハ何等ノ点ニ於テ之ヲ爲ス可キヤ曰ク人文ノ進化ニ膸ヒ其程度ニ應シテ以テ益ス之カ権利ヲ發達セシム可ク〔略〕」、すなわち、将来、臣民の権利を発達させる途が開かれているのだ、という(15)。

光妙寺は、講義および著書の冒頭において、以上のように自らの憲法観を提示している。さて、光妙寺は、「天皇陛下ハ〔中略〕自由ノ精神ヲ以テ」大日本帝国憲法を制定したと論ずるが、革命の結果この憲法が制定された訳ではないことから、そのように論じることが否定されることにはならないであろう。しかしながら、明治憲法制定の由来にかかわりなく、その内容を見れば、まず上諭において「国家統治ノ大権ハ朕カ之ヲ祖宗ニ承ケテ之ヲ子孫ニ伝フル所ナリ」とあり、天皇が統治の主体（主権者）とされ、さらに、第一条において「大日本帝国ハ万世一系ノ天皇之ヲ統治ス」とあるように、日本は、『日本書紀』の建国神話に由来する万世一系の天皇が統治するものとされたのである。それゆえ、明治憲法下における天皇の支配は、憲法を頂点とする国法によって完全に規制されるものではなかった。むしろ、祖先を崇拝し、民族の宗家たる天皇家を奉戴する「人倫忠孝の精神」によって基礎づけられていた。それゆえ、法外の「人倫の道」が社会秩序および国家秩序形成の原理となったのであった。天皇は、憲法上、統治権を総攬する地位にあり（第四条）、帝国議会の協賛の下で立法を行い（第五条）、国務大臣の輔弼を受けて行政権を行使する（第五五条）のであった。司法権についても、天皇の名において裁判所がこれを行うとされていた（第五七条）。さらに、この憲法は、「居住・移転の自由」（第二二条）、「身体の自由」（第二三条）、「裁判を受ける権利」（第二四条）、「信書の秘密」（第二六条）、「所有権の保障」（第二八条）、「言論・出版・集会・結社の自由」（第二九条）、「請願権」（第三〇条）といった権利や自由を定めている。けれども、これらは、「人間として不可譲の基本的人権」として保障されたのではなく、天皇が自らの臣民に対し、恩恵的に与えたものにすぎなかった。したがって、憲法上の権利といえども、それは臣民としての地位に反しない限りにおいて主張しうるものでしかなかった。さらに、法律の範囲内においてのみ保障されるという法律の留保が付されていた。すなわち、法律によるのであれば、憲法上の権利や自由であっても、いかようにも制限することが可能なのであった。これらのことを前提とするならば、大日本帝国憲法はやはり外見的立憲主義の憲法であることは紛れもない事実ということになろう。したがって、この憲法により、将来、臣民の権利が発展するという光妙寺の見解には疑念を抱かざるを得ない。

さて、第二回の講義は、立法権に関するものであり、ここでは、一院制および二院制についての検討がまず行われている。その上で、選挙権についての議論を展開する。光妙寺はその中において、「男子タルコト、歐州各國皆男子ノミヲ以テ撰擧權アルモノト定メタリ然レモ此ノ制限ハ未ダ純理上必要ノモノタルヲ知ラス」と論じ、さらに、「男子タル事ト云フニ付テハ大ニ議論アリ實際ニテハ何レノ國モ女子ニハ撰擧權ヲ與フルナシ然レモ理論上ヨリスレバ女子トテ此ノ權ヲ有セザル可キ理ナシ古昔ハ只管女子ヲ擯斥去リツルモ實ニ此レ野蠻極マルコトニテ今日ニ於テハ巳ニ用ヒラルルコトナシアル學者ハ男子ハ血税即チ兵役ニ復スルノ義務アル故隨テ國家ノ大政ヲ議スルノ特權ヲモ有スルモノナリト説クモノアリ此ノ論誤レリ矣」、「血税ノ故ヲ以テ男子ハ女子ニ優レリト云ハバ女子モ亦云フベシ女子ハ男子ニ優レリト子ヲ養育スルノ責務ノ如キ之レナリ夫レ男女兩性ハ互ニ扶助シ初メテ社會ヲ成立セシムルモノナレバ其權利ニ於テ決シテ差等アル可キノ理由アラス」と論じている(16)。

当時の社会では、制限選挙が当然のものであったのは周知の事実であり、とくに財産及び納税額によることも当然と考えられていた。そのような中にあって、光妙寺が「此ノ制限ハ未ダ純理上必要ノモノタルヲ知ラス」と論じ、女性に選挙権を付与しない日本の選挙制度ばかりでなく、ヨーロッパのそれについて批判しているが、これは光妙寺の平等観とでも呼ぶべきものを示す一つの証左といって良いのではなかろうか(17)。男女差別は、歴史的に広く行われてきたところであり、明治憲法下ではむしろ当然視されていた。実際、参政権ばかりでなく、公務就任権、高等教育、家族生活における地位など、さまざまな点において男女差別が行われていたのである。ちなみに、女性が初めて選挙に参加したのは、一九四六年四月一〇日の衆議院議員総選挙であったのであるから、この点に関する光妙寺の主張は進歩的なものであったといえるのではなかろうか。

光妙寺の講義の第三回は、被選挙人資格に関するものであり(18)、第四回は代表制について論じ(19)、第五回は命令的委任に関するものである(20)。

では次に、中村筆記の「光妙寺氏　憲法」をもとに、光妙寺の三権分立（司法権）についての理解を検討してみよう(21)。光妙寺は、これについて第五回から第七回の講義において論じている。

光妙寺は、三権分立概念について、第六回の講義において次のように論じている。やや長くなるが、引用してみよう(22)。

「モンテスキュー」ハ憲法権力ニ三個アルコトヲ主張シタルカ其著万法精理ニ曰ク一人ニシテ凡テノ権力ヲ有スルトキハ之レヲ濫用スルニ至ルハ自然ニシテ其極ヤ権力ニ制限ナキニ至ル此弊ヲ防カンニハ一ノ権力カ他ノ権力ニ対抗シ即チ之ヲ停止スルモノナカルヘカラス斯ク立論ニシテ三権ノ一手ニ帰スルノ弊害ヲ叙述シ其結言ニ至テ曰ク若シ一個人ニシテ一個ノ団体中ニ三権ヲ集合シテ有スル如キアラハ社会ノ事紛擾シテ亦タ収攬スヘカラサルモノナリ」トモンテスキュー斯ノ如ク論シテ三権ハ純然タル分離アルヲ要シ毫モ相触ルヽコトヲ得スト決定セリ（然トモ此三権分離ノ説ハ近世立憲政体ヲ主張スル学者ノ取ラサル所ナリ）爾后仏国ニ於テハ此説ヲ主張スルモノ多

ク革命時代ニモ曽テ此説行ハレ現ニ仏国人権公告ノ条文中ニモ此分離説ヲ見シタリ其文ニ曰ク凡ソ社会ニ於テ権利ノ保証カ確認セラレ政権ノ分離シテ確定セラレサルトキハ社会ハ憲法ヲ保タサル者ナリ」ト偖何故ニ分権説ハ行ハレタルヤ歴史上ヨリ明カニ其理由ヲ知ルコトヲ得ヘシ当時仏国ニ於テハ圧制ノ極末ニ達シ政権ハ全ク混合シテ一人ノ掌握ニ帰シタリシカハ人皆此弊害ヲ防遏センカ為メニ権力分離ノ説ヲ主張シテ王権ヲ薄弱ナラシメントシ其極ヤ立法権ハ執行権ニ干渉スルコトアルモ執行権ハ毫モ立法権ニ干渉スルコトヲ得サルモノトスルニ至リ遂ニ千七百九十一年憲法ニハ此精神ヲ現スコトト為セリ即チ弊害ヲ矯正セラレントシテ却テ其中正ヲ失シタルナリ其后憲法ニ幾多ノ変更アリシモ常ニ立法権ヲ強スルノ傾向アリテ遂ニ集合セル国会ハ無上ノ全権ヲ有スルニ至リタリ此ニ於テカ其結果ハ国王ノ圧制変シテ国会ノ圧制トナル千七百九十三年憲法之レナリ顧ミルニモンテスキューノ説キタル権力混一ノ弊害ト対照スルトキハ符節ヲ合スルカ如シ去レハモンテスキューカ権力混一スヘカラサルノ言今日ニ於テモ亦格言ト云フヘシ

ここで光妙寺は、モンテスキューの唱えた三権分立論に言及し、その理論上の重要性を主張する。しかしながら、「然トモ此三権分離ノ説ハ近世立憲政体ヲ主張スル学者ノ取ラサル所ナリ」と述べ、近代立憲主義体制の下で、この理論が必ずしも支持されているわけではないという。かつてフランスでは、国王の圧政に対しこの理論が主張され、革命の成果として一七九一年憲法と共に人権宣言が唱えられ、後者の第一六条が「権利の保障が確保されず、権力の分立が定められていないすべての社会は、憲法をもたない」と定め、モンテスキューの理論が人権宣言に結実したという。けれども、その後のフランスはというと、国王の圧政が国会の圧政に代わっただけであり、この理論は格言に過ぎないのだと論ずる。

権力分立とはそのようなものであることから、今日では、「職務の分掌（ジビション）」[23]は必要であるが、「権（力）

の分離（デバレーション）[24]」は必要がない。

以上が、権力分立論に関する光妙寺の理解の概要である。たしかに、光妙寺が論ずるように、モンテスキューの唱えた三権分立論をそのまま実践している例は存在しないのかもしれない。したがって、光妙寺の権力分立論が誤りとはいえないであろう。フランスにおいても、革命前のパルルマン（高等法院）に関する反省から、革命後において、立法権（pouvoir législatif）及び行政権（pouvoir administratif）には権力を意味するpouvoirという語を当てているが、司法については、司法権（pouvoir judiciaire）とはいわず、司法的権威（autorité judiciaire）と称し、前二者と区別していることは有名であるし[25]、立法権の力が強大であることも光妙寺の論ずるとおりであろう。

より重要であったのは、三権全体を含む制度設計なのではないだろうか。司法権についてみれば、明治憲法第五七条第一項が「司法権ハ天皇ノ名ニ於テ法律ニ依リ裁判所之ヲ行フ」と規定したのは、法治国家の最小限度の要求として、司法権だけは統治者から独立した機関である裁判所に信託させる趣旨からである。すなわち「天皇ノ名ニ於テ」というのは、司法権も形式上は天皇の総攬する統治権の一作用であるが、その行使はもっぱら裁判所が天皇の代理人として、本人である天皇からも独立して担当することを意味したのである。これに対し、行政権も実際は行政府が行うが、これはその首長である天皇の直接の指揮監督の下にあるので、いちいち天皇の名においてというには及ばないし、立法権についても同様であった。明治憲法下の裁判制度の実態はといえば、司法権の範囲は民事、刑事の裁判権に限定され、行政事件の処理は司法裁判所の権限に属させられなかった。その行政裁判に関しては、行政裁判法が、行政裁判所の組織権限、訴訟手続を定めていた。行政裁判所は、名称は裁判所であっても、行政系統の内部にある一種の監督機関であり、出訴事項も限定的で恩恵的な性格を脱しきれず、規模も小さく、権限は独立であっても、その裁判官である長官及び評定官の身分保障は完全でなく、他の行政官との兼官も許されており、政治的で重要な事件を政府に対抗して自主的に裁判する実力も期待し得なかったのである。司法裁判所についても、通常裁判所の系統の外に、法律によって特別裁判所を設けることが許されていた（明治憲法第六〇条）。それゆえ、陸海軍の軍法会議や皇族間の民事訴訟を裁判するため宮内省に設けられた裁判所（皇室典範第四九条）があったのである。以上が、おおよそ明治憲法下の裁判制度の実態であろう。このような実態を前にし、光妙寺がどのように論じたのか、興味を引かれるところであるが、資料が存在しないため、いかんともし難い。

光妙寺は、前掲中村筆記の第一二回講義録の中で、臣民の権利義務について、「義解ニハ臣民ノ分義トアレトモ此字明白ナラス憲法第二章ハ尤モ重大ナルモノナレハ余ハ是レヨリ講セントス我々ノ権利ハ此規定ニヨリテ始メテ得ルモノナレハ尤モ重大ナレトモ此権利ヲ実行スルノ方法ハ第三章ニアリ余先第三章ヨリ講シテ尚余日アラハ一章ニ移リテ講セン」と述べている。しかしながら、この講義録の中でこれに触れられることはなかった。

第四節　おわりに

本章では、現存する資料を基に光妙寺三郎の憲法観の析出を試みた。光妙寺の講義に関する筆記および著書を見ても、光妙寺の憲法講義は、選挙権に関するものをのぞくと、ほぼ統治機構に関するものである。これは何を意味するのであろうか。光妙寺が初めて明治法律学校の教壇に立ったのが明治一九年（一八八七年）であり、大日本帝国憲法の施行が明治二三年（一八九一年）であることから、本章で取り上げた筆記の大半がその施行前であったということになる。したがって、光妙寺の講義が比較憲法的なものに限定されたとは考えられよう。しかしながら、先に取り上げた「大日本帝国憲法講義」は、そのタイトルからも明らかなように、明治憲法の解説書である。けれども、本書は、天皇の権限の解説に終始している。もっとも、本書の保存状態からして、これ以外の部分が現存していないだけということも考えられる。また、「憲法講義」も同様に解説書であるが、こちらは総論部分と第一章立法権に関する記述のみとなっている。[26]

では、臣民の権利について記述がない理由は一体どこに求められるのであろうか。一つ目の推論は、そもそも光妙寺は実務家であって、法学者ではなく、ゆえに憲法全体についての解説を書くことができなかった。二つ目のそれは、一つ目の推論と重複する部分もあるが、明治一九年からは検事、明治二三年からは大審院検事そして衆議院議員に着任していることから、時間的な余裕がなかったということである。三つ目は、当該部分の紛失である。残念ながら、現存資料から判別することは不可能である。

光妙寺自身が実務家であり、また、受講生たちも法曹を目指す法律学校の学生たちであったことを考慮するならば、彼の講義録等を通して、光妙寺の憲法観を追求することには無理があるのかもしれない。しかし、それでも光妙寺の憲法観に若干の違和感を覚えるのも事実である。というのは、主としてドイツ主義を採り、ドイツ系の諸憲法を参考とした大日本帝国憲法施行時に光妙寺が示した反応などを見ると、フランスへの留学経験を有し、札付きの急進的共和主義者アコラスにも師事したはずの光妙寺とは考えられないからである。また、当時の社会状況から見て、ドイツも未だ後進国であったし、そもそも、大日本帝国憲法施行のほぼ一〇〇年前には、光妙寺の留学先であるフランスにおいてまさに大革命が勃発し、ひとまず王政は廃止されたはずである。にもかかわらず、そのほぼ一〇〇年後に、王権神授説に基づいた大日本帝国憲法が施行されたのである。ここに、光妙寺ばかりでなく、当時の知識人の限界があったのかもしれない。

註

（1）谷山國信筆記『憲法講義　光妙寺三郎口述』（一八八六年）。谷山は、明治法律学校第四回卒業生である。

（2）『明治大学百年史』第三巻　通史編Ⅰ（一九九二年）三七〇頁以下参照。

【光妙寺三郎の略歴…村上作成】

嘉永二年（一八四七）年八月生まれ（弘化四年八月生まれとの説あり）
　山口県佐波郡三田尻村［現在、防府市東三田尻一丁目八］
　周防三田尻一向宗光明（妙）寺の住職半雲の三男
　名は綱、字は子常、通称は三郎
　長州征伐の際、警衛の北村金吾（のち堀来造）に面会従軍を乞う
　北村が、「三田三郎」と命名
元治元年　北村が井上聞多（鴻城軍）に紹介、井上が書記に任用
　井上聞多の鴻城軍編成の際に、三郎十七歳にして僧籍を脱して士族に
慶応二年　第二次長州征伐の際、森清蔵（整武隊長）の参謀
［維新後］井上聞多が長崎県参事となった際、三郎を長崎に伴う
　長崎で、振遠隊隊長となる
　井上の東京転任の際、三郎も上京
　大村益次郎（兵部大輔）創設の兵学校（横浜太田村）に入学
　仏語を学ぶ
　伊藤俊介の邸に遊寓
明治三年一一月　山口藩留学生として渡仏

　パリ大学法学部学籍記録
　光明寺三郎　Mitsda Komeuzi
　　出身　生年月日　第一回受講登録　得業士卒業証書　学士卒業論文諮問
　三田尻　一八五二・九・八　一八五七・一・二六　一八七六・一〇・二五　一八七八・二・二三
　Mitaziry
　サンカテリーヌ・ダンフェル街一〇
　身元引受人…アミエル（サンジャック街一五一）
　文部大臣による登録許可日付は、一八七五・一一・一四
　　第一回受講登録は、一八七六・五・一二の黒川誠一郎に次ぎ、

一八七五・一一・五の司法省法学校組より以前

明治一一年三月　パリ大学を卒業して、日本人初の仏国法律学士となる
明治一二年　帰国後、太政官書記官
明治一三年　外務書記官→外務権大書記官
明治一五年　朝鮮の変に際し、井上馨外務卿の旨を受け事に当たる
　　　　一二月　仏国駐剳公使館書記官となりパリへ
明治一七年九月　同辞職、帰国
明治一八年三月五日　辞任免官
　　　　四月　明治法律学校講師となり、憲法を講じる
明治一九年八月一七日　司法省参事官兼大審院検事
　　　　一一月　大審院刑事第二局評定官
明治二〇年三月　判事登用試験委員
明治二二年七月　逓信省参事官、大臣後藤象二郎を補佐
[年月不祥]　末松家の養子となる
明治二三年七月　末松三郎として、山口県第一区より衆議院議員に選出
明治二五年　検事総長松岡康毅と合わず、大審院判事を辞任
明治二六年八月　弁護士登録（東京地裁所属）
　　　　九月二七日　死去（四七歳）

【光妙寺三郎の主要論文…村上作成】

養子法に関する討論筆記	『明法雑誌』	第二三号	明治一九年一一月
「憲法学講義」		第三〇号	二〇年二月
陪審員に関する討論筆記		第三〇号	二〇年二月
「憲法学講義」		第三一号	三月
同		第三四号	四月
同		第三五号	五月
同		第三六号	五月

講談会記事		第四八号	一一月
「地方分権を論す」		第四九号	一二月
相続権に関する討論筆記		第五一号	二一年一月
『決闘条規（争也君子）』		明法堂	一月
貸借寄託代理に関する討論	『法政誌叢』	第一〇三号	二三年三月
自選投票に関する討論		第一〇四号	三月
「増島六一郎氏ノ審査不当ニ付テノ論文ヲ読ム」		第一一六号	九月
「末松三郎氏の演説」		第一一八号	一二月
「今村和郎哀悼演説」		第一二七号	二四年五月
西園寺・杉村帰朝祝賀会		第一三四号	一二月
「商法実施延期ノ決議ニ就テ」	『法治協会雑誌』	第二号	二四年八月
同	同	第三号	九月

（3）光明寺の翻訳書には、リヨン・カン・ルノー［共］著光妙寺三郎譯『佛國商法説要』（復刻版、信山社出版、二〇〇四年）、シャルル・ブロシェー著光妙寺三郎譯『國際私法講義』司法省（一八八九年四月）、ユック著光妙寺三郎譯『伊佛民法比較論評』（司法省、一八八二年七月）、ヂョゼフ・ヲルシェ著光妙寺三郎譯『伊太利王國民法』（司法省、一八八五年五月）などがある。

（4）前掲『明治大学百年史』第三巻　三一二頁参照。

（5）同上、三一二頁参照。

（6）大日本帝国憲法制定史については、多数の文献が存在するので、筆者がここであえて取り上げる必要性はないと思うが、代表的なものとしては、稲田正次著『明治憲法成立史』上・下（有斐閣、一九六二年）がある。なお、同書は、明治憲法起草の際に、一般には「プロイセン憲法が範とされたとか、ドイツ憲法を採ったとかいわれていたが、これらの表現は正確ではない。主としてドイツ主義を採り、ドイツ系の諸憲法を参考としたというならば、大体正しいといえるであろう」としている（稲田・前掲書下巻八九一頁）。

（7）なお、光妙寺は、パリ大学でDuvergerに師事すると共に、アコラスにも師事していたことが、井本常治筆記による光妙寺の「憲法学講義」（『明法雑誌』第二〇号、明治二〇年二月二〇日、三八一頁）の中で、光妙寺が『余ガ舊師「エミール　アコラス」氏の説ニ基クナリ』と述べていることから確認できる。アコラス（Emile Acollas 1826-1891）は、法学復習の私塾を営んでおり、そこには、光妙寺を初め、西園寺公望、今村和郎、飯塚納、曾禰荒助、さらに中江兆民といった日本人たちが通っていた。そのアコラスは、一八六七年に自らが主唱したジュネーブでの自由平和連盟第一回大会に出席し、参加したガリバルディに依頼されて行った政治運動のために、反政府陰謀のかどで一年の懲役と五〇〇フランの罰金刑に処せられたという、札付きの急進的共和主義者であった（立命館大学編『西園寺公望傳』第一巻、岩波書店、一九九〇年、二三二頁）。その後、アコラスは一八七〇年にスイスに赴き、ベルン大学のフランス法教授に就任し、翌年のパリ・コミューンに同情して『パリの蜂起への私の加担』と題するパンフレットを発行していた。コミューンがアコラスを大学の法学部長に任命したが、アコラスは逮捕を恐れて帰国しなかった。アコラスが帰国（フランス、パリ）したのは一九七一年九月以降と見られている。

(8) 立命館大学編『西園寺公望傳』第一巻（岩波書店、一九九〇年）二四一〜二四四頁。

(9) 前掲『明治大学百年史』第三巻、三五八頁参照。

(10) 同上、一四五頁および三五八頁には、光妙寺が明治一八年より明治法律学校において講師をつとめていたという記述があり、同書三七一頁には、「明治法律学校の講師になったのは一九年からである」との記述があり、いずれが正しいのかは判別できない。しかしながら、谷山國信筆記「光妙寺先生口演　憲法講義　一」の冒頭には、「明治十九年度憲法講義の筆記で」とあることから判断すると、光妙寺が初めて明治法律学校の講師となったのは明治一九年なのであろうか。

(11) 朝野新聞および木下照陽編述『国会議員正伝』（明治二三年九月再版）をまとめた光妙寺の人物像が、前掲『明治大学百年史』第三巻、三七〇頁以下に収録されているので、以下、この記述を元に帰国後の光妙寺の活動をたどってみよう。

(12) 同上、二九三頁。

(13) 『明法雑誌』第三〇号（明治二〇年二月二〇日）三八〇頁以下参照。

(14) 光妙寺三郎『大日本帝国憲法講義』三頁

(15) 『明法雑誌』第三二号（明治二〇年三月五日）四一六頁以下参照。

(16) 光妙寺三郎『大日本帝国憲法講義』四〜六頁。

(17) 女性への選挙権の付与については、光妙寺の『憲法講義』においても、実に一二頁にわたり論じられている（八七頁〜九八頁）。

(18) 『明法雑誌』第三四号（明治二〇年四月二〇日）四九六頁以下。

(19) 『明法雑誌』第三五号（明治二〇年五月五日）五二六頁以下。

(20) 『明法雑誌』第三六号（明治二〇年五月一〇日）五四七頁以下。なお、第五回の最後において、光妙寺が「〔略〕之ヲ公開ノ投票ト云フ尚ホ次回ニ於テ詳細ニ之ヲ講究セン」と述べていることから、講義としては第六回目（あるいはそれ以降）も実施された可能性があるが、明法雑誌には以降の回の筆記は掲載されていない。

(21) 光妙寺が三権分立について論じている文献は、残念ながら、この中村筆記の講義録しか存在しないと思われる。

(22) 第六回の講義については、何月何日なのかはその記載がないため不詳である。しかし、同氏の講義の第五回が明治二三年一二月一八日であり、日付が記載されている第七回が明治二四年一月一五日であることから、第六回は、明治二三年一二月一八日から明治二四年一月一五日までの間ということになろう。

(23) ジビシヨンは「division」（ディヴィジオン）であろう。

(24) デバレーシヨンは「séparation」（セパラシオン）であろう。光妙寺は、division を分掌と邦訳し、séparation を分離と邦訳しているが、語義的には両者に大差はないように考えられる。

(25) フランスでは、現在においても pouvoir judiciaire とは呼ばず、autorité judiciaire と呼んでいる。

(26) 「大日本帝国憲法講義」および「憲法講義」に共通することであるが、前者は、四六頁の「〔略〕雖モ余」という記述が最後であって、以降の頁が存在しない。また、後者についても同様に、一〇二頁の「〔略〕貧者タルトニ干渉ス」という記述で終わっている。

第四章　宮城浩蔵の刑法講義

――「旧刑法典」の立法者像素描

岩谷十郎

第一節　はじめに

明治期のわが国において、いち早く西欧法的な様式を備えたのが、「旧刑法」及び「治罪法」の二つの刑事法典であった。両法典ともに、明治一三（一八八〇）年七月一七日に公布され、その約一年半後の一五年一月一日より施行された。

周知の如く、明治初期から二〇年代にかけてのわが国は、極めて旺盛な法典編纂事業が展開し、刑法、刑事訴訟法（治罪法）、民法、民事訴訟法、商法、そして憲法といった、まさに基幹的な法分野が法典という具体的な形を伴って整ってゆく過程の中にあった。しかし、わが国の近代法の整備は、それに先立つ法学的知見の豊かな学的蓄積の成果として進められたのではなく、外国、とくに西欧諸国において、既製のものとなった「法のかたち」――法典・学説等――を急速に輸入することによって進められた。今日的な意味での、あらゆる法的な営為は、なによりも法典が作成される過程のうちから生成してきたといっても過言ではない。

法の解釈という極めてベーシックな法的実践も、まずはその法典が所与のものとならなければ始まらない。基本法典のうち、たとえば民法典の解釈については、民法典が成立する明治三〇年前後を待たなければならなかった[1]。しかし上述のように、日本で完成した最初の西欧型法典は刑事法典であり、とくに刑法は、明治四〇年に公布、翌年施行される現行（明治）刑法典に取って代わられるまで、約四半世紀の間日本の現実社会に実際に適用された[2]。したがって、この刑法典に施された解釈こそ、わが国で最初に行われた「近代」法を対象とした解釈ということになろう。ここに「東洋のオルトラン」を標榜された刑法学者・宮城浩蔵[3]とその著作をたずね、近代期日本法の形成におけるその意義について論じる所以がある。

第二節　宮城浩蔵の刑法関連著作――『刑法正義』の位置付け

本章でとりあげる宮城浩蔵著『刑法正義』（井上正一・亀山貞義・岸本辰雄校閲）は、その上・下巻とも明治二六（一八九三）年に刊行されている[4]。岸本辰雄が寄せた同本の「緒言」[5]には、「本校（明治法律学校）創立以降十数年」「常に刑法を担任」してきた宮城が、明治二一・二二の両学年度に学生に口授させ稿を起こしたものであることが触れられる。この起草から成稿に至るまでおよそ五年の歳月を要した同書は、二五年の末には「最終の訂正修補を経」たものの、とうとう同書の上梓を見ることなく宮城は翌二六年二月一四日に逝去したのであった。上記のように、同書の上梓には岸本を含む三名の校閲者の手を必要とした所以である[6]。

ところで宮城は、『刑法正義』をまとめる以前に、すでに明治一七年五月には『刑法講義』（五味武策・豊田鉦太郎・武部其文・安田繁太郎筆記、講述兼出版人宮城）、同二一年には『日本刑法講義』（講法会）の各講義筆記を刊行している[7]。これまで宮城の刑法理論を紹介した論考はいくつか挙げることは出来るが、そのいずれにおいても分析の対象とされたのが、『刑法講義』であった[8]。例えば、澤登俊雄「宮城浩蔵の刑法理論」には次のようにある[9]。

> 旧刑法施行前の手引書として、村田保の『刑法註釈』（明治一三年）と高木豊三の『刑法義解』全七巻（明治一三～一四年）が有名であるが、これらにはまだ体系的思考がみられない。ある程度の体系的思考に基礎を置いて実用的な解釈論を展開している有効な手引書の最初のものは、やはり宮城の『刑法講義』第一巻第二巻（明治一七年一月、明治法律学校出版[10]）である。そしてこの書物はしばしば版を重ね、当時大いに行われたのであるから、当時の法学徒や法律実務家に及ぼした宮城理論の影響力は相当大きかったものと思われる。

右引用では、旧刑法典をめぐるいくつかの註釈書がその施行以前から世に現れていたとはいえ、宮城の『刑法講義』がその「体系的思考」や「実用的な解釈論」を展開している点で際立った内容を有しており、まさに宮城が後に「東洋のオルトラン」と称されるに値する実力を備えていたことが指摘されている。だが、上記したように、宮城の最晩年に書かれた『刑法正義』の「序」に寄せて岸本は次のように述べた[11]。

> 此正義は前の刑法講義より進化し来りたるものなりと雖も、此を以て彼に比する、其精粗優劣の差、雲泥も啻ならざるなり。僅々数年の間にして既に此の如し。君の才学の駿進、実に驚くべき哉。

また小野清一郎「刑法学小史」でも、「明治二十年代の刑法学者」として、井上正一、亀山貞義と並んで宮城の名前を列挙するが、「なかんずく学問的に最も完成されたのは宮城の『刑法正義』上・下巻（明治二六年）であろう。逐条的註釈であるが、それだけ詳細で、しかも整然たる叙述である。蓋し当時における我が刑法解釈の第一人者であった[12]」とされている。前述の『刑法講義』が旧刑法の理論的註釈書としての嚆矢だとすれば、『刑法正義』は、その宮城刑法学の更なる熟成を示すものであり、それはまた当時として旧刑法におよぶ解釈の標準が一層レベルアップしたことをも意味している。

第三節　『刑法正義』にみる宮城の解釈方法の検討

そこで本章では、宮城の『刑法正義』を素材として、彼の刑法解釈に現れた「立法者」や「立法資料」などの位置付けを中心に、その解釈方法論の特徴をテクストの中に内在的に読み込んでみたい。近代法を継受したわが国において試みられた最初の理論的解釈の跡を尋ねる趣意がそこにはある。

『刑法正義』のテクストを逐条的に精査してゆくと、宮城の「講義」はまず、制定法、すなわち条文の語義的レベルでの解説（いわゆる文理解釈）に出発点を置き、やがてその範囲を超えて自らの解釈論を展開してゆく。本稿では、とりわけその解釈論の法理的な意味内容を直接の考察の対象とはせずに、宮城が自説の主張やその理由付けをする際に、ほぼ規則的に言及する「論拠（前提）」（＝トポス[13]）としての「立法」段階の諸資料や、その引例・引用の仕方などに着眼して、彼の解釈方法論の基本的なパターンを析出してみようと考える。

なお、『刑法正義』はもともと大部な註釈書であるが、本稿で用いる明治大学創立百周年記念事業復刻版（以下、単に「復刻版」と略すこともある）においても、本文だけでも七九〇頁を数える。そこで以下では、同書の上巻部分、すなわち総則の部分に限って調査を行い、他日、その方法を順次各則規定におよぼすことにしたい。

そこで、次表をご覧いただきたい。前述した方法に基づき、旧刑法第一編総則の部分（第一条〜一一五条）についての調査結果である。

宮城浩蔵『刑法正義』（上巻・総則編）における立法資料探索の方法

条文番号等	頁数	「草案」等の引照形態	太政官の審査修正に対する評価的視点	内容・趣旨（講義のコンテクスト）
1	28	刑法草案を評価	審査修正段階で変更	罰すべきは「所為と缺為」（作為と不作為）双方であることが明示されていた（反論・指針）
1	32	草案第一条		（同上）行犯・不行犯（作為・不作為）の別があった（反論・指針）
1	34	刑法草案	審査修正で削除	有意犯・無意犯の区別が明示されていた（反論・指針）
3	52	草案	審査修正で改定・遺憾である	条文の「法律」は本来「刑法」（反論・指針）
3	59	我刑法草案起草者		新旧両法の比照は軽きに従う原則で結構（引用）
3	60	草案		罰金は常に主刑とする（引用）
4	62	草案		本条の精神は草案と異なること無（し）（引用）
5	66・67	草案		我立法者の放棄する所となれり・実に大遺憾と謂ふべし（反論・指針）
5	68			我立法者の刑法を編纂するや既に折中主義を取りたる（確認）
5	69			予は以下オルトラン氏の説を敷衍して解釈せん・我草案起草者も亦氏の説に依った（参考）
5	71	草案第４条		日本人が外国で行う日本国の安寧（内乱）や日本国貨幣国璽官印等の偽造への日本法の適用（反論・指針）
5	72・73	草案第５条		草案第４条以外で日本法の適用を受ける場合（反論・指針）
5	76	草案第８条		我草案は全く此説（オルトラン）に由り来りたる者に非ず（引用）
5	78	草案第４条		ボアソナード氏に質問せしこと有り。予の説の妄ならざるを知る可し（引用・参考）
5	81	海賊の罪	審査修正の際之を削除せり	万国公法の定むる所なるを以て之を削除せざるときは重複の煩あればなり（引用）
5	90	草案第７条		予は我立法者の之を削除したりしは其当を得たりと信ず（引用）
12	102	旧法即ち新律綱領		死刑の方法として「絞・斬」の二者（参考）

条　文 番号等	頁数	「草案」等の 引照形態	太政官の審査 修正に対する 評価的視点	内容・趣旨（講義のコンテクスト）
17	107	草案	審査修正の際草案を変改したるに由る	自由刑の長期短期の幅が短く裁判官の酌量の余地が少なくなった。だがそれで構わない。(引用)
17 II	117	草案		有期徒刑の刑期を短くしたことについて「予は草案の変更を惜まざるなり」(引用)
27	134	草案		罰金不納者を軽禁錮に析算する条項は「正理に合する者に非ざるなり」(草案の趣旨と同)(引用)
27	136	我刑法の草案		上記は支払いの「強制手段」か「換刑手段」か（参考）
31	143	草案		「政府の官吏及ひ公けの使用者」とあり外国人も含まれるように解釈できる。現行刑法もそうすべきでは。(指針)
31	144	草案		年金を有する権は剥奪されるとは書いていない（反論・指針）
31	145	仏文草案 第49条		仏文草案の規定方法は「益々明瞭」である（反論・参考・指針）
31	151	草案		停止公権が勲章・位記・貴号に及ぶか否かは不明。草案は明瞭（反論・参考・指針）
35	153	我刑法草案		重罪刑宣告の場合の禁治産宣告についての財産管理人。草案にはあった（参考）
35	155	草案		死刑に処せられた者にも禁治産はかけなくてはならない。草案は異なるが構わない（参考）
43・44	161	ボアソナード氏		没収についての理解を求めたが釈然とせずに終わる
43・44	162	我刑法起草者の意		没収のための特別規則に対する刑法総則規定の適用の可能性
43・44	178	仏文草案		犯罪に直接起因する物件の没収に限る・現行刑法は明示していない（反論・指針）
43・44	179	草案		同上
51	189	草案		未決勾留期間の刑期参入方法について草案の規定が「策の得たる者」(参考)
58	198	草案第68条 (細かな解説を付す)		草案第68条にあった「刑の消滅の原因」を削除したことは、実に遺憾である（反論・指針）
58	201			期満免除の趣旨は立法者はオルトラン氏の説を採用せり。是れ理由の最も正当なるものなり

条　文 番号等	頁数	「草案」等の引照形態	太政官の審査修正に対する評価的視点	内容・趣旨（講義のコンテクスト）
60	207	刑法草案	審査修正の時に至りて全く反対に	「監視ハ期満免除ヲ得」とした草案の趣旨は審査修正で反対に。「起草者の精神を変更したりや」（反論）
60	208	草案起草者・ボアソナード氏に質す		「貴説甚だ佳なり」と（反論・指針）
61	215	草案第73条		罰金が主刑付加刑で時効の扱いが異なる。「立法者に質すも必ずいはん、格別の理由なし」と（反論・指針）
70	224	ボアソナード先生・刑法編纂に従事せられたる諸君		加減法は「通加減法」を「立法者の意」として採用した（参考・指針）
不論罪	227	仏文草案・ボアソナード氏		不論罪は仏文草案に exemption de peine（刑の免除）とあるが、本来は non culpabilité（無罪）を指すのを至当とする（参考・指針）
75	232	草案		法文には「強制」とあるだけだが草案には「有形的」「無形的」強制もある（参考・指針）
75	235	仏文草案		飢餓状態からの窃盗は「強制」によって免責されないことは仏文草案から明らかである（参考・指針）
75	239	仏文草案		「強制」の原因の外より来たることを想像している。（参考・指針）
75	240	ボアソナード氏の手になる再閲修正草案（第90条）		最初の草案並に現行刑法よりは広く適用するを得べく記述せられたり（参考・指針）
75	241	旧草案		ボアソナードの再閲には「自由なき所為は無罪なり」との原則が明瞭にでているからよい。裁判官に於て能く其条文の真意を了解せらるる時は完全なる裁判あるや必せり。（指針）
76	242	ボアソナード氏（草案）		上官の命令のような場合も「自由の一元素を欠く」ことが不論罪の成立条件である。（参考・指針）
77	245	草案		「悪意を以て」云々の字句が草案にはあったが、「現行刑法は之を削除したり」（反論・指針）
79	257	仏文草案		仏文草案には「裁判所に於て之を命す」とある。立法者の精神を推知すべし。（参考。指針）

条文番号等	頁数	「草案」等の引照形態	太政官の審査修正に対する評価的視点	内容・趣旨（講義のコンテクスト）
80	258	仏文草案		「審案」の言葉に替えて「判決」（仏文草案上）にすべし（反論・指針）
82	260	草案		草案にある「生来又は幼稚の時より瘖唖の者」とある。これも完全ではない（参考・指針）
自首	262	草案		草案は自首を「不論罪及宥恕減軽」に入れていた（参考）
85	265	仏文草案		仏文草案上の「何等の嫌疑或は発覚を生せさる」という要件が必要（参考・指針）
86	266	仏文草案		仏文草案上にはヴォロンテールマン（自ら好みてと云ふ意なり）とある（参考・指針）
99	292-293	我刑法起案者・草案第88条?・再閲修正したもの		再閲草案が加減例に入れたことは正しい。旧草案も現行刑法も正しくない。一日も早く改正すべきの条文なりとす（反論・指針）
99	298	我刑法起草者・編纂者		吸収・併科の両主義を採用する。その難点故に採用されなかったが編纂者（ボ氏）は今日に至るまで之を良好の方法と為し、其採用を希望すと云ふ。（参考）
102	305	ボアソナード氏の再閲修正草案		数罪倶発の場合、刑期の長短は宣告刑ではなく法定刑で比較する（起案者の精神・我立法者の真意）(参考・指針）
数人共犯	310	オルトラン氏		オルトランが共犯関係を演劇の譬喩として説明し宮城も倣う（確認）
同上	312	仏国刑法		仏国刑法では正犯・共犯とも同刑に処す（参考）
104	313	本条に対照すべき草案の条文		「コンモン・アッコール」という文辞の示す「意思の一致」の要件があることが法律の精神である（参考・指針）
105	315	草案		教唆の具体例の列挙が草案にはあり教唆の如何を知る（参考・指針）
105	316	オルトラン氏		実に妥当の説（確認）
106	323	草案第19条		正犯の加重原因が共犯者に及ぶか否かは我刑法中にはない。草案は真に宜きを得たり（参考・指針）
106	325	ボアソナード氏の再閲修正案		正犯の減軽事由が共犯者には及ばない旨明文なし。ボ氏「用意周到」と謂ふ可し（反論・参考・指針）
109	335	草案		事後従犯規定が草案ではあったが、「現行刑法は（総則上）全く之を削除し」た。それでよかったのか？（参考・指針）

条文番号等	頁数	「草案」等の引照形態	太政官の審査修正に対する評価的視点	内容・趣旨（講義のコンテクスト）
109	336	草案		同上だが、かなり批判的（「草案の規定を削除したるの結果其れ此の如し」）（反論）
112	344	草案		中止未遂犯の減軽について（参考）
112	346	草案		着手未遂と欠効犯の区別が草案ではあった（未遂であっても両者の内容が違うことに言及）（反論・参考）
112	348	我刑法の仏文草案又は日本文草案、即ち司法省に於て仏文草案を修正したる者	審査修正案即ち日本文草案を修正したる者	中止犯の処分について日本刑法典の規定からどのように解釈すべきかの問題「最大要点なり」（反論・参考）
112	349	草案（この草案は仏文草案からの訳か?）		第112条の「意外云々」の文辞は草案の「意欲に係はらさる情状云々」という文辞を約言したる者（反論・解釈・参考・指針）
112	351	草案・我刑法編纂の歴史上・ボアソナード氏・其仏文草案・日本文草案・日本文草案起草者		同上再論（反論・解釈・参考・指針）
112	352	此起草者		日本文草案の起草者は大に誤っている。「笑止に堪へず」（反論）
112	352	日本文草案起草者	審査修正案	俄然該条を削除せられたるは全く中止犯を不問に置くの精神なりや（反論）
112	354	草案（この草案は仏文草案からの訳か?）		不能犯についての規定。削除の理由は中止犯の場合と異ならないのでもはや触れない（反論・参考・指針）
114	358	刑法典編纂		本来は民法人事編中に置くべきものだが、しばらくここに置くもの（参考）

表註

- 「条文番号等」欄：『刑法正義』に逐条的に解説される旧刑法の条文番号。複数の条文の背景的な一般的説明に関わる部分については、法典を構成する節名を挙げてある。
- 「頁数」欄：『刑法正義』（創立百周年記念学術叢書第四巻）の頁番号。
- 「『草案』等の引照形態」欄：宮城が説明で用いる「草案」の指称方式。とくに具体的な草案などが示されず、「立法者云々」等の言及がある場合には空欄のままにしてある。
- 「太政官の審査修正に対する評価的視点」欄：宮城が太政官での審査修正作業への反論を明示的に述べた場合をここに拾ってある。
- 「内容・趣旨（講義のコンテクスト）」欄：上記４つの欄の態様として特徴付けられる宮城の説明部分。（　）の部分は、とくに上記「『草案』等の引照形態」欄に対応しており、当該の草案等、あるいは太政官での修正についての宮城自身の意見や解釈における態度決定を示したもの。表内に網かけをした部分は、とくに宮城の強い主張において旧刑法典への反論を展開した箇所。

A 「草案」への回帰の姿勢

表の左から、各条文の番号・該当頁（「復刻版」による）・「草案」等の引照形態・太政官の審査修正に対する評価的視点・記載の内容／趣旨、という順に構成されている。

一見して明らかなことは、各条において言及される「草案」段階への「回帰」であろう。それは様々な名称の下に表現される。例えば、単に「草案」とだけある場合、あるいは、「刑法草案」、「我刑法の草案」、「仏文草案」、それに「ボアソナード氏の再閲修正草案」等々である。

ここで一言しておくべきは、旧刑法典の編纂過程についてである。同法典の編纂は三つの段階から成ると言われる。すなわち、司法省の草案起草段階（一八七五・明治八年九月～七七・同一〇年一一月）、刑法草案審査局の審査・修正段階（同一一年一月～一二年六月）、そして元老院の審議段階（同一三年三月～四月）がそれである[14]。宮城が講義内で引用する「草案」は、この司法省段階の最終稿である「日本刑法草案」（同一〇年一一月上申）を示したものであることが多い。もっとも講義内で宮城の紹介する条文が同草案の当該条文と一言一句必ずしも同じというわけではないが（その理由は後述する）、その主旨においては重なり合う。

ところで、この司法省段階における編纂は、ボアソナードの起案にかかる草案（原文仏文）を、翻訳・通訳を介して、日本人編纂委員との合議の席に持ち出し、そこでの意見を踏まえてボアソナードが二度、三度に亘って立案し、日本人編纂委員との会議に臨むという方式が採られた[15]。したがって、この段階での最終草稿は、ボアソナードの手許に残る仏文のものと、日本人編纂委員側に残る日本語のものとが、その中味において変わらないという建前であった[16]。だが、これに続く刑法草案審査局における審査や修正の過程では、起案者としてのボアソナードの関与はもはや許されず、この外国人「立法者」を排除する姿勢は、編纂過程の最終段階としての元老院における審議においても貫かれた。以上のような編纂の事情を前提にするならば、宮城がたびたび引用する「草案」、すなわち司法省段階の最終稿としての「日本刑法草案」とは、まさしく起案者としてのボアソナードの「意思」と日本人編纂委員の「意思」とが、合議の手続きを経てひとつの立法作品として結実した段階のものであったのである。

B　審査修正段階への批判的視点

また表内、「太政官の審査修正に対する評価的視点」の欄を見るならば、Aで述べた事柄がその裏面においても立証される。例えば表内冒頭、第一条をめぐる解釈の中で、宮城は所与のものとなった旧刑法第一条の規定様式に批判を加えるが（表内、「内容・趣旨」欄末尾の括弧内を参照のこと）、審査修正段階で変更や削除を施された事実に触れている。これは上述したとおり、もはや日本人のみの手によって進められた審査修正段階の作業において、当初の起草の趣旨が省みられずに改変されたことに伴い条文に不明確さが生じたことへの非難的ニュアンスが込められていた。このように宮城の解釈論の根幹には、立法過程に対する極めて深い関心が存在し、法典の生成過程への省察が彼の解釈論を展開するための素材の幅を拡げているものと理解できる。

ただしここで指摘しておかなければならない重要な事実がある。右のAで触れたが、宮城の引用する「草案」は日本語で引用される以上はもともと「日本語」で認められた草案であるとの推測を許すが、引用されたその条文は必ずしも残存する日本語草案の文言通りではなかった。例えば第一条の解説で、彼が「刑法草案第一条」として引用する、「凡ソ法律ニ於テ罰スヘキ所為、缺為ヲ罪トス」なる文言は、司法省段階の日本語の立法資料中どこにも見あたらない。司法省段階の最終稿である「日本刑法草案」第一条では、「凡法律ニ於テ罰ス可キ所為ヲ罪トス」とあって「缺為」の語を欠いている。では宮城の引用した条文の出典はどこなのだろうか。それは仏文の草案なのである。

現在、その存在が判明している旧刑法の仏文草案のひとつとして、《Projet de Code pénal pour l'Empire du Japon, présenté au sénat par le Ministre de la Justice, le 8e mois de la 10e année de Meiji》がある。これはそのタイトル——「明治一〇年八月に司法卿によって元老院に提出された日本帝国刑法草案」と直訳される——が示すように、上述の「日本刑法草案」（同年一一月上申）が練り上げられてゆく直近の経過段階を示した仏文の草案なのである。この資料については、別稿で詳しく論じたのでこれ以上触れないが[17]、宮城が自著において言及する「草案」には、それと別段断りおくことないままに彼自身の施した仏文草案の日本語訳、ないしは仏文草案の「直訳[18]」が用いられることがあったのである。

第一条の趣旨を、その仏文表現にまで遡って明らかにする宮城の意図は、「凡法律ニ於テ罰ス可キ所為ヲ罪トス」と規定する「日本刑法草案」および旧刑法の第一条の「法律主義」の宣言は、それの規定する「所為」の概念が不明瞭であるとして、仏文草案に明示される、作為（action）・不作為（omission）の双方が含まれるものであることを確認する点に置かれた。このように、ボアソナードの起案した仏文草案と日本語として成案してゆく草案とは、それぞれの表現技法の違いもあって、規定される概念の明瞭性の点においてそれぞれがそれぞれから乖離してゆく傾向があった。宮城は、その明法寮や司法省の法学校における就学体験から、さらにはパリやリヨンでの留学体験から[19]、外国法の継受に際しての言語文化の相違に発するこうした問題を当然に熟知していたに違いない。だからこそ、旧刑法のテクストはいまや所与のもの（すなわち規範論的な解釈の対象）とされながら、同時に、その仏文——すなわちボアソナードの起案意思の地平——に遡って、条文の生成の「現場」（すなわち事実論的な再構成の対象）から理解されることになるのである。

第四節　おわりに——宮城刑法学における「立法者」像をたずねて

　ここで、第二節で言及した宮城浩蔵の講述にかかる『刑法講義一』をひもといてみよう。[20] 同書は、旧刑法が施行されたほぼ直後の講義筆記から起筆されたものであるが、宮城は「立法者」なる名辞を随所で引用する。例えば「我刑法大体ノ組織ト立法者カ此組織ヲ採リタル所以」（一〇頁）、「我立法者ハ刑法全編ヲ四箇ニ区別シ」（一三頁）、「蓋シ立法者ノ定メタル目次ニ従ハサルヲ得ス」（二四頁）、「我刑法立法者ノ依リタル説」（四六頁）、「立法者ニ於テ一タヒ之カ刑ヲ定ムルトキ」（一五八頁）等、それは様々な文脈に現れてくる。また、条文間の不整合を発見し「立法者ノ精神ヲ貫徹スル能ハ」ぬことが（三二七頁）、厳しく論難されたりもする。ただし、彼の述べるこうした「立法者」には、ひとつの完結した解釈意思を有する理念的・規範論的な「立法者」像ではなく、むしろ法典に具体化されて表れ出た観念の「発案者」ともいうべき歴史内在的な「立法者」像がすかし見えてくる。

　このように宮城の立法過程への観察姿勢は、『刑法正義』に初めて現れたものではない。だがこの『刑法正義』においてこそ、彼の解釈方法が一層きめ細かさを増し、引用する立法資料の範囲の広がりが確認されるのである。「起案者」・「立案者」・「立法者」・「ボアソナード先生」・「刑法編纂に従事せられたる諸君」等、多種多様な表現の下に宮城によって引用される「編纂の主体」の各々が、どのような厳密な区分を以て宮城の中に整理されているのかは分からない。今後、刑法典の各則部分も含めて、彼の解釈レトリックをより詳細に吟味する必要があろう。だが留学から戻り気鋭の法律学者として歩み始めた彼が、『刑法講義』で既に示したように、公布されて間もない法典の形成過程へのひときわ強い内部的なまなざしを有していたということは改めて強調してよい。

「不能犯」をめぐる議論には限定されるが、例えば富井政章などは、新派の刑法思想にいちはやく影響され、その観点から折衷主義的な旧刑法の当該条文に関する解釈論を立法論でとって替わらせる。[21] 法典の所与の構造や理論の枠組みと、それを解釈する視点は必ずしも同一である必要はない。しかし、同時代のヨーロッパ、特にドイツにおける最新の学説的展開を日本へ移入するに際して、[22] その学説の紹介者にして解釈に従事する者が、いかに日本法の「同時代性」を認識していたのかは、日本における解釈法学の「根付き」という観点からは重要な論点であるように思われる。この意味で、宮城とその刑法学は、まさしく、同時代の日本に胎動し展開する近代法的解釈の実践の根本に、歴史的に既定のものとなった法典の起草精神をしっかりと見据えていたと考えられる。それは、近代期日本法の歴史が常に「西欧法」という外在的基点からその目的を見定められていた当時にあって、[23] 極めてオーソドックスであるが、しかし歴史に内在した視点からの法の解釈方法のわが国における着実な出発点を、宮城刑法学がしるしていたことの証左ではなかろうか。

註

（1） 例えば、北川善太郎『日本法学の歴史と理論——民法学を中心として』（日本評論社、一九六八年）、小柳春一郎「民法典の誕生」『民法典の百年』Ⅰ（有斐閣、一九九八年）所収。

（2） 社会史的な観点からは、拙稿「明治時代の罪と罰」『法社会史』（山川出版社、二〇〇一年）所収、を参照のこと。

（3） 宮城の年譜は、『明治大学創立者　宮城浩蔵——国と地域をかける』（明治大学校友会山形県支部発行、二〇〇二年）の一四九頁以下に掲げられ、また彼の生涯については、同本に収められる湯村章男「明治法律学校の創設者　宮城浩蔵」に明快に触れられる。なお近時、明治法律学校創設者についての精力的な調査をされ、それに基づき多くの論文を発表されている村上一博氏より、本稿を草するにあたって必要な範囲での宮城の年譜につき重要なご示教を得た。村上氏への謝意を表すとともに、宮城のひととなりを示す資料として、以下に掲出しておこう。

嘉永　五（一八五一）・四・一五

天童藩医武田良祐（通道、玄々）の次男として出生。一五人扶持。父親は、幕末期、緒方洪庵（適塾）・伊藤玄朴（象山堂）で蘭学を修得。父親の実家は、天童の豪商・佐藤家（長兄伊兵衛直諒が継嗣）。山形最初の病院「済生館」を天童に開設。玄々は同院医師となる。父親の弟直則は山形の豪商・長谷川家の養子となり、第八一国立銀行頭取（→山形銀行）・第一回貴族院議員となる。

文久　三・七　藩校養正館開校。入学。
慶應　一・五・五　同藩士宮城瓏治家の養子となる（満一三歳）。中士上位。
明治　二　藩主の命により上京。兵学の修得・研究が目的。
三・七・二七　貢進生制度布達。天童藩（二万石）の割当は一名＝浩蔵。
・一・三　箕作麟祥（貞一郎）の私塾「共学社」に入門。
・一二　同藩貢進生として大学南校入学（一九歳）。
四・九　貢進生制度廃止。
・一〇　大学南校に再入学。
五・八　司法省明法寮生徒（二一歳）。
九・七　司法省法学校卒業。
・八・五　フランス留学省議決定（三年間、年間学資金一〇〇〇円）。
・一一・一五　パリ法科大学第一回受講登録。
一二・四・一二　留学期間の延長許可。
・一〇・五　同　第一〇回受講登録。
一三・一（?）　リヨン法科大学へ転学して、第一一回受講登録。
・四・二四　法学士号取得論文提出。
・六・二八　帰国。
・八・一九　検事拝命（翌年判事）。
（一五・二・二七改正『司法省職員録』・大審院検事）
（一六・九・二九改正『司法省職員録』・大審院検事）
一七・　法律取調委員。
一九・九当時　司法省参事官。
警官練習所で日本刑法・治罪法講義を嘱託。
二一・八　同校教頭。
二二・　代言人試験委員。

二三・三　官界を辞す。
・七　第一回衆議院議員選挙当選（二五年再選）。
・九・二五　代言人免許。
二四・四・二五　東京代言人組合会長。
二六・二・一四　腸チフスにより死去（四〇歳一〇月）。

（4）　本章では、一九八四年に「明治大学創立百周年記念学術叢書第四巻」として、明治大学により復刊された『刑法正義』を底本として用いる。これは上・下両巻を一冊にまとめたもので、原本でのカタカナ部分をひらがなに置き換え読者に便宜を図っている。本章において『刑法正義』からの引用をする際には、頁番号・表記等は、この復刻版に従うことにする。

（5）　同前書、iv頁。

（6）　宮城の刑法関係の著作として、井上正一との共訳、オルトラン『仏国刑法原論』全四冊（司法省、明治二〇年）がある。また『日本治罪法講義』Ⅰ・Ⅱ（明治法律学校講法会出版、明治二四年）も存在する。前掲註（3）同様、村上一博氏より、法律雑誌上に宮城が著した論説についてご教示賜る機会があった。以下、刑事法関連の著作に限って掲出しておくことにしよう。

「弁護権ヲ論ス」	『法律志叢』	第八七号	明治一五年	一月
「酌量減刑ヲ論ス」	『法律志叢』	第九〇号	明治一五年	一月
同	同	第九五号		二月
「継続犯ノ弁」	同	第九八号		三月
「犯罪ノ教唆ヲ論ス」	同	第一〇六号		四月
「人ヲ殺サントシテ已ニ其事ニ着手スト雖モ自ラ其所為ヲ止メテ遂ケサル者ノ処分方法ヲ論ス」	『研法雑誌』	第　一号	明治二一年	六月
同	同	第　二号		七月
「決闘論」	『明法雑誌』	第七五号	明治二二年	一月
同	同	第七六号		一月
裁判官に対する贈賄に関する討論	『法政誌叢』	第一〇〇号		一月
「重罪控訴予納金規則ト刑事訴訟法トノ関係ヲ論ス」		第一一八号		一二月
「現行刑法改正論」	同	第一二〇号	明治二四年	一月

同　同　第一二一号　二月
同　同　第一二二号　二月
同　同　第一二四号　三月
同　同　第一二五号　四月
刑事問題答案　同　第一二四号　三月
同　同　第一二七号　五月
「勧業義済会告発事件ヲ論ス」　同　第一二六号　四月
印章偽造罪について　同　第一二八号　六月
時効について　同　第一二九号　七月
同　同　第一三〇号　八月
「フヒリップニ対スル裁判ニ付キ所見ヲ述ブ」
『法政誌叢』　第一三五号　明治二五年　一月
「フヒリツプに対する裁判に付ての所見」
『日本之法律』第四巻二号　二月
「欠席判決ありたる後被告人の為に経過する所の時効は刑の時効なるや将た公訴の時効なるや」
『日本之法律』第五巻第一号　明治二六年　一月
「誹議罪ニ於ケル事実ノ証明ヲ論シテ新聞紙条例ニ及フ」
『明法誌叢』　第一三号　三月

（7）　村上一博「法律学における通信教育の嚆矢——井上正一・宮城浩蔵『法律講義』（知新社）」（『法史学研究会　会報』第九号、二〇〇四年）六一頁以下。
（8）　本文にてすぐ後に触れる澤登論文の他に、木田純一「旧刑法と宮城浩蔵の刑法学」（『愛知大学　法経論集』法律篇・第六八号、一九七一年）二五頁以下、近時では、為本六花治「刑法学者としての宮城浩蔵」前掲『明治大学創立者　宮城浩蔵——国と地域をかける』、四六頁以下。
（9）　吉川経夫・内藤謙・中山研一・小田中聰樹・三井誠編著『刑法理論史の総合的研究』（日本評論社、一九九四年）二六頁。
（10）　引用者の澤登氏は、同書の第四版の奥付に基づきこのように記している。本章の筆者は、未見ではあるが、明治大学図書館所蔵本に実際にあたられて調査された前註（7）所掲の村上論文に依拠することにする。

（11）同前書、i頁。

（12）小野清一郎『刑罰の本質・その他』（有斐閣、一九五五年）四一三頁。

（13）植松秀雄「法的弁証理論の二構想について――レトリック復権の可能性」『掘り出された術・レトリック』（木鐸社、一九九九年）二二五頁以下。

（14）旧刑法の編纂については、新井勉「旧刑法の編纂（一）（二）」（『法学論叢』第九八巻第一号、四号、一九七五、七六年）、早稲田大学鶴田文書研究会編『日本刑法草案会議筆記』第一巻（早稲田大学出版部、一九七六年）の「解題」、浅古弘「刑法草案審査局小考」（『早稲田法学』第五七巻三号、一九八二年）、杉山晴康・吉井蒼生夫・浅古弘・藤田正編『刑法審査修正関係諸案』（早稲田大学比較法研究所、一九八四年）、拙稿「旧刑法編纂過程――司法省段階――におけるボアソナァド主宰の端緒」（『慶應義塾大学大学院法学研究科論文集』第二六号、一九八七年度）。近時は、西原春夫・吉井蒼生夫・藤田正・新倉修編著『日本立法資料全集』二九～三一（信山社、一九九四、九五年）に、旧刑法関係の編纂資料が詳細な解題を付されて、網羅的に収録された。また、吉井蒼生夫・藤田正・岩谷十郎・青木人志・小沢隆司による旧刑法関連のミニ・シンポの記録、「近代日本の法典編纂」（『法制史研究』第四七号、一九九七年［九八年刊］）もある。また最近は、新井勉「西欧刑法の継受と盗罪――法の継受における固有法の抵抗（一）～（四）」（『日本法学』第六七巻第一号～第四号、二〇〇一～二〇〇二年）もある。

（15）拙稿「旧刑法の編纂における『旧なるもの』と『新なるもの』」（前掲『法制史研究』第四七号）、同「旧刑法第三一四条編纂過程とその『素材的事例』の関係」（『慶應義塾大学大学院法学研究科論文集』第二三号、一九八五年）において、旧刑法とは、明治初年の律刑法的素材と西欧刑法の様式との立法的「アマルガム」であることを論じた。

（16）拙稿「内閣文庫所蔵旧刑法手稿仏文草案――ボアソナードの編纂過程関与の実態」（『法学研究』第六四巻九号、一九九一年）を参照されたい。

（17）拙稿「二つの仏文刑法草案とボアソナード」（『法学研究』第六四巻一号、一九九一年）、同「仏文草案から見た旧刑法編纂の展開」（前掲『日本立法資料全集』三〇）二九頁以下。

（18）この「直訳」とは、当時立法資料のひとつとして刊行されたものであり、『ボワソナード氏起案　磯部四郎訳　日本刑法草案直訳』という。これは、文中に挙げた仏文草案のまさに直訳である。ちなみに第一条には、「法律テ因テ罰ス可キ所為（原語アクション・為ス可カラサルコトヲナスノ義）欠為（原語ヲミシヨン・為ス可キコトヲナサヽルノ義）ヲ罪トス」とあるが、これは宮城がその講義で読み上げた条文の文言とは同じではない。

（19）中村義幸「パリ法科大学における宮城浩蔵の留学生活」（明治大学百年史編纂委員会編『明治大学史紀要』第二二号、一九九四年）、村上一博「岸本辰雄・宮城浩蔵のパリ下宿」（『明治大学学園だより』第三二六号、二〇〇四年一月）、同「宮城浩蔵の法学士号（リヨン大学）取得論文」明治大学史資料センター編『大学史紀要』第九号、二〇〇五年）参照。

(20) 以下文中の引用は、『刑法講義』第四版（明治二〇年）からであり、該当の頁番号を記してある。なお本章では、同書の復刻版（信山社・一九九八年）を用いている。

(21) 青木人志「ガローの不能犯論と富井政章の不能犯論　上・下」（『法律時報』第六〇巻一二号、第六一巻二号、一九八八年、八九年）。

(22) 青木人志「明治期法学協会にみるドイツ刑法学の受容」（『刑事法学の総合的検討　上』有斐閣、一九九三年）。

(23) 日本法ないし日本法学のアイデンティティーと近代期日本法の歴史との関わりについては、拙稿「日本法の近代化と比較法」（『比較法研究』第六五号、二〇〇四年）を参照されたい。

第五章　岸本辰雄の商法理論

——優先株問題をめぐる梅謙次郎との論争

村上一博

第一節　はじめに——岸本辰雄と商法編纂

パリ大学において首尾よく法学士号を取得し、明治一三年二月末に帰国した岸本辰雄は、四月の判事任官を皮切りに、新進のエリート法制官僚としての道を歩み始めた。司法省議法局修補課・同省生徒課勤務から、太政官御用係・東京大学法学部講師・参事院議官補・法制局参事官・海軍主計学校教授などを歴任したのち、明治二〇年末に司法省参事官、二三年一一月には大審院判事へと登用された(1)。

この間、とりわけ、彼が関わった立法事業についてみると、一四年一月に日本海令草案審査局御用係、翌一五年三月商法編纂委員、一七年五月会社条例編纂委員、一八年三月破産法編纂委員、続いて、二〇年一一月法律取調報告委員、二五年一〇月には民法商法施行取調委員、二七年三月に法典調査会委員に任じられているから、主として商事法の編纂に関わっていたことが知られる(2)。

第二節　商法関係の講義と著作

岸本は、また、明治一四年一月に開校された明治法律学校において、「仏民法半部」「仏商法」「行政法」の講義を担当したようであり、それ以後も、

明治一四年九月　仏民法人事編
明治一五年一月　仏商法
　　　　九月　仏商法
……　……
明治一八年九月　仏民法・仏商法
明治一九年九月　売買・交換・会社・債主特権・書入質・不動産差押・期満得免、行政法（三年）
明治二〇年四月　仏民法・仏商法（三年）
　　　　九月　前加編・人事編・商法・仏行政法
　　　　　　　商事会社法・手形法（日仏対照）（二年）
　　　　　　　売買法・交換法・時効法（日仏対照）（三年）

といった講義を担当していたことが知られている。「（フランス）行政法」を担当した時期もあるが、フランス民法および商法、とりわけ商法の講義は毎年のように担当していたことになる。明治法律学校の創立者として名を連ねた三

人のうち、宮城浩蔵がフランス刑法、矢代操がフランス民法を主要な担当科目としていたのと対比して言えば、岸本はフランス商法のオーソリティーであったと言って良いであろう。

こうした講義を筆録したものと考えられる著書も、民法とならんで商法に関するものが多く[3][4]、さらに商法関係の論文も数編が確認されている[5]。しかしながら、これまで、岸本の商法理論について検討した専論は、僅か数編を数えうるにすぎず、必ずしも充分な検討がなされてきたとは言いがたい[6]。

第三節　旧商法第二二一条をめぐる梅謙次郎との論争

本章の目的は、岸本の商法理論を検討することにあり、本来であれば、近年注目されつつある日本近代法史における商法史固有の意義付け[7]と関連して論じられるべきなのだが、率直に言って、筆者の視点がまだ定まっていない。そこで、以下では、岸本と、同時代における最も著名な商法学者の一人であった梅謙次郎[8]との論争、すなわち優先株の発行をめぐる旧商法第二二一条の解釈論争に焦点を当てて[9]、近代日本において商法理論が構築されていく過程の一断面を切り取って眺めてみることにしたい。「両氏共に商法学者として名あり、宛然龍虎相闘ふに似たり」（『明法志叢』二七号、表紙裏面）と評されたように、当代の商法研究者を代表した両雄の対決として興味深いだけでなく、のちに詳しく見るように、その解釈姿勢に、岸本の商法理論の特徴の一端が表れていると考えられるからである。

さて、ここに言う「優先株問題」とは、農商務省が、筑豊興業鉄道会社定款において、一定の株券に利益配当の優先権を付与しようとしたのに対して、これを旧商法第二二一条に違反するとして認可しなかったことに端を発したと言われる法律問題である[10]。岸本によれば、農商務省が優先株禁止の指令を発する例は、その後も相次ぎ、数十件に及んだらしく、また梅によれば、逓信省も従来は同様の見解をとっていたようである。日本経済は、明治二三年に初めての近代的恐慌を経験し、二六年になるとようやく景気は好転し始めたものの、二七年の日清戦争勃発によって水を差された格好となっていた。二六年の会社法施行によって、会社は整理淘汰されて、その数は二五年の四五〇〇社から二七年には二一〇〇社にまで激減している[11]。経営不振に喘いでいた株式会社にとって、経営資金を獲得する手段としての優先株の発行は、まさに窮余の一策であったから、優先株の可否をめぐる問題は実業社会の関心事となったのである[12]。

A　法典調査会における優先株論議

さて、旧民法典の審議が開始されて間もない、明治二七年四月二〇日の第五回法典調査会において、議長の伊藤博文から、突如、優先株に関する逓信省からの質問とこれに対する回答案が提示された[13]。法典調査会へ寄せられた逓信省の質問は、旧商法第二二一条および旧商法施行条例第一〇条は、優先株の発行を禁じているか否かという法解釈上の問題であった。ある鉄道会社――筑豊興業鉄道会社であろうか――の定款改正（優先株発行）を認許すべきか否かの判断に迫られた逓信省が、同じ政府部内にあって、農商務省・大蔵省・逓信省など各省庁間で、法律の解釈と適用の齟齬が生じる事態を懸念して、法典調査会にその判断を仰いだのである[14]。金子堅太郎の発言によれば、農商務省では、明治二六年八月二九日に優先株を否定する旨の省内決定があったと言う[15]。

伊藤議長から示された回答案――恐らくは梅健次郎の立案によると思われる――は、

一商法第二百二十一条ノ規定ハ優先株ヲ禁ズルモノニ非ズ

一商法施行条例第十条第三項ノ意ハ特許ヲ得タル株式会社ヲシテ商法ノ規定ニ依ラザルコトヲ得セシムルニ在リ故ニ仮ニ商法第二百二十一条ヲ以テ優先株ヲ禁ズルモノトスルモ之ヲ特許ヲ得タル株式会社ニ適用スルコトヲ

得ズ

という内容で、商法第二二一条は優先株の発行を禁じるものではないが、仮に禁じているとしても商法施行条例第一〇条により、すでに設立済みの株式会社には適用されないため、右会社による優先株の発行は容認されるとする。

この回答案に対して、本野一郎は、

商法第二百二十一条ノ規定ハ優先株ヲ禁スルモノトス但シ商法実施前官許ヲ得テ設立シタル株式会社ニ付テハ商法施行条例第十条ノ規定アルヲ以テ商法第二百二十一条ヲ適用スルノ限リニアラス

とする対案を提出した。商法第二二一条は優先株の発行を禁じているが、商法施行条例第一〇条により、既に設立済みの株式会社には適用されないとの趣旨である。金子堅太郎は、「商法施行条例第十条第三項ニ依テ適用シテ往クノガ最モ適当」であり、「商法実施ノ既往ト将来」を区別すべきであるとの理由から、本野案に賛成した。

これに対して、長谷川喬は、商法第二二一条は、優先株を認める旨の註釈が付されたロエスレル草案以来まったく変更されておらず、また、商社法審議および法律取調委員会審議においても、同草案について何ら「異論」はなかったこと、さらに施行条例第一〇条は、元老院での審議中に挿入されことを確認して、回答案に賛成したが、本野一郎からは、商法第二二一条の条文からは優先株を認めているとは解されず、さらに第一五七条三項は、株式会社の「定款ハ本法ノ規定ニ抵触スルコトヲ得ズ」と定めているため、優先株は禁止されているとの反論がなされた。

村田保も、商法審議に際して「会社ノ配当金杯ハ平等ニシナケレバナラヌト云フコトハ堅ク信ジテ居ル然ルニ一方ノ株主ハ利益ヲ取リ一方ノ古イ方ノ株主ハ一文モ利益ヲ取ルト云フ事ノ出来ヌト云フコトハ誠ニ不公平ナコトデアル」との趣旨から、優先株に反対の立場をとるが、回答案後段には賛成だと言う。

梅謙次郎と尾崎三良からは、優先株の発行は株式会社にとって有用であり、商法第二二一条の解釈からも容認されるとの発言がなされた(16)。

こうした諸意見が応酬される中、岸本辰雄が発言を求め、商法第二二一条の解釈では優先株の発行を認めることは出来ないので、議長の回答案には反対であるが、設立済みの会社が従来の定款で優先株を認めている場合は止むを得ないので（商法施行条例第一〇条により）、本野案に賛成すると言う(17)。少し長くなるが、岸本の発言を引用しておこう。

> 私モ原案ニハ反対ノ意見ヲ持テ居リマスカラ一言其意見ヲ陳ベマス、色々御説モ承リマシタケレドモ併シ私ノ予テ信ズル所ニ拠レバ何ウモ反対セザルヲ得マセヌ、立法論トシテハ其得失ハ分カリマセヌケレドモ、併シ之ヲ解釈スルニ至リマシテハ何ウモ此原案ノ如ク解釈スルノハ余リ杞憂過ギテ居リハシマスマイカ、元来此会社法ノ出来タト云フノハ殊ニ株式会社デアリマス、画一主義ト言ハウカ厳正主義ト言ハウカ何シロ株式会社ハ殆ド官許ノ如キ官ガ会社ヲ設ケルノデハナイガ、併シ官ノ許可ヲ得ナケレバナラヌトカ或ハ欧羅巴ニとんとナイ所ノ主務省ノ認可ヲ経ナケレバナラヌトカ云フヤウナコトデ余程ニ窮屈ニ出来タ精神デアラウト思ヒマス、之ハ初メろゐすれる氏モ反対デアツタノデアルガ、併ナガラ日本今日ノ株式会社ノ非常ナル有様ヲ見テ然ウシテ官ノ免許ヲ得ナケレバナラヌト云フヤウナコトモ終ニ賛成スルト云フヤウナコトニナリマシタノデ元々此株式会社ト云フモノハ極ク厳正主義ニ出来テ居ツテ成ル可ク此規定ニ依ラセルト云フノガ此会社法ノ規定ノ骨髄デアラウト思ヒマス、夫故ニ此第百七十五条ノ如キ事ハ欧羅巴モ皆斯ウ云フヤウナ事ニ承ツテ居リマスガ此株式会社ノ如キハ一定平等ノ額ニ買カ《ママ》ネバナラヌ、一会社ニシテ決シテ五十円ノモノアリ七十円ノモアリ百円ノモアルト云フコトハ何ウシテモ許サナイ、或ハ又百七十七条ノ如キハ「株式ハ分割又ハ併合スルコトヲ得ス」トアツテ決シテ其五十円

ノモノヲ二ツニ分カチ或ハ百円ノモノヲ二ツニ割ルト云フコトモ許サナイ、又百七十六条ノ如ク株券ハ必ズ一通ニ作ラナケレバナラヌト云フ事デアツタノヲ此前ノ修正ノ時ニ失レデハ実際上差支ヘルカラ数株券ヲ一通ニ合併スルコト丈ケハ許スコトニナツタ、斯様ナ厳酷ナル主義デ出来テ居ル会社法デアリマス、ソコデ此精神カラ彼ノ第二百二十一条ヲ解釈シマスル時ニハ何ウシテモ優先株ト云フヤウナ曖昧ナ、曖昧デナイカモ知レマセヌガ少シ利益ノ多イヤウナ株券ガ一会社ニアルト云フモノデハ此法律ノ精神ニ背クコトニナリマス、成程夫レハ新株ト云ツテ一度ニ作ツテ最初ニ作ツタノハ当リ前ノ配当ヲヤル、後ニ作ツタ新株ト云フモノハ六朱ノ利ヲ補助シテヤルト云フヤウナ唯二ツ位ニ分カツテ居リマスレバ未ダ宜シイガ、併ナガラ之ヲ許スト云フコトニナツタナラバ三種デモ五種デモ百種デモ出来ル、一会社ノ株券ニシテ種々値段ノ異ナル株券ガアルト云フト第百七十七条ノ精神ニモ背キマス、一会社ノ株券ノ金額ハ必ズ平等デアル、市場ニ持出シテモ種々懸隔ノアリヤウハナイ、何処会社ノ株券ト言ヘバ何十円ト云フ極マリガアル、甲乙モナイカラ取引ヲスルニモ都合ガ宜イ種々ナ便利ガアルカラ第百七十五条モ出来テ居ルノデアル、此精神ニ全ク相反スルト云フコトニナル、唯二ツ位ハ宜シイガ種々ナモノガ出来タナラバ必ズ此精神ニ矛盾スルコトニナリマスルカラ此精神カラ見テモ左様ナ優先株ノ如キモノヲ許スト云フコトハナイ、併シ或ハ法文ニスルナラバ禁ズルヤウナ文ヲ用イテアリ然ウナモノデアルト云フ説モアリマシタガ併シ此商法デハ其文例ハ極ク極マリデゴザイマシテ或ハ「得ス」ト云ヒ或ハ「要ス」ト云フテアレバ分明ニナツテ居リマスケレドモ（此時本野委員「為スト云フコトモアル」ト呼ブ）「為ス」ト云フコトモアル或ハ「可シ」ト云フコトモアル、決シテ此文例ニ依ルコトハ出来マセヌ、唯此会社法デ或ハ随意法ト云フノハ特約スルニ非ザレバ云云スルコトヲ得ズトカ何ントカ云フコトデアレバ成程二ツニ依テ随意法ト云フコトガ分カリマスケレドモ其他ハ法律ノ精神ニ依テ命令法ハ〔中略〕ト確信スル、夫レデ云フテ見レバ何モあの法文ガ何ウアラウトモ決シテあれヲ随意法ト云フコトハ云ヘナイト思ヒマス、決シテ此第百七十五条トハ事柄ガ違ウ、事柄ガ違ウケレドモ併ナガラ矢張リ一株券ニ付テ甲乙丙丁ノ段落ヲ付ケルト云フコトニナルト何ウシテモ株式会社ノ組織カラ許サナイ、併シ反対論者ノ云フニ此第百七十五条ノ如キハ実害ハナイ夫レヲ立法者ガ禁ズル必要ハナイト言ハレマシタガ、併ナガラ其論法カラ云ヘバ此百七十五条ノ如キモ何モ法律ガ之ヲ干渉スルニハ及ビマセヌ、夫レハ一会社ニシテ五十円トカ三十円トカ百円トカ幾ラノモ作ツテ宜シイガ併シ夫レデハ実際会社ニ取ツテモ不便デアル、又第三者ガ欺カレルト云フ所カラ必要上此第百七十五条ト云フモノガ出来テ居ルノデアリマスルカラ之ニ依テ見テモ此第二百二十一条ハ優先株ハ許サナイト云フ解釈ヲシナケレバナラヌト思ヒマス、夫レカラ立法上又実際上ニ於テハ此優先株ハ必要デアルト云フノデ欧羅巴ノ各国皆行ハレテ居ルカラシテ之ハ禁ズルノ必要ハナイト云フ御説モアリマスガ、成程之ハ宜イコトカモ知レマセヌガ何モ何処ニ許サヌデモ実際之ニ付テハ特別法ガアツテ社債ヲ募ルト云フコトニナツテ居リマスカラ社債ヲ募ルト云フコトデアレバ其持主ハ債権者ト云フコトニナリマスルカラ誰ニ向ツテ社債ヲ募ツテモ宜シイノデアル、何モ実際ニ於テモ決シテ差支ヘナイ、夫レダカラ私ハ自説ヲ主張シタイ、夫レカラ第二ト云フモノニ至ツテハ甚ダ不都合デアラウト思ヒマス、之ニ付テハ先刻ハ長谷川〔喬〕君カラ之レハ何モ少シ広イカラ忌ヤト云フヤウナ御話シモアリマシタガ即チ夫レデアリマス、之ハ梅〔謙次郎〕君ハ従来ト云フ字ガ落タタカラ然ウ見エルト言ハレマシタガ、従来ト云フ字デハナイ従来特許ヲ得タル株式会社ヲシテ商法ノ規定ニ依ラシメス、斯ウ広イコトハ言ヘマイト思フ、此施行条例ハ唯前項ノ規定丈ケヲ適用セヌト云フノデアリマスカラ定款ノ認可ヲ普通ノ会社ナラバ得ネバナラヌガ、従来特許ヲ得テ居ル会社ハ更ニ認可ヲ経ルニハ及バナイ、如何トナレバ詰リ官ガ許可シテ居ルモノデアレバソンナ悪ルイコトハナイデアラウ、又一ツニハ折角官ガ与ヘタモノデアルカラ夫レデ更ニ直ホサセルト云フノハ気ノ毒デアラウト云フ理由モアラウト考ヘマス、夫故ニ前項ノ規定ニ縦令実際ハ違ツテ居ツタニセヨ前項ノ規定ニ依ルニハ及バズ併シ商法ノ規定ニ依ルニハ及バナイト云フ様ナ広イ規定デハ決シテナイト思フ、即チ株式会社ノ規定全般其他ノ規定ニ依ルニ及バナイト云フヤウナ決シテ広イ意味ニ取ルコトハ出来ヌト思ヒマス、シテ見レバ第二百二十一条ノ如キハ無論依ルベキデアル、併ナガラ従来特許ヲ得テ居ルモノ、定款ノ中ニ優先株ヲ許スト云フ規定ガアルモノト仮定スル、然ウ云フ場合ニハ既ニ行ツテ居ルカラ夫レハ宜シイ、併ナガラ将来ハドウシテモ許サナイト云フ精神デアラウト思ヒマス、尚ホ加フルニ先刻本野〔一郎〕君カラ述ベラレタ所ノ箇条モアリマス、あの箇条ノ如キ此株式会社ハ最モ厳重ニ成ル可ク此通リニ行ハヌニモセヨ決シテ私ノ契約デ随意ノコトハサセマイト云フヤウナ堅イ法律ノ主義デアラウト思ヒマスカラ何ウシテモ此原案ニハ賛成スルコトハ出来ナイ、本野君ノ説ニ同意スル者デアリマス

田部芳も、岸本と同様に、「二百二十一条ハ何処迄モ命令的ノ規定デアル」「商法ノ規定ニ返《ママ》シテ宜シイト云フ箇条ハ特ニ拾ヒ挙ゲテアル、其以外ハ商法ノ規定ニ従ハナケレバナラヌト云フコトハ分カツテ居ル、夫故ニ私ハ既設会社デアラウガ或ハ商法実施後ニ設立シタ会社デアラウガ此二百二十一条ノ規定ニ従ハナケレバナラヌ、夫レニ反シタル優先権ヲ定款中ニ設ケルコトハ出来ナイ」と述べて、優先株の原則禁止を主張した。

岸本や田部らによる回答案反対の意見に対して、土方寧・箕作麟祥から回答案賛成の意見が出されたが、とくに箕作は、「法律取調委員会デハ決シテ今日ノ如キ優先株杯ノコトニ付テハとんト然ウ云フ議論ノ起ツタコトハナイ〔中略〕シテ見レバ此ろゑすれる氏ノ理由ト云フモノハ今日ト雖モ尚ホ尊属シテ居ルモノト見ナケレバナラヌ」と述べ、先の長谷川喬と同様に、商法第二二一条は優先株を禁じていないと言う。岸本と対立する認識が示されているのである。

各委員からの意見がほぼ出揃った段階で、梅健次郎から、

一寸原案ヲ訂正シテ置キマス、第二ノ所デアリマスガ先刻長谷川君ヤ岸本君ノ御意見モアツテ如何ニモ御尤モ

ト思ヒマス、之ハ吾々ノ書キヤウガ悪ルイト思ヒマスカラ只今ノ所ノ初メノ「故ニ」カラ上ヲ消シテ「仮ニ商法第二百二十一条ヲ以テ優先株ヲ禁スルモノトスルモ商法施行条例第十条第三項ノ規定ニ依リテ之ヲ従来特許ヲ得テ設立シタル株式会社ニ適用スルコトヲ得ス」ト致シマス

との回答案の修正が提起された(18)。しかし、岸本は、

只今梅君カラ修正ニナリマシテ之ナラバ岸本モ賛成セラレルデアラウト言ハレマシタガ夫レデモ矢張リ往ケマセヌ、「第三項ノ規定ニ依リテ之ヲ従来特許ヲ得テ設立シタル株式会社ニ適用スルコトヲ得ス」斯ウ云フコトニナルト、第三項ト云フト何ウ云フコトガ書テアルカナラバ「前項ノ規定ヲ適用セス」ト云フコトガアル、其「前項」ト云フノハ何デアルカナラバ唯免許ノ事丈ケデアリマス、決シテ此商法会社法ノ第二百二十一条ノコトハ書テナイ、此二百二十一条ノ事ガ書テアルナラバ夫レデ宜シイガ夫レガ書テナイノニ此三項ノ規定ニ依テ然ウシテ第二百二十一条ノ事ヲ決シテ仕舞ウト云フコトハ到底出来ナイ、夫レデ之ハ或ハ意味ヲ為サナイコトニナツタノデハナイカト思ヒマスガ、之ハ御質問ノヤウニモナリマスガ詰リ可笑シクナツテ来マスカラ到底之ニ御同意申出スコトハ出来マセヌ、夫レカラ序ニ一寸附ケ加ヘテ置キマスガ大変ころゑすれる氏ノ草案ノ理由書ガ力ヲ持ツタヤウデアリマスルガ、私ハ夫レヲ調ベルノハ宜クナイヤウデアリマスガ長谷川君モ歴史ヲ述ベラレマシテ大変意ガアリサウニ言ハレマシタガ、実ハ然ウ云フ歴史ヲ云フト未ダ他ニ歴史ガアリマス、固ヨリ之ハ起草者ノ理由書デアリマスカラ力ヲ持ツノハ当然デアリマスガ、奈何セン此会社法ニ至ツテハ元ト内閣委員ノアツタ時ニすつかり改良ヲシテ然ウシテろゑすれる氏ノ案トハ非常ナ変リデアル、然ルニ幸ニシテ此条ハ変ツテ居リマセヌガ他ハ変ハツテ居ル、主義ガ変ツテ居ルト云フコトハ分ツテ居リマス、其主義ヲ申シマスレバ先刻モ一寸申シマシタガ

旧トノ案ノ出来タ時ハ極ク放任主義デ書イテ免許モ得ナイ即チ官ガ干渉ヲシナイ極ク寛ニ出来テ居ツタ、所ガ干渉スルト云フヤウナ事ニナツテ来タカラ従ツテ其説明モ丸デ変ハツテ来ナケレバナラヌノニ一向替ヘテ居ラヌ、夫故ニ決シテ之ニ信ヲ置クコトハ出来ナイト思ヒマス

と述べて、[19] 梅の修正では十分でないと言う。

そこで、梅は、さらに鄭重に、

一寸岸本君ニ伺ヒマスガ岸本君ノ只今ノ御演説デハ兎ニ角第二ノ書キ方ガ悪ルイト言ハレマシタガ、斯様ニ書イタナラバ宜シイト思ヒマスガ第二ノ点ハ兎ニ角御同意デアレバ成ルベク岸本君ノ賛成ヲ得ラレルヤウナ書キ方ヲ望ムノデアリマス、又此書キ方ナラバ本野君ノトハ意味ハ些ツトモ変ハラヌ積リデアリマスガ如何ヤウニ修正シテモ宜シウゴザイマスガ一ツ案ヲ望ミマス

と、[20] 岸本に歩み寄ろうとするのだが、岸本は、

二以下ト云フモノハ二百二十一条ニ付テノ理由トハナラヌト思ヒマス、ト云フモノハ此十条ヲ見ルト斯ウ書テアリマス、十条ノ二項ノ中ニハ「定款ヲ主務省ニ差出シ其定款ノ認可ヲ受クベシ但其定款ニ法律命令ニ反スル事ヲ掲ケタルモノハ之ヲ改正スルニ非サレハ認可スルノ限ニ在ラス」トアツテ此二項ヲ三項ハ受ケル即チ「前項ノ規定ヲ適用セス」然ウスルト免許ノ事許リ、決シテ此会社法ノ第二百二十一条ノ問題ハ此処ニナイノデアリマスカラ縦令免許ヲ受ケテ居リ従来其特許ヲ得テ居ル会社デモ第二百二十一条ト云フモノノ支配ヲサレネバナラヌモ

ノデアル、モノデハアルガ若シ其定款中ニデス優先株ヲ募ルコトヲ得トカ或ハ会社ノ株券ニ甲乙ヲ付ケルコトガ出来ルトカ云フヤウナコトガ書イテアッタナラバ其定款ヲ有効トシテ官ガ認可スルノデアリマスカラソコデ往ケル、決ソテ特別法デ往ケルノデナイ

と述べるにとどまり、[21]具体的な原案修正の文言を提示するには到っていない。

ここでの梅と岸本との意見の応酬からは、梅が優先株を合法とする自説を曲げても、岸本の譲歩を引き出して、優先株容認の道を開こうとする姿勢が看取されるのだが、結局、法典調査会では、回答原案の第一が賛成多数（第二は削除）で可決され、旧商法第二二一条は優先株の発行を容認するとの意見（梅説）が、逓信省に対して回答されることとなった。

B　梅の優先株肯定論

法典調査会の審議では、岸本らの優先株反対論に譲歩を試みた梅であったが、『法学協会雑誌』（明治二七年三月）[22]、および『読売新聞』（同年五月）[23]においては、優先株発行は、旧商法の解釈として認められる旨の見解が直截に表明されている。二つの論稿の内容は若干異なる部分があるが、主張の要点は、次のように纏めることができる。

梅は言う。「会社に於て数次に株券を発行する場合にハ、新株券に特別の利益を附し以て応募者を奨励する」ことは、従来我邦においても、また仏伊独澳英など各国においても学説判例共にこれを是認し（ことに独逸商法）、行われてきた。西欧の学者が、「先取株」（action de priorité, prioritäts actien）と呼ぶものである。旧商法の起案者（ロェスレル）も「敢て株式を種別して其配当金額を異にするを妨げざること」を明言している。ところが、旧商法第二二一条は「利息又ハ配当金ノ分配ハ各株ニ付キ払ヒ込ミタル金額ニ応シ、総株主ノ間ニ平等ニ之ヲ為ス」と規定しているた

め、同条は、総株主の間に配当の不平等を許さず、それゆえ優先株は不法であるとする論者がある。しかし、この解釈は、「唯文字に拘泥したる機械的解釈に過ぎず」、「平等は、必ずしも同額の謂に非ず、唯不公平ならんことを期するのみ」であって、いわば「其精神の平等（Lex Statuit de ce quod plerumque fit）」にほかならない。およそ法規定には、命令法（Imperativgesetze）と規定法（Dispositivgesetze）の別があり、前者は「当事者の意思を以て之を変更することを得」ないが、後者は「当事者が異なりたる意思を有せざる場合に於てのみ之を適用すべきもの」であり、この点から言えば、第二二一条が後者の規定法に属することは「疑を容れ」ない。

夫れ会社に於て社員が受くる所の利益配当の多寡ハ、苟も公平に其配当を為す以上ハ利益の多額なるに拘はらず、其配当額を僅少にすることを得るハ蓋し争はざるに在り、若し然らバ当事者が任意に議定し、又ハ承認したる定款中に数種の株式を設け、甲乙其配当額を同じうせざることあるも、決して公益に害するものと為すことを得ず、故に特に之を禁ずるの明文なき以上ハ固より、契約自由の範囲内に属するものなり

このことは、第一〇五条に「各社員ノ会社ノ損益ヲ共分スル割合ハ、契約ニ於テ他ノ準率ヲ定メザルトキハ其出資ノ価格ニ準ズ」と定められていることからも明らかである。

また、第一五七条三項は、株式会社について、「定款ハ本法ノ規定ニ抵触スルコトヲ得ス」と定めているため、株主の多数決による定款決定から少数者を保護する必要を訴える論者もいるが、同条の性質を規定法であると解すればなんら問題はない。商法起案者の説明を見ても、「英法に於てハ定款の雛形を設け、唯特約を以て之を変更することを得るもの」と述べているからである。

あるいは、同一会社の株式において其配当金の比例が一でない場合、実情を知らず、あるいは欺かれて劣種の株式

を買う恐れを指摘する者があるかもしれないが、定款を一覧すれば株式に種別のあることが分かるのでだから、「夫れ為すべきの註意を為さずして為めに不慮の損失を被る者は、法律は之を保護せずして可なり」。

梅が指摘するように、確かに、ロエスレルは、優先株の発行に肯定的な見解を示していた。旧商法第二二一条にあたる草案第二七二条「利足及ヒ利益配当ハ各株式ニ就テ払込タル高ニ応シ平等ニ各株主ニ分ツ可シ」に註して、

> 各株式ハ皆同一ナリ故ニ株主ノ損益配分ヲ受ル権利義務モ亦異同アルコトナシ然リト雖トモ二件ノ特別ナル者アリ第一株主頭取等ノ役員ト為リタル者ハ純益ノ割合ヲ以テ報酬ヲ受ルヲ得ヘキコト第二会社ノ申合規則及ヒ契約ニ従ヒ特権及特益ヲ許シタル各種ノ株券ヲ造ルヲ得ル是ナリ例ヘハ某株式（主タル株式）ハ他ノ株式ヨリモ特別ニ若干ノ利息高（実際利益アルトキ）ヲ保護スルコトヲ得又某株式ニ在テハ政府ヨリ若干ノ額ニ至ルマテハ利息保護ヲ為スコトヲ得ル等是ナリ故ニ本条ノ規定ハ株式ニ異類アル者ノ外同一種類ノ株式ノ損益分配権ニ関スル者ナリ

と述べているのである(24)。

このロエスレルの立法意思については、和仏法律学校における講義録、梅謙次郎先生講述『商法（第一編）』(25)においても、梅は、

> 草按ニ於テハ現ニ定款ノ雛形ヲ掲出シ且ツ同氏ハ説明シテ曰ヘリ株主ノ権利ハ一般ニ同等ナリト雖トモ此規定ハ種々ノ配当ヲ妨ケス例ヘハ取締役ニ対シテ特ニ多ク与ヘ或ハ普通ノ株主中ニ在リテ其割合ヲ増減スルモ敢テ支障ヲ見スト是レ即チ優先株ノ場合ヲ想像シタルコトヲ疑ハス然レハ吾輩の解スル所ハ結局法律ノ精神ニ適合スル

ノミナラス沿革上ヨリ言ヘハ一層其可ナル所以ヲ知ルニ足ラン

と記しており、梅がこの点を自らの優先株肯定論の有力な論拠としていたことが窺われる。

C　岸本の優先株否定論

右のような梅の優先株肯定論に対して、岸本は、『明法志叢』において厳しい批判を展開した(26)。岸本は、梅が、旧商法第二二一条を「規定法」と解する論拠について、逐次批判を加える。第一に、梅が、合名会社に関する旧商法第一〇五条を援唱して、優先株を設けることによって第三者または公益を害することがなく、したがって特にこれを禁止する明文がない以上は、優先株の発行も「契約自由の範囲内」に属するがゆえに、第二二一条は「規定法」と解してよいとする点について、これは合名会社と株式会社を識別せずして「抑も不論も亦太甚しきもの」と言う。

此二会社［合名会社と株式会社のこと……村上註］に関する規定全体の上より言ふも彼［合名会社］は自由放任の主義を採り頗る会社の自由に放任して規定法と為しゝもの多く此［株式会社］は厳正画一の主義に依り会社の私事まで奸商して命令法と為しゝもの頗る多き〔中略〕のみならず更に損益共分の点に付て之を言はゞ彼［合名会社］は其責任無限なるに因り社員の貧富と信用如何とに因りて其損益共分を異にし必ずしも出資額に準す可からざるものありと雖も此［株式会社］は責任株金額に止まり平等の株金の外其人の貧富と信用とを問はず随て損益も亦株金額のみに依らざるべからず即ち会社の性質上彼［合名会社］は規定法たるべくして命令法たるべからず此［株式会社］は命令法たる可くして規定法たる可からざるなり

第二に、梅はロエスレルが優先株の発行を認める解釈を示しているとする点について、岸本は、ロエスレルの理由書は既に「援用の価値を失ひしもの」だと言う。なぜなら、法文は、ロエルレル起案と同一であるが、「該条〔第二二一条〕の精神は株式会社の規定全体と共にすでにまったく一変したからである。

起案は欧米文明の主義に依りて規定せしも委員は特に株式会社に関しては全く其主義を一変し恰も我銀行条例の如く厳正画一の主義を執りて痛く公権の干渉を加へ私人間の私事たる株式会社をして殆んと公権の随意に行動せしめんとせり是れ当時経済社会の紊乱甚しく会社特に株式会社は殆と姦譎なる投機者流の利器として世の良民を蠹惑するものたるが如き弊ありしに因るものにして之を例せば会社設立の許可の如き起案には曾て存せざる所なりしも時勢は此の如きの放任を許さず遂に公権を以て其設立を許否することとし其結果公権は何時にても会社の検査を為すことを得るの規定をも新設し殆と外国に其例を見ざるの監督法を設けるに至りしなり

岸本は、さらに、梅に対する批判を続ける。およそ株式会社は資本即ち株式を目的とするため「会社の百事是より紛淆に陥り易く文明的事物の猶ほ幼稚なる我邦に在りては其弊の是より百出すること無しとせ」ざるが故に「我会社法は株式の事に付ては殊に其厳正画一を欲し株式の金額を一定平等にしたる結果として其配当金額をも亦平等にせしむるもの」であり、「是畢竟株式の種類を単一無二とし以て株主名簿の記載議決権の算定株式売買の価格及び配当金の分配を簡易にして許多の紛緒を招くこと勿らしめんとするに在るのみ〔中略〕是れ第二百廿一条を以て右第百七十五条の照応上よりも命令法として敢て背違を許さゞる可らざる所以なり」と。

また、梅は、劣種の株式を買う者は保護に値しないと言うが、この論旨は「如何せん我国今日の実況と我会社法の趣旨とに対しては遠く相距るものあ」り、「不註意者甚た多く加ふるに姦商黠賈か詐術を逞ふする者相接するの社会

〔商法制定と氏の実況を回想せよ〕に於て不註意と他の為めに欺瞞せらるゝとは其者の過失なり法律の保護すべき限に在らずと云ひ白眼之を冷視するは豈国民に親切なる立法者とするを得んや蓋し幼稚なる社会に在りては之に適する法律を立て以て姦詐の途を塞ぎ以て陥害の徒を救ふは立法者の責任にして妄りに法理に拘泥す可きに非ざるなり」。

さらに、梅は、多数の株主によって優先株を設ける旨定款を議定することは株式会社では止むを得ないと言うが、「多数決の制度の正当にして避くべからざると同時に多数の圧制の不当にして大に排すべきは識者之を区別せざるべからず」。「配当金の分配に付き各様に等差を立つるの一事を多数決に一任せば大株主か小株主を圧制して不当の利を貪ることあるも之を防遏するの途なし」。新株募集の場合に限るとしても、数回に及べば「会社の株式は多種多別にして其簡単整一を欲する第百七十五条の精神は益々荒廃する」に至る。新株に優先権を与えるのは応募奨励の手段として会社が資本を増加する最も便益なるため、諸外国でも認められているとしても、「会社の情況にして否運に傾かず相当の位地を保てる場合に於ては〔中略〕此の如き奨励手段を施」す必要はないから「優先権を許すは畢竟否運に傾ける会社をして益々其地位を悪くするに至らしむる」にすぎない。「是れ恰も負債多き者が一時の急を防ぐに高利の金を借ると一般にして必要は即ち必要なるも決して其利益と云ふ」ことはできない。

このような優先株を否定する岸本の商法解釈は、すでに『商法正義』および『商事会社法正義』においても見出されるから[27]、第二二一条の命令主義的解釈は、いわば持論であったと言ってよいであろう。すなわち、両著では、第二二一条について、次のような解説を加えている。

各株式ハ一定平等ノ額ニ分チタルモノニシテ皆ナ同一ナレハ会社ノ損失ヲ負担シ又利益ノ分配ヲ受クルモ各株主ノ権利義務ハ共ニ均一平等ナラサル可カラス是レ自然ノ理ニシテ本条ノ規定ヲ俟チ初メテ然ルモノニ非サルナリ然ルニ本条ノ規定アル所以ハ他ナシ利益配当ノ如キ元来私益ニ関スルモノナルヲ以テ定款ノ規定ニ一任シテ会

社ノ自由ヲ妨ク可キニ非サルカ如シト雖トモ若シ此ノ如クスルニ於テハ其弊或ハ同種同額ノ株券ニシテ其価格ノ異ナルモノヲ生スルニ至リ遂ニ各株式ヲ一定平等ニ分タシムル法定ノ利益ヲ水泡ニ帰セシムルノ恐レアルニ因ルナリ故ニ定款ヲ以テ甲種株券ノ配当ハ幾何ニシテ乙種ハ若干ト同額ノ株券ヲ区別シテ其受ク可ク配当高ヲ異ニセントスルモ此等ノ規定ハ固ヨリ無効ナリトス尤モ取締役又ハ監査役等ト為リシ株主殊ニ発起人ノ如キハ会社ノ定款ニ依リ特別ニ異数ノ分配ヲ受クルコトナキニ非スト雖トモ是等ハ其労力及ヒ功労ノ報酬トシテ受クルモノナレハ其名義モ亦タ報酬金若クハ賞与金ト称シ決シテ其株式ニ附従スル利益ノ配当ニ非ス即チ其人ノ身分ニ固着セル特益ナレハ本条ト並立シ決シテ相戻ラサルナリ

旧商法第二二一条の文言を素直に読む限り、岸本の解釈は正当であり、当時の通説的見解であったとみて良いであろう。例えば、亀井英三郎（法学士）は、梅を批判して、「株式会社は配当金高の比例を異にする株券を発することを得るか(28)」において、旧商法第二二一条の規定は、「株式会社の株券は其配当金高の比例を異にすることを得さるを表はすもの」であること「毫も疑義を挿むへき余地」なしと述べ、もし梅のごとく優先株を認めるには、明文によって例外規定をおくほかないと述べている。

商法への国家権力の介入を抑えようとする「自由主義的な」磯部四郎も、同条を解して、

会社ノ利益ハ各株主ノ払込ミタル金額ニ応シテ平等ニ之ヲ配分セサルヘカラス其配分平等ナラサルトキハ利益共同ノ基本立タサルナリ是レ本条ノ規定アル所以ナリ而シテ本条ハ絶対ノ原則主義ヲ以テ記載シアリテ此規定ヲ異ニスルコトヲ得ルカ如キ意味ヲ毫モ表示セサルカ故ニ仮合会社ノ定款ニ於テ之ニ異ナル条款ヲ設クルコトアリト雖トモ其条款ハ全ク無効ノモノト論決スルコトヲ予ハ躊躇セサルナリ

と断言し、優先株発行の余地を全面的に否定している[29]。この他、『日本之法律』などで旧商法施行断行の論陣を張った坪谷善四郎においても、第二二一条は「利息又ハ配当金ノ分配ハ其払込ミタル金額ニ応シテ其割合ヲ以テスルハ当然ノコトナリトス」と述べられるに留まり、優先株発行の問題はまったく念頭に置かれていないのである[30]。

D　岸本に対する梅の反論

このような岸本の批判に対して、梅は、「優先株問題に就き岸本辰雄君に答ふ」（四回連載、『読売新聞』六月）[31]と題し、岸本の立論の根拠を五項目にわけて反駁した。

第一は、岸本が「商法中株式会社に関する規定は、ロエスレル氏の草案に依らず新に起稿せる所に係るを以て仮令法条の文字同一なるも、其精神に於て既に全く其意義を殊にせり」とする点について。ロエスレルが株式会社も他の会社と同じく「特に政府の免許を受くることを要せずして之れを設立することを得へきもの」と考えたが、確定法文では「株式会社は常に政府の免許を要するものとした」。そのため、株式会社に関する規定中、修正する必要が生じたことは認めるが、「概して〔中略〕言へバ各種の株式会社に皆免許を要するものとしたる改正の外、草案却て確定法文より厳なるの感あり」。岸本が「会社法に就て寛大の主義より厳密の主義に移りたるものヽ如くは聊か事実に反する」。また、第二二一条について、優先株を認めたロエスレルの説を、法律取調委員ないし報告委員が明確に否定したことが説明されていない[32]。

第二は、岸本が「株式の金額平等なる以上は其利益の配当も亦平等ならさるへからす故に明文なきも優先株は不法なりと」する点について。「株式の金額平等なるは欧米諸国大率皆然り、而も未た優先株を禁するものあるを聞かず又多くは特に優先株を許すの明文なきも、未だ学説判例に於て不法とするものあるを聞かす」。

第三は、岸本が「我邦の如来幼稚なる社会に於て若し優先株を許すことあらは劣種の株式を買ふ者動もすれは其実を知らす或は姦黠の徒の欺く所とならんと」する点について。この論理では新株の発行も禁止しなければならない。しかるに「新株の発行を許して優先株を禁するは余其理由を発見するに苦しむ」。

第四は、岸本が「多数圧制の弊は之を避けさるへからす殊に利益配当の如き直接金銭上の利害に就き株主間に差等を設くるか如きは極めて不当なりと」する点について。多数圧制の弊は認めるが「是れ実に団体制に於手は数の免かれさる所にして若し之を避けんと欲せは株式会社の権限を縮少するの他なし、然れとも是れ会社の事業の為めには不便多き所にして進歩せる今日の社会に於ては到底行はるへからさる所」であり、また「大株主か唯自己の私利の為にのみ優先株を作らんことを憂ふるは〔中略〕杞憂と謂はさる」を得ない。

第五は、岸本が「優先株を発行するは多く会社か否運に会せる場合に在り此場合に於て優先株を発行するは恰も多債者か高利貸の金を借ると一般なり殊に債券の発行を許せるか故に優先株を許すの必要なしと」する点について。債券は「会社の利益の有無に関せず、之か元利を払ふへきもの」であり、また債券主は会社の事業に関与し得ないため、優先株の問題とは異なる。「故に優先株を発行するの必要あるときは債券を発行せは可なりと曰ふは抑も債券優先株の性質を詳にせさるの論と謂はさるへからす」。

E　梅に対する岸本の再批判

梅の反論に対して岸本は、「優先株問題に就き再たび梅謙次郎君の説を駁す」を『読売新聞』に発表し(33)、重ねて梅の所論を批判した。

第一点について。「余の第一論旨は〔中略〕草案は、自由放任の主義に依り、確定法文は、厳正画一の主義を執り、此れ遥に彼れより厳なりと云ふに在り、然るに、梅君は、全く之に反して、草案は、会社設立の免許に関する一事の外、却て確定法文より厳なりと云ふ」。梅が列挙した条文を検証するに、草案が確定法文より厳なりと言えるのは、唯だ第三四・三一八条にとどまる。確定法文が草案より厳なるは、会社の設立に政府の免許を必須とすること、およびここから生じる数多の結果など、「皆以て立法主義の厳正画一を欲するに在るを知る」。また、第二二一条の理由書について、ロエスレルの説明中の優先株に関する部分を削除したものであるから、優先株を「許すの意なきに因るもの」であって「之を予想せざりしものと云ふを得ず」。

第二点について。「梅君は、自由放任主義の会社法の行はるゝ国の例を引き来りて、厳正画一主義の会社法を解釈せんとす、其枘鑿相容れざるは当然の事なり」。また「優先株は、其払込金額、普通株と同一なるに、猶ほ其結果を異にするものに非ずや、然るに、余が優先株を禁ずと云ふの理由を以て直ちに之を新株に適用せざるを得ずと為す者あらば、誰れか其愚を笑はざらんや」。

第三点について。旧商法は「全額払込に至るまでは〔中略〕本株券の発行を許さずして、只だ仮株券を発行す可き者なれば、人目以て其区別を知る可く、不注意若くは詐欺の憂なかる可し〔中略〕本法の趣旨の如き、亦其不注意の者、及び詐欺に罹る者を保護せんとする、余の論旨を証するの資と為す可し」。

第四点について。多数決が必ずしも多数の圧制を意味しないことは承知している。梅は、定款の確定について会社の設立前後を同一視するが、株式申込人は　仮定款を熟読賛成して株式を申し込み、さらに創業総会で多数の承認を求めているのだから、これを多数の圧制と言うことは出来ない。有価物の価格や、大株主が利益配当を制限して積金を多くするように、小株主に不利な事態が生じたとしても、「此利害は、持株の多少に関する者」であって「各一株の間に利益の差異あること、優先株の如くなる者に非ず」。大株主が優先株を自己の私利に用いる例えは極端の例ではあるが、およそ「云々の悪事は実際之を為す者なかる可しとして、法律は禁止の規定を為さゞるを可とする」のは納得できない。いわんや、梅も認めるように「会社の決議法は、株主の頭数と、株数との二者を標準として多数を定め、其一方のみに偏倚せざるは、却て本法が多数決の制度を採りながら、多数の圧制を避くる所以の精神を観る可きに於てをや」。

第五点について。債券を優先株と同一だとは言っていない。「唯余は、優先株を発行し得ざるも、別に債券を発行するの一法あり、会社が其資本額以外に金銭を得んとせば、債券を以てするも可なりと云ひ、其の方法を挙示したるに過ぎ」ない。また、末延道成が指摘するように、優先株の発行は会社が「否運」に会った場合との前言は、語弊があったかもしれないが、会社が十分に隆盛を極めている場合には、新株の発行に優先権を付与する必要はないであろう。「現に本問題を惹起したる某鉄道会社の如き、社況甚だ振はず、江湖の信用十分ならざるより、優先株を為すに非ずんば、新株の募集を得べからざりし。〔中略〕「優先株の決して嘉尚す可きものに非ざるは、亦争を容れず」。

F　明治商法における優先株

岸本と梅の論争の終盤には、岸本の反対意見にもかかわらず、内閣が、優先株問題について、黒田逓信大臣の照会により、法典調査会に諮問したところ、同会の多数が梅の意見に同調したため、優先株を認める方向に決したと報じられている[34]。

東京商業会議所も、八月一六日、金沢で開催された商業会議所聯合会議に提出した商法修正意見において、第二二一条に「但定款に於て其割合に等差を立て又は其分配に先後を定むることを得」との但書を加えることを提案した。その理由について、東京商業会議所は、

> 商法第二百二十一条に拠るときは所謂優先株の如きは敢て其発行を禁止するの精神にあらさるへしと雖とも本条中平等云々の文字あるより之を見れば或は其趣旨之を禁止するにあるやの疑あり夫れ会社資本の中に区別を設け利益配当の割合に等差を立て又は分配に先後を定むる如きは会社営業上の状況によりては極めて必要の手段

にして是従来各会社か往々之を実行して大に其便利を感する所以なり然るに今法律を以て之を禁止するは決して穏当の策と云ふを得す故に前記の如く本条に但書を加へ会社か必要の場合に於ては随時優先株の類を発行するを得るの意を明にせんことを望む是れ本条の修正を必要とする所以なり蓋し英国に於ては会社資本中の区別を設け利益配当の割合に等差を立て又は其分配に先後を定むることの如きは別段法律の禁止する所にあらす随て各会社の間に盛に行はるゝ所なりと云ふ

と述べている。(35) 梅謙次郎の所説から影響を受けていることが明白である。

優先株の自由発行を求めた梅の意見は、岡野敬次郎・田部芳とともに梅が法典調査会の商法修正案の起草委員に任じられたこともあってか、明治三二年三月九日に公布された明治商法（法律第四八号、六月一六日施行）において明文で認められることとなった。(36) すなわち、第二一一条は、「会社ハ其資本ヲ増加スル場合ニ限リ優先株ヲ発行スルコトヲ得此場合ニ於テハ其旨ヲ定款ニ記載スルコトヲ要ス」と定め、『商法修正案理由書』は、修正の理由について、

〔旧商法第二二一条および二四九条第一項は〕毫モ之ニ対シテ例外ヲ設ケサルカ故ニ此規定ハ利益ノ配当又ハ残余財産ノ分配ニ当リ或株式ヲ有スル者ハ他ノ株式ヲ有スル者ニ比シ優等ノ権利ヲ有スルコトヲ許サス即チ所謂優先株ヲ認メサルモノト解セラル仮令或ハ此規定ヲ以テ優先株主ハ其優先株主相互ノ間ニ於テ普通株主ハ其普通株主相互ノ間ニ於テ同等ノ権利ヲ有スヘキモノト為スニ止マリ優先株主ト普通株主トノ間ニ権利ノ優劣アルヲ妨ケサルモノト解スルノ正当ナルコトヲ主張スル者ナキニアラス殊ニ起草者ロエスレル氏ノ説明ニ依ルモ亦優先株ヲ禁スルノ趣旨ニアラサルカ如シト雖モ該条ニ所謂「平等ニ」云々ノ一句ハ到底此説ヲ容ルルノ余地ナシ現行〔＝旧〕商法ノ解釈トシテハ優先株ヲ認ムヘカラサルコト此ノ如シト雖モ飜テ立法上ヨリ之ヲ観察スルトキハ優

先株ノ発行ハ或制限ノ下ニ之ヲ許ササルヘカラサルコトハ殆ト疑ヲ容レサル所ナリ唯タ濫リニ之ヲ発行セシムルノ不可ナルノミ即チ実際上優先株ヲ発行スルノ必要アルハ設立ノ際ニアラスシテ資本ノ増加スル為メ新株ヲ発行スル場合ニアルカ故ニ此場合ノミニ限ラサルヘカラス又優先株ヲ発行スルコトハ事体重大ナルヲ以テ之ヲ定款ニ記載セシムルコト亦必要ナリトス是レ本条ノ規定ヲ設ケタル所以ナリ

と述べている。[37] 優先株の発行は、新株の発行の際に限られてはいるが、梅の意見が強く影響していることが窺われる。

第四節　むすび――岸本商法理論の特徴

岸本は、明治一四年以来商事関係法の編纂作業にかかわり、会社が殖産興業において多大な利益をもたらす「有益ニシテ須要」な制度であることを、いち早く認識した一人であった。[38]『商法講義』（講法会、明治二三〜二四年頃）では、「会社ハ実ニ（中略）西諺ニ依リ合致ノ力ヲ利用スルモノニシテ之ヲ其社員カ各個随意ニ運動スルニ比スレハ其事業ノ効績ハ至大ノ徑庭アルヲ見ル故ニ会社ナルモノハ国家ノ文明、福祉殊ニ殖産興業上ニ異常ノ利益ヲ与フル須要ノ具タルナリ[39]」と述べ、さらに株式会社については「全ク資本ノミニ拠リテ成立シ其株主ノ責任ハ有限タリ而シテ其株式ハ売買譲渡甚タ自由容易ナルヨリシテ其入社退社共ニ頗ルカ簡便ナルモノトス故ニ此会社ハ巨額ノ資本ヲ輙ク醵集スルコトヲ得ヘク従テ巨額ノ資本ヲ要ス可キ大事業ヲ起スニハ最モ適当ナル組織タリ[40]」と講じている。

しかし岸本は、梅のように徹底したブルジョア自由主義、会社における経済自由主義の立場をとらず、会社が社会経済的に弊害を齎した現状を認識することから出発して、会社を法的に規制する必要を強調する。「諸種の会社商社勃興し而して今日の形状此の如く危殆に迫れりとすれハ会社を規律すへき細密なる法律ハ実に必要のもの」なのである。[41]

『商法講義』では、こうした趣旨が、一層詳細に論じられている。

我邦ニ於テハ従来会社ニ付テ一ノ規定ナク全ク人民ノ自由ニ放任セシヲ以テ此合致ノ力タル会社ハ徒ラニ奸商黠奴ノ利器ト為リ之ニ依リテ投機ヲ試ミ詐謀ヲ逞クシ朝ニ起リテ夕ニ倒レ弊害百出徒ニ金融ノ途ヲ擁塞シ遂ニ商業社会ノ信用ヲシテ地ニ墜チシメントス蓋シ此現象ノ重大ナル原因ハ完全ノ法律ナキコト実ニ其一ニ居レリ於是乎本法ハ民法ト共ニ会社ニ付テ精密厳正ナル規定ヲ設ケ以テ其弊害ヲ未萌ニ防止シ此至大ノ勢力ヲシテ有益ニ活動セシメンコトヲ期セリ[42]

とりわけ株式会社については、弊害が大きいため、法規制の必要性が強く求められる。

其規模自カラ宏大ニシテ業務モ亦タ錯綜セリ是ヲ以テ其間ニ処シ不正陰私ノ所業ヲ為スハ甚タ容易ナリトス例ヘハ資本ノ払込未タ完カラサルニ已ニ充分ノ払込アリタリト揚言シテ世間ヲ欺キ株券ヲ発行シ而シテ会社ノ資本ヲ割キテ純益ナリト称シ公然之ヲ配当シ以テ株式ノ騰貴ヲ促シ其機ニ乗シテ之レカ売却ヲ企テ以テ自己ノ私欲ヲ逞フスルヤ直チニ其踪跡ヲ晦マスカ如キ従来欧州ニ於テ屢々実見シタル所ナリ又我国現時会社ノ衰頽シタル一大原因モ亦タ此ニ在リトス故ニ此会社法ノ規定タル時ニ或ハ商業ノ自由ヲ束縛スルノ実アリ或ハ又官ノ干渉煩ニ失スルノ嫌ナキニ非スト雖トモ要スルニ是レ亦タ右等ノ悪弊ヲ一掃スル為メ我国ノ現況ニ対シテ止ムヲ得サルノコトナリト是レ此株式会社ノ規則ハ甚タ厳格ニシテ随テ其数条モ亦タ甚タ多キ所以ナリ[43]

右のような論拠から、岸本は、株式会社に対する公権力の介入を積極的に肯定するのである。旧商法第一五二条の設立免許主義について、商業自由の観点から見れば「理論上〔中略〕固ヨリ不可ナリ」としつつ、「秩序未タ整頓セサル」「我国商業ノ現況」から「特ニ政府ノ関渉ヲ要スルハ亦タ止ムヲ得[44]」ないと言い、さらに設立後の検査（裁判所および主務省による）についても「抑々公力ヲ以テ最モ重大ナル商業ノ機密ヲ侵シ人ノ嫌厭ス可キ財産ノ検査ヲ為スハ公力ノ干渉其度ヲ過クルノ嫌」があって、放任して良いようにも思えるが「社会ノ文明未タ十分ニ発達セス人民未タ十分ニ進歩セサル今日ニ在テハ干渉モ亦タ缺ク可カラサルノ要事」であり「法律カ人民営業ノ私事ニ干渉スルハ畢竟株式会社ハ社会ノ経済上ニ関係ヲ及ホスコト頗ル大ニシテ動モスレハ第三者ヲ害スル恐ア[45]」るからだと言うのである。日本商業界が未発達であるとの現状認識から、奸商黠奴の齎す弊害から第三者の利益を保護するために、会社制度に対する公権力の介入、会社統制主義を止むなしとする。前述した優先株に対する否定的見解も、同様の観点からの立論に他ならない。

もっとも、岸本は、決して、株式会社の経済活動の自由に関して消極的で、その自由を拘束しようとは考えておらず、梅が批判したように、条文の文言のみに執着した硬直的で保守的な解釈に終始していたわけではない。たとえば、銀行（国立銀行・横浜正金銀行および日本銀行）の登記問題について、岸本は次のように論じている[46]。銀行は株式会社の一つであるから会社法の支配を受けるのは当然であり、また法人として商業登記簿に登録する必要があることを確認したのち、「第三　登記を受く可きものとせば、銀行に株式会社の四字を附すべきものなるか」に論を進め、消極的見解を示す。

> 日本銀行にては株式会社の四字を附するときは、実際数十万円の損失を免かれず、且つ従来其明証を以て博取したる信用か〔中略〕恰も新設の会社の如くに誤認せられ、第三者并に其銀行の為めに言ふべからざる損害不便

を醸生す

商法施行条例第八条二項「既設会社の商号には、其会社の種類に従ひ合名会社合資会社株式会社の文字を附すべし」に基いて、積極説を主張する者もあるが「深く実際の活用上如何なる影響ありや、精く立法の精神の孰れに存在するやを尋繹するは、瞭乎として消極説」に傾くはずである。当該規定の目的は、新報実施にあたって、「第三者を保護し、既設会社の便益を謀るに在」るのであって、日本銀行の如く、新設会社と誤認される恐れが無い場合、わざわざ株式会社の四字は不要である。結局のところ、右規定は、「既設の銀行及ひ会社にて、其性質を公示するの必要ある者に対してのみ適用し、既に条例によりて定められ、会社に於て明かに其性質を知る者に対して、之を適用するの精神に非さるなり〔中略〕此種の法律は刑法の如く厳格に解釈すへきものにあらされは、立法の精神に汲み実際の必要に応して解釈するも何の不可なることか之有らんや」と述べている。ここでは、条文の文言に拘泥することなく、実際的で柔軟な解釈を求めていることが知られる。

しかし、常に会社の慣例を肯定しているわけではない。明治商法が施行された後も、株式会社の実態について、（一）会社収支の予算を定め株主総会の議決を経ること、（二）取締役の権限を制限すること、（三）株主総会の議事を厳正にし且活動せしむること、（四）監査役の選任を慎むこと、（五）会社に遊金の貯蔵を避くることの四点を、改良すべき事柄として挙げ[47]、また、株式会社重役の辞任に関する慣例の誤りを批判するなど[48]、法規定の解釈の枠を超えて、第三者の利害を損なうことがないよう、株式会社の経営実態を改善する必要を訴え続けているのである。

要するに、岸本の立論の基本的立場を、岸本自身の言を用いると、「元来予は我邦の法律が実際より進み実際と法律と常に相距ることを信し一面には法律非改正論を唱へ他の一面には実際の事物の改良論を唱へ[49]」ることに他ならないのである。

註

（1）　岸本辰雄に関する論稿は数多いが、もっとも最近のものとして、顕彰碑建立を記念して編まれた『岸本辰雄と明治大学――鳥取出身士族の挑戦』（明治大学校友会鳥取県支部、二〇〇六年）がある。

なお、管見の限りで、彼の主な経歴を辿ってみると、以下の通りである。

一三年	四月	九日	司法省詰、判事任官
			司法省議法局修補課・照査課・生徒課勤務（司法省法学校で講義）
	五月	三一日	文部省御用係兼東京大学法学部員外教授（フランス法を講義）
	六月	二三日改正	『司法省職員録』司法省判事兼太政官御用掛文部省御用掛
	七月～一二月		司法省法律学校速成科第二期生に対して、民事訴訟法を講義
	九月	三〇日改正	『司法省職員録』司法省判事兼太政官御用掛文部省御用掛
	一二月	二九日	判事を依願被免、太政官御用掛
一四年	一月	二四日	日本海令草案審査局（元老院内）御用掛兼務（総裁佐々木高行）
	一〇月	二一日	東京大学法学部講師
		二五日	参事院御用掛法制部
	一一月	八日	参事院議官補
		一二日	日本海令草案審査局御用掛兼務被免
一五年	三月	三一日	参事院内設置の商法編纂局の商法編纂委員（委員長鶴田皓）
			『日本商事慣例類集』の編纂作業に従事
	四月	一五日	東京大学法学部員外教授辞任
一六年	二月	六日	参事院司法部勤務
	一〇月頃		司法省法学校速成科第三期生の講義を担当
一七年	五月	二四日	商法編纂局閉鎖により商法編纂委員被免
			会社条例編纂委員会設置、同委員（委員長寺島宗則）
一八年	三月	四日	破産法編纂委員兼任
	一二月	二三日	法制局参事官従六位（内閣制度の発足により参事院廃止）
一九年	一月		海事主計学校教授嘱託

	三月		会社条例編纂委員会および破産法編纂委員会廃止
		二三日	商法編纂委員会設置、同委員（商法草案の下調べを分担）
	七月一九・二六・二八日		元老院会議公証人規則審議で内閣委員として出席
		二〇日	商法編纂委員会廃止により同委員被免
	一一月	四日	外務省内設置の法律取調所（八月六日）の法律取調報告委員
	一二月	二四日	司法省参事官
二一年	一月	二七日	海事主計学校教授嘱託辞任
二二年	一月	一五日	司法省民事局兼務
二三年	六月	三〇日	代言人試験委員
	一一月	一日	大審院判事任官
二四年	五月	五日	法律取調報告委員被免
二五年	七月	一二日	司法官弄花事件の懲戒裁判、免訴判決（弁護人は宮城浩蔵）
	一〇月	六日	民法商法施行取調委員（総裁伊藤博文、委員長西園寺公望）
二六年	三月	六日	大審院判事依願退職
	四月	二〇日	法典調査会設置（総裁伊藤、副総裁西園寺）、同査定委員
	五月	一日	弁護士登録（東京地方裁判所検事局）
二七年	三月	三一日	法典調査会委員
二九年	六月		岸本ほか三名が全国弁護士倶楽部発起人
三〇年	二月	一五日	日本弁護士協会創立、東京弁護士会会長（副は城数馬）
三一年	七月		司法制度改革案調査委員
三八年	五月		法学博士
四〇年	五月	二一日	法律取調委員
四二年	五月	三一日	弁護士廃業　東京弁護士会退会
四五年	四月	四日	逝去（六一歳）

（2）　商法編纂事業において果した岸本の役割については、山形万里子「商法典制定と岸本辰雄」（『明治大学史紀要』第一一号、一九九四年）、三枝一雄「法典編纂者　岸本辰雄」（『一二〇年の学譜〈大学史紀要第六号〉』二〇〇一年）が重要な先行研究である

が、いまなお不明な点が多い。

（3）　主要な商法関係著書の一覧

『仏国商事会社法講義』	明法堂	明治二〇年三月
『仏国商法講義』（前後）	講法会	明治二〇年
『日本為替約束手形条例講義』	講法会	明治二三年
『商法講義』第一〜四巻	講法会	明治二三〜二四年頃
『商法正義』第一〜七巻（長谷川喬と共著）	新法註釈会	明治二四〜二五年頃
『商事会社法要義』	講法会	明治二六年四月
『改正商事会社法正義』	新法註釈会	明治二六年五月
『手形法破産法要義』	講法会	明治二六年八月

（4）　たとえば、『法律講義』（第一号・明治一五年七月二一日発兌、知新社）に、岸本は、「商法」「仏国商法」を連載しており、これが『仏国商法講義』あるいは『仏国商事会社法講義』として編まれたと考えられる。

（5）　主要な商法関係論文の一覧

「商法ノ必用ナル所以ヲ論ス」	『法律志叢』第九四・九六号	明治一五年二月
「社員ノ更迭ヲ論ス」	『法律志叢』第九九号	三月
「我邦の会社」	『明法雑誌』第六六・六七号	明治二一年八・九月
「商事ノ範囲及ヒ性質ヲ論ス」	『法政誌叢』第一一一号	明治二三年七月
「商法延期ニ関スル演説」	『法政誌叢』第一二一号	明治二四年二月
『駁東京商工会商法修正説』（岸本外六名）	『法治協会雑誌』号外	明治二五年五月
「銀行登記問題ニ付テ」	『明法誌叢』第二二号	明治二六年一二月
「銀行登記問題に就て」	『日本之法律』第六巻一号	明治二七年一月
「優先株問題」	『明法志叢』第二六・二七号	五・六月
「優先株問題に就き再たび梅謙次郎君の説を駁す」（一・二・未完）	『読売新聞』	七月二〇・二一日

「優先株問題梅謙次郎君の論を駁す」	『日本之法律』第六巻八号	八月
「優先株問題に就き再び梅謙次郎君の説を駁す」	『明法志叢』第二九号	八月
「優先株問題に就き再び梅謙次郎君の説を駁す」	『日本之法律』第六巻九号	九月
質疑：株式会社関係	『明治法学』第一号	明治三二年九月
質疑：会社法問題解答3問	『明治法学』第七号	明治三三年三月
質疑：商法問題3問	『明治法学』第八号	四月
質疑：会社法問題2問	『明治法学』第一〇号	六月
質疑：会社法問題	『明治法学』第一三号	一〇月
「会社改良論」	『明治法学』第二三号	明治三四年八月
「会社改良論」（上・下）	『法律新聞』第四九・五〇号	八・九月
「会社重役ノ自認ニ関スル慣例ノ誤ヲ正ス」	『明治法学』第五五号	明治三六年五月
「会社ニ於ケル一慣例ノ誤謬」	『日本弁護士協会録事』第六五号	五月
「会社に於る一慣例の誤謬」	『法律新聞』第一四七号	七月

（6）なかでも、明治大学法学部創立百周年を記念して、岸本の著書が翻刻された際に付された二編の解題、小松俊雄＝三枝一雄「解題　商法講義」（岸本辰雄『商法講義』上・下（一九八一・八二年）、および、三枝一雄「解題　仏国商法講義前部・後部」（岸本『仏国商法講義・法学通論』、一九八四年）は、岸本の商法理論の特徴を簡潔明快に捉えていて貴重である。

（7）とくに、水林彪「ナポレオン法典における civil と commercial」（清水誠先生古稀記念論集『市民法学の課題と展望』日本評論社、二〇〇〇年、一一六頁）、同「日本『近代法』における民事と商事」（石井三記ほか編『近代法の再定位』創文社、二〇〇一年、一八五頁）、小沢隆司「日本近代法史学における商法史の地位――福島正夫の初期構想とその射程」（倉澤康一郎先生古稀記念論集『商法の歴史と論理』新青出版、二〇〇五年、一六五頁以下）などが注目される。

（8）従来、岡野敬次郎が「日本商法学の創始者」とされてきた（たとえば、吉野俊彦「岡野敬次郎」『ジュリスト』第一一五五号、一九九九年五月）。たしかに、商法の専家として岡野は我国で始めての学者であるが、彼より以前に、梅謙次郎そして岸本辰雄は、民法学者であり商法学者でもあった。とくに、「商法学者」としての梅謙次郎については、高田晴仁「商法学者・梅謙次郎――日本商法学の出発点」（『法律時報』第七〇巻七号、一九九八年六月）および「梅謙次郎と商法――日本人による日本商法編纂の狼煙」（『新青通信』第九号、二〇〇一年一二月）など、参照。

（9）優先株問題をめぐる岸本＝梅論争の各論文を列挙すると次の通りである。

I

①－1 梅謙次郎「株式会社ノ配当金ハ各株主ニ対シテ必ス同一ナラサルコトヲ得カ」
『法学協会雑誌』第一二巻三号 明治二七年 三月

② 梅謙次郎「商法第二百二十一条の規定ハ果して優先株を禁ずるものと視るべきか」（商法に関する二疑問［二］）
『読売新聞』 五月八・二一日

①－2 梅謙次郎「商法第二百二十一条に関する疑問」 『日本之法律』 第六巻六号 六月

II

③－1 岸本辰雄「優先株問題」 『明法志叢』 第二六・二七号 五・六月

③－2 岸本辰雄「優先株問題梅謙次郎君の論を駁す」 『日本之法律』 第六巻八号 八月

III

④－1 梅謙次郎「優先株問題に就き岸本辰雄君に答ふ」（一～四） 『読売新聞』 六月二二・二三・二四・二五日

④－2 梅謙次郎「優先株問題に就き岸本辰雄君に答ふ」 『明法志叢』 第二八号 七月

④－3 梅謙次郎「優先株問題に就き岸本辰雄君に答ふ」 『日本之法律』 第六巻八号 八月

IV

⑤ 岸本辰雄「優先株問題に就き再たび梅謙次郎君の説を駁す」（一・二・未完）
『読売新聞』 七月二〇・二一日

⑥－1 岸本辰雄「優先株問題に就き再び梅謙次郎君の説を駁す」 『明法志叢』 第二九号 八月

⑥－2 岸本辰雄「優先株問題に就き再ひ梅謙次郎君の説を駁す」 『日本之法律』 第六巻九号 九月

(10) 紀事「優先株問題」（『明法志叢』第二八号、明治二七年七月）。

(11) 日本統計研究所編『日本経済統計集』（一九五八年）一二五頁。

(12) もっとも、『読売新聞』（CD-ROM版）の記事タイトルを検索してみても、「優先株」関係の記事は、明治三二年商法施行以後においてしか見出されないので、優先株問題は、法律問題ではあっても、社会問題にまでは至っていなかったようである。

(13) 「法典調査会 民法議事速記録二」（『日本近代立法資料叢書』第一巻、商事法務研究会、一九八三年）一八七～二一七頁以下。
なお、逓信省からの照会文は、以下の通りである。

商法第二百二十一条ニ依レバ利息又ハ配当金ノ分配ハ各株ニ付キ払込ミタル金額ニ応ジ総株主ノ間ニ平等ニ之ヲ為スベキコトヲ

規定セリ而ルニ本条ノ意義ト適用トニ付釈者其意見ヲ一ニセズ或ハ本条ハ同種株式ノ損益分配ヲ規定シタルモノニシテ特約ヲ以テ株式ニ特別ノ配当ヲ為スコトヲ禁ズルモノニアラズトナシ所謂先優株ノ如キモ本条ニ反スルトコロナシト論ズルモノアリ（別紙甲説）斯論者ノ所説ニヨレバ会社ノ既設ニ属スルモノト　其商法施行以後ノ創設ニ係ルモノトヲ別タズ定款ヲ以テ其株式中ニ就キ特益ヲ付シタルモノヲ発スルコトヲ規定スルヲ妨ゲズト論結セリ而ルニ他ノ解者ノ所説ニヨレバ同条ノ法意ハ利息又ハ配当金ノ分配ニ関スル株主ノ権利ヲ同一ニシ其間ニ於テ配当準率ノ種別ヲナスコトヲ許サザルニ在ルコト明瞭ナリトナシ商法施行後ノ設立ニ属スル株式会社ハ特益先優ノ株式ヲ発スルヲ得ズト論ズルモ既設ノ会社ハ之ニ反シ該条ノ明文ニ拘ハラズ定款ヲ以テ特益ヲ附シタル株式ノ発行ヲ規定スルヲ妨ゲズトセリ（別紙乙説）

商法第二百二十一条ノ適用ニ付キテハ其条文ノ簡潔単純ナルニ似ズ文理ノ解釈ヲ下スモノノ外尚前陳ノ如ク数様ノ見解ヲナスモノアルヤニ承知致候処同様ノ解釈及適用ノ如何ハ重大ナル関係ヲ有スル者ニ付貴会ノ御意見為参考承知致度存候間乍御手数同条ノ解釈及ビ既設、新設両種ノ株式会社ニ対シ同条ノ適用ニ関スル貴会ノ御意見御明示ヲ得度此度及御照会候也

明治二十七年四月十二日

逓信大臣　伯爵　黒田清隆

法典調査会総裁　伯爵　伊藤博文殿

(14)　末松謙澄発言、同上、一九九～二〇〇頁。
(15)　金子堅太郎発言、同上、一八八～一八九頁。
(16)　ここで梅謙次郎は詳細な解釈論を展開しているが、次節以降で紹介する内容と同様であるため、ここでは省略する（同上、二〇六～二一二頁）。
(17)　岸本辰雄発言、同上、二一四～二一六頁。
(18)　梅謙次郎発言、同上、二一八頁。
(19)　岸本辰雄発言、同上、二二二頁。
(20)　梅謙次郎発言、同上、二二二～二二三頁。
(21)　岸本辰雄発言、同上、二二三頁。
(22)　梅謙次郎「株式会社ノ配当金ハ各株主ニ対シテ必ス同一ナラサルコトヲ得サルカ」（『法学協会雑誌』第一二巻三号、明治二七年三月）。なお、同論文は、「商法第二百二十一条に関する疑問」と改題されて『日本之法律』第六巻六号（六月）に転載された。
(23)　梅謙次郎「商法第二百二十一条の規定ハ果して優先株を禁ずるものと視るべきか」（商法に関する二疑問〔一〕）（『読売新聞』五月八日・二一日）。

(24) ロエスレル氏起稿『商法草案（商社ノ部、差金会社・株式会社）』第三冊（司法省、明治一八年）二〇六～二〇七頁。Hermann Roesler, Entwurf eines Handels-Gesetzbuches für Japan mit Commentar, 3 Bde, 1881-1884.
　ちなみに、梅は、別の著書では、ロエスレルについて、「外国法盲従」などと手厳しい評価をしていると言う（高田晴仁・前掲「商法学者・梅謙次郎——日本商法学の出発点」四一頁）。

(25) 梅謙次郎先生講述『商法（第一編）』（和仏法律学校蔵版）六二三～六三八頁。
　なお、この講義録は、梅謙次郎『日本商法［明治二三年］講義』として復刻されている（信山社、二〇〇五年）。高田晴仁氏は、同書を、明治二四年度の講義内容であると推測されているが（前掲「梅謙次郎と商法——日本人による日本商法編纂の狼煙」五頁）、後述する岸本の反論（「反対論者ノ所謂命令主義改正」）を批判した箇所も散見されるため、二七年度の講義と考えてよいのではないかと思う。

(26) 岸本辰雄「優先株問題」（『明法志叢』第二六・二七号、五・六月）、なお、同論文は、「優先株問題梅謙次郎君の論を駁す」と改題されて『日本之法律』第六巻八号（八月）に転載された。

(27) 岸本辰雄著述『商法正義』第二巻（新法註釈会出版）五三八～五三九頁、および、岸本辰雄著『改正商事会社法正義』（新法註釈会出版、明治二六年五月）四六六～四六七頁。

(28) 亀井英三郎「株式会社は配当金高の比例を異にする株券を発することを得るか」（『日本之法律』第六巻一号、明治二七年一月）。

(29) 磯部四郎『大日本新典　商法釈義』（長島書房、明治二三年）六八一～六八二頁。なお、磯部の商法理論の特徴については、高倉史人「磯部四郎と商法」（『高岡法学』第一七巻一＝二合併号、二〇〇六年三月）一八二頁以下、参照。

(30) 坪谷善四郎『日本商法註釈』上巻（博文館、明治二三年）三二三頁。

(31) 梅謙次郎「優先株問題に就き岸本辰雄君に答ふ」（一～四）（『読売新聞』六月二二・二三・二四・二五日）、なお、同論文は、『明法志叢』第二八号（七月）、および『日本之法律』第六巻八号（八月）に転載された。

(32) 第二二一条に対応する草案第二七二条の審議過程をみると、優先株の可否はおろか、ほとんど議論らしい議論は行われていない（日本近代立法資料叢書第一九・二〇・二一巻、商事法務研究会、一九八五年）。

(33) 岸本辰雄「優先株問題に就き再たび梅謙次郎君の説を駁す」（一・二・未完）（『読売新聞』七月二〇・二一日）。のち、加筆されて、『明法志叢』第二九号（八月）および『日本之法律』第六巻九号（九月）に掲載された。

(34) 前掲・紀事「優先株問題」。

(35) 紀事「東京商業会議所の商法修正意見」（『明法志叢』第二九号、明治二七年八月）七三頁。

(36) 東京商業会議所は、明治二四年一一月一四日開催の第九回臨時会議において、商法修正のための調査委員会の設置を決定し、梅謙次郎はその顧問の一人として迎えられていた。第三帝国議会における翌二五年二月の再延期決議ののち、六月三日に決定した

「商法及商法施行条例修正案」は、右の調査委員会の成果であり、同案が明治二六年三月八日に公布された会社法（「商法及商法施行条例中改正竝施行法律」により会社・手形・破産の部分が、七月一日施行）に大きな影響を与えたと言われてきたが、優先株についても梅の見解が採り入れられたようである。

(37)『商法修正案理由書』（東京博文館蔵版、明治三一年六月）一八三～一八四頁。

(38) 以下の叙述は、小松俊雄＝三枝一雄・前掲「解題　商法講義」（四五四頁以下）に負うところが大きい。

(39) 岸本『商法講義』巻之二・三頁、復刻版・上巻、一九二頁。

(40) 同上、巻之二、二二九頁、復刻版・上巻、二九〇頁。

(41) 岸本「我邦の会社」（『明法雑誌』第六六号、明治二一年八月）一頁。

(42) 岸本『商法講義』巻之二、三四頁、復刻版・上巻、一九二頁。

(43) 同上、巻之二、二二九～二三〇頁、復刻版・上巻、二九〇頁。

(44) 同上、巻之二、二三六頁、復刻版・上巻、二九一～二九二頁。

(45) 同上、巻之二、三八八頁、復刻版・上巻、三五九頁。

(46) 岸本「銀行登記問題ニ付テ」（『明法誌叢』第二二号、明治二六年一二月）、および「銀行登記問題に就て」（『日本之法律』第六巻一号、明治二七年一月）。

(47) 岸本「会社改良論」（『明治法学』第二三号、明治三四年八月）、および「会社改良論」（上・下）（『法律新聞』第四九・五〇号、同年八、九月）。

(48) 岸本「会社重役ノ自認ニ関スル慣例ノ誤ヲ正ス」（『明治法学』第五五号、明治三六年五月）、「会社ニ於ケル一慣例ノ誤謬」（『日本弁護士協会録事』第六五号、同年五月）、「会社に於る一慣例の誤謬」（『法律新聞』第一四七号、同年七月）。

(49) 岸本・前掲岸本「会社改良論」（上）（『法律新聞』第四九号）四頁。

第六章　磯部四郎の民事訴訟法講義録

中山幸二

第一節　はじめに

ここに紹介するのは、磯部四郎講述『民事訴訟法講義』（明治大学図書館・明大文庫蔵）から見た仏法派磯部の明治民事訴訟法の講義風景とその特徴である。本書は、明治法律学校・講法会出版より発行された一連の「法律政治講義録」シリーズ[1]・第壱期の第百三拾号（明治二三年五月三日発行）から第弐百四拾四号（明治二五年一〇月五日発行）まで連載され[2]、後に合本されて出版された、全一一一八頁の講義録である。通しの頁番号と別に印刷されている合本前の頁番号の不連続具合から見て、二十回に分けて連載されていたもようである[3]。本書の冒頭には、「法律学士・沸國法律学士　磯部四郎講述　民事訴訟法講義（完）版権所有・特別認可私立明治法律学校・講法会出版」と表記された装飾付の白い表紙が一枚と、本書全体の通し番号の頁数を示した五頁分の目次が付されている。

我が国初の近代的訴訟法典たる民事訴訟法は、明治二三年四月二一日に公布され、明治二四年一月一日に施行されたのであるから、磯部の本講義録は、まさにできたばかりの民事訴訟法を俎上に乗せ、学生らとともに全八〇五ヵ条を考究した二年半の講義の果実である。

ところで、明治初期の民事裁判については、明治五年の司法職務定制以来、裁判所機構は徐々に整備され、比較的早くから制度として完備されていたのに対し、その手続を規律する訴訟法は不統一であり、かつ極めて不完全であったといわれる。訴状と答弁書に関する訴答文例（明治六年布告）、上訴に関する控訴上告手続（明治八年布告）、強制執行と破産については身代限規則（明治五年布告）が一応の成文規定として存在したが、今日の目から見れば確かに、民事訴訟手続に関する法規制としては甚だ不十分な規定といわざるをえないものであった。明治初期の訴訟法としてしばしば民事訴訟法と対比される訴答文例は、典型的な訴訟類型（貸附米金・売掛代金・手附金・奉公人違約・離婚・家督相続・田畠山林売買・境界に関する争い等）における訴状と答書（答弁書）の書式を中心に定めた全五十ヶ条の規定にすぎず、審理の中身を規律する手続法は不存在であった。[4] それゆえ、各裁判所の運用に任される部分が多く、実際、裁判所ごとに異なった訴訟手続が行われていたといわれる。[5]

そのような中で、仏法系の流れを汲むボアソナードの財産差押法草案（明治一六年）及び訴訟法草案（作成年不詳）が作られ、さらにドイツから招聘した内閣法律顧問テヒョーに委託して民事訴訟法典の起草作業が本格化し、独法に依拠したテヒョー草案（明治一九年）が提出されるに至る。[6] その後、法律取調委員会、元老院、枢密院の審議を経て、一八七七年のドイツ帝国民事訴訟法典によりいっそう接近した民事訴訟法典が明治二三年に成立するに至る。この間の経緯について、特にテヒョーの活動の詳細と立法過程の具体的な審議経過については、鈴木正裕教授の最近の研究に綿密な追跡がなされているので、[7] ここでは立ち入らないことにする。出来上がった我が国初の民事訴訟法典は、一般にはドイツ民事訴訟法の翻訳的継受と言われるが、その重要な部分で、フランス法に由来する制度や日本独自のアレンジによるものもあり、同時並行的に制定・公布された仏法系の民法典における原理や制度との調和と架橋を目指して、民事訴訟法におけるドイツ法とフランス法の相克に当時の法律家たちは苦悶していたはずである。[8] とりわけ、司法省法学校一期生の者たちは、ボアソナードの薫陶を受けてフランス法の精神を学び、後に欧州に留学して学識を深め、帰国後ボアソナードの片腕として又はテヒョーと協力して、民法及び民事訴訟法の立法作業に重要な役割を果たしている。民事訴訟法との関係で特に注目されるのは、磯部四郎、宮城浩蔵、高木豊三、加太邦憲らの活動である。ここで仮説として敢えて大雑把な区分けをするなら、磯部はパリ大学で法学士を取得して逸早く帰国した仏法派であり、ドイツに留学し実務書にも造詣の深い高木は鮮やかに転進して独法派に属する。[9] 磯部同様フランスに留学し法学士を取得した宮城は、帰国後テヒョー草案以降の審議過程でドイツ法の理由付けを吸収したと見られ、両者の中間に位置する。[10] 初期に佛国訴訟法の体系書を翻訳していた加太は、仏国留学組から十年遅れて訪欧し、ドイツの実務を学んで帰国し、日本の裁判実務に活かしたものと考えられる。[11][12]

本章では、まず磯部に焦点を当て、[13] その民事訴訟法講義の特徴の析出を試みたい。

第二節　磯部の訴訟法学の形成過程

A　司法省法学校での訴訟法の修養

磯部は、司法省法学校において、ブスケやボアソナードらのフランス法の講義を受けて法学の修養を蓄積した。具体的に、磯部らが訴訟法についてどのような講義を受けたかは筆者には未だ不明である。しかし、わずかな手掛りとして、明治大学図書館には背表紙に横文字で「佛國五法講義」と記した一連の書籍が並んでおり、その中に「訴訟法」と題する一冊がある。扉の中の表紙には「司法省蔵版・佛國訴訟法講義・明治十一年印行」（大正拾四年十月十九日・井上膳之助殿寄贈）と印刷され、さらに本文の劈頭には「佛國訴訟法講義・佛國法律博士ボワソナート講義・名村泰蔵口譯」と記載されている。これは、ボアソナードの主宰する「訴訟法会議」において彼が講述したものを名村が筆記し、大木司法卿の命により印行されたもの（編纂課による序文）である。講義は明治七年四月十日の第一號から明治八年三月二十五日の第三十八號まで全三十八回からなっており、フランス訴訟法の第五十九条から第四百六十二条までが論じられている（全五五二頁）。「訴訟法会議」は司法省法学校の講義とは異なり、磯部ら法学校生が直接これ自体を聴講したわけではないが、[14] 磯部らも恐らくこのような内容のフランス民事訴訟法の講義を受け、近代的な訴訟法の知識を身につけたのではないかと推測される。

B パリ留学時代

磯部は、一八七五年（明治八年）一一月のパリ大学入学後、二年目に民事訴訟法の講義を履修し、一八七七年八月四日の法学得業士第二回試験で民事訴訟法（第四十八条〜第五百十六条）の口述試験を受け合格している。[15] 磯部の受けた民事訴訟法の講義がどのようなものであったか、詳細は明らかでないが、[16] すでに日本においてボアソナードらから受けた指導や当時輸入されていた仏語の原書または翻訳書により、相当程度のフランス訴訟法の素養が備わっていたのではないかと推測される。

C 法律取調委員としての民事訴訟法制定過程への関与

明治一一年一一月にパリから帰国して後、磯部は、明治一二年三月には司法省修補委員となり、翌一三年には民法編纂委員、一四年には登記法取調委員に任ぜられ、さらに一九年には民法草案編纂委員・内閣委員、二〇年には法律取調委員に任命されている。ここで、磯部はいわゆる法律取調委員会における「民法組合」の一員として、民事訴訟法草案の審議にも参加している。ここでは主導的な役割こそないが、重要な点で（その一つが強制執行における平等主義の採用である）他のフランス留学組とともにキャスティング・ボートを握っている。[17] なお、磯部は、その後、明治三九

年設置の（第二次）法律取調委員会の委員として、民事訴訟法改正に若干関与している。(18)

第三節　磯部の講義の基本的スタンスと講義録の構成

磯部は、本「講義」の冒頭で次のように述べる。ここでは、民法と訴訟法、すなわち実体法と手続法との関係を、「実と理」という言葉で表現し、両者が揃って初めて私権の保護が実現するとし、わが国にとっての民事訴訟法制定の必要性と学生にとっての訴訟法を学ぶ意義を語っている。（以下、磯部「講義」の引用文では読み易いように句読点を付し、旧漢字カナ表記を適宜新漢字かな表記に改めるものとする）

民事訴訟法の民法に於けるは、猶ほ治罪法の刑法に於けるが如く、実と理との関係を有するものにして、即ち民事訴訟法は民法の規定する理法を実行することを目的とするものなり。是を以って、民法に於いて吾人に私権を保護すること如何に厚しと雖も、之を実行するの訴訟法備わらず、吾人民法の認知する私権を害せらるるに際するも、之を何れに訴えて其の害を除かしむることを得るや、之を知ること能わず。好しや其の訴ふる処を知ると雖も、其の訟を聴く者之を裁判するに規律なく、或いは徒に裁判を遷延することを得。或いは無用の手続を設け随て費用を嵩めしむるに至るときは、民法の保護する吾人の私権は果たして何に効用を為すや。蓋し、最も良結果を得たる訴訟は最も悪きに局を結ぶ和解に如かずとの俚諺は、訴訟法の備わらざること前陳の如く然る時代に発生したるものならん乎。今日理と実とを力めて並び行うを社会の本分とする時代に在りては此の俚諺に価値を有せしむべきにあらず。宜しく裁判の構成より裁判執行の細密なる手続に至るまで明瞭に規定して、民法の理法を実際に完からしむべきなり。今や我が国法律を全備するを以って急務の一とするにあたり、豈に独り訴訟法の規定を忽せにすることを得んや。是れ従来の訴訟手続稍々備わらざるにあらずと雖も、更に民法と同時に訴訟法を制定したる所以なり。

苟も民法を学ぶ者にして訴訟法を知らざるときは、決して其の学び得たる民法の原則をして活用の全きを得せしむること能わず。総て学術は之を知るのみを以って貴しとせず、其の貴きは之を活用することを得るに在るべし。理を知りて実に暗き者は之を腐儒と云う。諸君は既に民法を学び得たるものなり。宜しく訴訟法を研究して民法の腐儒を以って目せられざることを勉むべし。（講義録一～三頁）

ところで、司法省法学校以来フランス法を修め、パリ大学でもフランス訴訟法に学んだ磯部としては、結果的にドイツ民事訴訟法の焼き直しに近くなった日本の民事訴訟法について、どのようなスタンスで講義に臨んだか興味が持たれるところである。この点、磯部は、右に続く講義の冒頭で次のように述べ、極めて謙虚にこのドイツ法系の民事訴訟法の講義に臨む姿勢を示している。「余今日より諸君と共に民事訴訟法を講究するは、従来余の学び得たる法律を再三再四講ずると大いに其の趣を異にす。余は此の新法の規定を未だ熟知せざるものなり。是を以って余此の壇に在りて諸君に之を講ずるも決して講師を以って自ら許すものにあらず。時として不明の問題あるに際しては或いは諸君の考案を煩わす場合もあるべし。諸君幸いに余を学友視して不明の点は共に討究することを憚る勿れ[19]。而して余本法を講究するは他人に強いられたるが為めにあらず。自ら之を欲せしが故なり。他なし余は既に諸君の腐儒を以って目せられざることを望めり。余自身の為めには此の望み一層甚だしければなり。」（講義録三頁）

講義内容の順序は、法典の編成に従い、逐条で講述している。この点につき、磯部は本論に入る前に以下のように述べる。「我が民事訴訟法は之を八篇に分かち、各篇に章節款を設けて其の事項を細別せり。要するに是れ皆吾人の生活上現出する権利行為の関係に就き着々歩を進めて其の全きを得るに達するの順序を明らかにしたるものに過ぎず。

実に何人に限らず一訴訟を起こさんと欲する者は先ず其の管轄裁判所の何れたるを知らざるべからず。其の裁判所を知るや訴訟を為すの法式を知らざるべからず。其の裁判所を知り其の法式に従い訴訟を為して之が裁判を受くるや之を執行せしむるの手続を明らかにせざるべからず。即ち訴訟法は此三個の問題を規定するを目的とす。是れ我が新法に於いても始めに管轄の事を規定し、次に訴訟手続を設置し、終わりに執行方法を指示したる所以なり。」（講義録四頁）

第四節　磯部のレトリックと講義の雰囲気

磯部の講義は、各条文の意義を噛み砕いてわかりやすく説明しており、時に具体例を挙げて丁寧に論じている。たとえば、第五条第三号[20]の訴訟物の価額に関して、次のように詳述する。

　甲者より乙者に対し斯々の物件は貴下より賃借したり或いは永賃借したりと主張し、乙者之に然らずと答え、若しくは又其の賃借の成立を互いに認知すと雖も其の期間に争い起こり、甲者は十ヶ年と主張し、乙者は然らずと答ふる訴訟は、其の価額幾許なるや知るべきにあらず。然れども賃借は普通のものと永代のものとを問わず其の名称の指示するが如く借主より賃料を払うの義務あり。其の賃料の額は之を知るに易し。即ち十ヶ年間の賃借の有無を争い、又は其の期間のみを争うときは、其の期間に借主より納むべき賃料を合計したる額に依りて裁判管轄を定むるの外なし。是れ本条第三号の取りたる方法とす。

　然れども、その期間の最も長き賃貸借に就きても其の全期の賃料を合計したる額を以って管轄を定むべきものと為すときは、其の額は賃借物そのものの所有権の価額よりも多きに達することあるべくして、賃借権の争いが所有権の争いよりも価額の多きに達して、為めに其の所有権の争いを管轄すべき裁判所より一層上級の裁判所に賃借権争いの管轄属するに至るときは、甚だ不都合なり。是に於いて乎其の合計したる額が一ヶ年借賃の二十倍の額を超ゆるときは、二十倍の額に依りて管轄を定むべきものと為したる所以なり。蓋し、之を二十倍に限りたるものは元本より得る所の収入年五株を以って普通と見做し、之を二十倍したるものは即ち元本を代表するが故ならん乎。此の方法は沸國に於いて永世年金権の買戻しに適用する所とす。亦敢えて不当と謂ふべからざるなり。

（講義録二三頁〜二四頁）

また、地所利用権等の特別裁判籍に関する第一六条第二項[21]に関連して、自分の故郷を引き合いに出して具体的に論じており、磯部の気さくな人柄と教室の臨場感が伝わってくる。

諸君の知らるる如く余は久しく東京に住せり。然るに余は故郷なる越中富山に数頃の田園を所有し之に接し広大なる用益地あり。又其の隣地に頗る壮麗の邸宅を賃借し以って別荘に充つ。尤も其の所有地用益地にも数棟の亭榭［物見台――中山注］倉庫等連接点在せり。さて余は此の美田宅を以って夏季休暇に遊息の場所と為し置くと仮定せよ。而して甲者は余の所有地に就き故障を唱え、乙者は余の用益地を取戻さんと主張し、丙者は該家屋の賃料の延滞せるものを一時に請求せんとし、余の帰郷を待ち構えたりと仮定せよ。ここに余は例年の通り休暇中帰郷したりとせん乎。甲乙丙等は余に迫りて其の希望する所を貫徹せんとするなるべし。而して余に於いて彼等の希望を満足せしむるの処置を為すときには固より論なし。若し否らざるときには、彼等は余の滞留中若しくは上京後何時たりとも余に対して富山の管轄裁判所に訴訟することを得るものとす。然れども余の所有地用益地及び賃借家宅の利用に付き権利関係を有せざるの訴訟、即ち例えば余に対して普通の債権を有する者共の如きは仮令余の滞留中なりと雖も、別段の合意なき以上は、富山裁判所に起訴すること能わず。即ち他なし余の普通裁判籍は東京に在るを以ってなり。是れ本条第二項の規定する所とす。（講義録五七～五八頁）

あるいはまた、学生の身近な例を挙げて、第四七条（未成年の生徒に対する訴えの特別代理人の選任）に関し次のように講ずる。当世の学生事情の一端が窺われる場面でもある。

一個の田舎書生法学修業の為め上京し、神田辺りの或る下宿屋に久しく寓居したるが、種々の都合より三四ケ月の下宿料を払う能わず。下宿屋主人之に迷惑し、度々催促するも、書生は毎に青息を吐て猶予を請うのみ。因て此の次第を国許の親父に通報し、為めに弁償を望むと雖も、如何なる訳にや一向返事なし。是に於いて主人は最早耐えかね御訴と出掛けんと欲するも、書生は未成年なるを以って、裁判上相手にならず。蓋し、尋常の手続に依れば書生の普通裁判籍ある国許に至り其の法律上代理人に対して該宿料請求の訴訟を起こすべしと雖も、若し之を必要とするならば主人に取りては重ね重ねの迷惑なるべし。故に主人の利益に於いて下谷区裁判所に書生の特別代理人の任命あらんことを申請するを許す。然れども其の裁判所に於いて彼れ下宿屋は幼弱なる書生を誑惑し学費を徒消せしめたるが如き事実あるを知らば、豈に復た該申請を認許すべけんや。（講義録一七九～一八〇頁）

さらにまた、後述（第五節B）のように、裁判官の除斥・忌避の項では、講談や歌舞伎でお馴染みの青砥左衛門や大岡越前守を登場させており、張り詰めた教室の空気を時に和らげ、緊張した受講生の顔を綻ばせたことであろう(22)。次節に見るように、講義全体は漢文調の反語や対照法を駆使した名調子である。

第五節　磯部の解釈論の諸相

A　管轄違いと移送

磯部は、解釈論上の論点について、しばしばフランス民事訴訟法を引き合いに出して講述している。ただし、必ずしもフランス法の規定をよしとするのではなく、これとの比較において、立法技術も含め、できたばかりの日本の民事訴訟法を冷静に評価しようと努めている。たとえば、管轄違いによる訴え却下と移送との関係について、当時、法原理上議論があり、磯部は事物管轄と移送に関する第八条の箇所で、次のように述べる。第八条および、関連条文として第九条を列記しておく。

第八条　事物ノ管轄ニ付キ区裁判所又ハ地方裁判所カ管轄違ナリト宣言シ其裁判確定シタルトキハ此裁判ハ後ニ其事件ノ繋属ス可キ裁判所ヲ羈束ス

第九条　地方裁判所カ事物ノ管轄違ナリトシテ訴ヲ却下スルトキハ原告ノ申立ニ因リ同時ニ判決ヲ以テ原告ノ指定シタル自己ノ管轄内ノ区裁判所ニ其訴訟ヲ移送ス可シ

区方裁判所カ事物ノ管轄違ナリトシテ訴ヲ却下スルトキハ同時ニ判決ヲ以テ其訴訟ヲ所属ノ地方裁判所ニ移送ス可シ

移送ノ申立ハ判決ニ接着スル口頭弁論ノ終結前ニ之ヲ為ス可シ

移送言渡ノ判決確定シタルトキハ其訴訟ハ移送ヲ受ケタル裁判所ニ繋属スルモノト看做ス

本条は、甲裁判所より乙裁判所へ管轄違いの為め事件を移送すべきものと為りたるときは其の移送せらるる裁判所に於いて既に事件を受理したるものと為るの趣意を指示せしものとす。〔中略〕沸國の訴訟法及我が治罪法に於いても此の意趣を認許せり。然れども此の訴訟法に於けるが如く原則法を以ってせずして、除外法即ち例外法を以ってせり。他なし佛國訴訟法に於いても我が治罪法に於いても、訴訟手続に背きたるものは総て無効と為すを原則として、管轄違いの場合は此の限りにあらずと為せしを以ってなり。斯くの如く訴訟手続に違うものは訴訟の効力を失うと定むるや直ちに管轄規則に違うは此の限りにあらずと云うは、立法の体裁に於いて奇怪の観を呈するものと謂うべし。其の採る趣意は彼是大差あらずと雖も、寧ろ我が訴訟法の如く管轄違いは訴訟法の効力を失わずとの原則体を以って本条の如く記載するの勝れるに如かざるなり。或る人曰く、本条の法文は何分会得するに困難なりと。是れ法文の困難なるにあらず、法文を読むに慣れざるの致す所にして、之に代ふるに他の文を以ってするも或る者をして会得せしむるの困難は決して減ぜざるべし。（講義録二二九～二三二頁）

なお、明治民事訴訟法は、土地管轄の管轄違いについては、移送を認めていなかった（時効中断等の原告の利益を保護するため、土地管轄の管轄違いの場合にも広く移送を認めたのは、大正一五年の民事訴訟法改正で実現したものであって、ドイツ法にもオーストリア法にもない先駆的なものであった）。そこで、事物管轄の管轄違いの場合における移送の限定理由につき、今日とは異なる議論が展開されており、興味深い。「訴訟の移送は原告の利益なりと雖も、地方裁判所は他の裁判所の管轄内に入りて裁判権を行うことを得ず。故に移送の判決を為すことを得るは其の訴訟たるや自己の管轄内の区裁判所に属する性質のものなる場合に限るものとす。他なし其の区裁判所は地方裁判所に随属して、云わば地方裁判所の職務の一分を分担するに似たるものなればなり。〔中略〕区裁判所より地方裁判所に移送するは下位に在りて上位に命令するの嫌なきにあらずと雖も、同管轄下に在りて職務を分担するものと看做せば、之がため権限を侵すと謂うを得ずして、訴訟当事者の為め充大の便利を与うるものなるを以って、敢えて差支えあらざるべきなり。」（講義録三四頁～三五頁）

B　裁判官の除斥・忌避

民事訴訟法第五節「裁判所職員ノ除斥及ヒ忌避」の箇所では、だいぶ頁を費やして（九九頁～一四六頁）詳しく論じている。ここには、磯部の裁判官像の一端が示されている。その一部を抜粋してみよう。

まず、第五節の導入部で次のように述べる。

　今を距ること十数年前、治罪法に忌避の事項を規定するに方りてや編纂者間に大議論を醸生したりき。反対の極端論者は謂へり。凡そ裁判官たる者は至公至平にして秋毫の尖末ほども私偏の意思あるべからず。故に公廷に臨むに方りては、其の被告人は父祖にもあれ児孫にもあれ、法律に照らし之を処断するに於いて何かあらん。仮令衷情忍びざる所あるも、成典の枉くべからざるは走卒も尚ほ能く之を知る。その涙を振って馬稷を斬るは大丈夫の肝気固より然り。況んや此の他の事に於いておや。然るに今若し忌避の条項を設定し敢えて裁判官を排擠することを下民に許さん乎。是れ即ち大に衆裁判官の威厳を毀損するものと謂うべし。故に回避は姑く存するも、忌避の条項は一概塗捺抹殺するに躊躇すべからざるなりと。此の論人情に反し事理に背くこと識者を待ちて後に知らずと雖も、当時堂々たる大家にして之が賛成を試みたる者ありし。爾来僅々十余年の間にして我が国法律社会の変遷最も著しと謂うべし。実に今日より当時を回想せば茫乎として一二世紀を隔つるに異ならず。余は聊か感ずる所を茲に附記して十数年後の今日を視る猶ほ今日の当時を視るが如くせんことを望むと云爾。（講義録一〇一～一〇二頁）

また、除斥と忌避に関する第三三条の解説の冒頭では、ローマ時代の裁判官を引き合いに出し、次のように述べている。

在昔羅馬国に於いては民事裁判官に二種の区別ありき。即ち法律上の裁判官及び民望上の裁判官是れなり。此の民望上の裁判官とは訴訟人双方に於いて親信する所の裁判官を指示す。而して凡そ訴訟事件は先ず民望裁判官に訴へしむるを法とするも、若し其の一方は青砥左衛門に訴へんとし、他の一方は大岡越前守に訟へんとする場合、若しくは第一審に不服を唱ふる者ある場合には、更に其の決を法律上の裁判官に仰がしめたり。是れ至極奇法妙律なりと雖も、以って方今澆季の塵寰には施行すべからず。何となれば若し此の古代の方法を実用せん乎必ずや青砥大岡の如き輩は哺を吐き髪を握りて維れ日も足らず意に骸骨を乞ふて故山に隠遁するの外なければなり。まことに衆庶の辛労より成る国庫の金幣に同じく衣食する者にして一は拮据鞅掌に耐えざるに拘らず、他は散逸欠伸の時日を徒消する如きあらば其れ将た世間の耳目を如何せんや。蓋し、一方より視るときは司法部内に或種の議官若くは非職官吏を多く任命するに異ならざるべきのみ。故に該羅馬の遺制は今の社会を治律すること能わざるなり。

蓋し、成るべき丈当事者双方の信用する裁判官をして公平なる決断を為さしむべきことに就き一不の字を唱ふる者は古往今来なき筈なり。然れども、単純なる理論は以って閲歴したる実蹟を争うべからず。現に我が國数年前までは民刑の別なく当事者より裁判官を忌避するが如きことを許せしや否やは、読者の能く知る所なるべし。敢えて賛せず。（講義録一一九～一二二頁）

右にいうローマ時代の二種の裁判官とは、裁判官と仲裁人を指しているのであろうか。法律上の裁判官と民望上の裁判官という表現は、訳語としても面白い。青砥左衛門と大岡越前守を並べて競わせる辺りもなかなか洒落ている。

なお、忌避の申立てがなされた場合の裁判官の措置について規定する第三九条後段（然レトモ偏頗ノ為ニ忌避セラレタル判事ハ猶予ス可カラサル行為ヲ為スヘシ）に関する説明で、次のような質疑が取り上げられている。磯部の解釈論が比較的詳細に展開されている箇所として注目される。また、裁判官が原告の利益のため「猶予スヘカラサルノ行為」の名を仮りて被告の財産差押を命ずることもあるとして、この類いのことが決して少なくないとの推測を示している点も、当時の裁判実務の認識として興味深い。

偏頗不公平の恐れあるに基づく忌避に係る場合に於ては、該判事は猶予すべからざる行為、例えば係争の目的物若くは証拠物消滅の危険あるときの如き、或は又財産差押の請求を容れざれば之を隠匿するの弊患あるときの如きに際しては、至当の処置を施すを要するものとす。蓋し、此の猶予すべからざるの行為は、独り偏頗の忌避に関してのみならず、一般の忌避事件に就きて之を為すを要する場合あるものの如し。何となれば右等の弊患危険は特に偏頗の忌避に限らざること勿論なればなり。然れども、法律上当然除斥せらるる場合に原因する忌避は、元是れ該判事の職務執行の権なきに疑ひあるものなるに、若し同様に猶予すべからざるの行為を為さしむるときは、或は名を之に仮りて専横に趨るに至る一層の大危患を惹き起こすの虞れあるが故ならん乎。

或る人、問うて曰く。名を猶予すべからざるの行為に仮りて専横に趨るの危患とは、如何なる事実を謂うや。余、答えて曰く。例えば担任判事が嘗て原告の後見人たりし原因よりして被告が忌避の申請を為したる場合に於て、該判事が原告を庇保するの余り、其の被告に対して有する債権の確乎たらざるに拘らず、其の利益を全うせしめんが為め、元来不必要なる被告の財産差押を命ずるに猶予すべからざるの行為の口実を以ってし、大いに被告の面目を汚損するが如し。蓋し、此の類決して少なからざること推して知るべきのみ。曰く、果して然らば其の憂虞何ぞ法定除斥の場合に限らんや。偏頗の忌避に関しても亦相同じかるべし。寧ろ此の規定を塗抹するに如かざる乎。曰く、否な夫れ法定除斥の品目は、第三十二条に明示する所にして甚だ単簡なれば、忌避の原因を疏明すること亦甚だ容易なるべく、随って此の忌避の申請は概して申請者の意思を達するものと期待するを得るなり。而して偏頗の恐れある忌避に在りては、第三十三条第二項に規定するが如く、不公平の裁判を為すことを疑うに足る可き事情あるときに之を為すことを得ると雖も、実は其の支持する所汎博に過ぎ、却って忌避の原因を疏明すること難く、殊に其の原因後に生れ又は之を後に覚知したることを併せて疏明するに至りては、最も困難と謂わざるべからず。因て此の忌避の申請当不当の決定に係る宣言は予め知ること能わざるを当とす。且つ夫れ申請を正当と為す宣言に対しては上訴を許さずと雖も、不当と為す決定に対しては即時抗告を為すを得るを以って勢い前者の完結に及ぶは早く、後者の了局に至るは遅かるべし。是に由りて之を観れば、前者の結果は稍々分明にして且つ早きも、後者に至りては全く之に反せり。故に前者には万一の憂慮あるが為め不必要の規定を欠くは可なりと雖も豈に後者に於いて万一の憂慮を苦慮して必要の規定を廃するを得べけんや。曰く、忌避の申請あるに拘らず猶予すべからざるの行為を施すこと前者に在りて之を不必要と看做すは当らざるべし。例えば今狡猾なる原告あり、自己に頗る不利益なる被告の証人と為るべき者ありて、目下東京に滞在するも日ならず遠く外国に赴く風聞に接するに方り、原告は心窃に起訴の早かりしを悔ゆると雖も、現に公廷に立つを以て、一窮策を按出し、担任判事の前妻は被告の姉なりと無根の事を言い立て忌避の申請を為し只時日を遷延するを是れ謀る場合に於て、被告は那の人物の出発に先立ち人証を申出て訊問を受けしめんと欲するが如きは、被告の心事察すべくして、原告の偽計悪むべきにあらずや。実に斯る時に於て該規定を前者に欠くは卻て最も悪むべき忌避者を保護するの結果を生ずるものなり。然らば即ち亦甚だ希有の憂慮を苦慮せず該規定を両種の忌避に均しく適用するを以て得策と為すべきが如し如何。曰く、是れぞ粗々余が前章に於て論述したる所に類せり。然れども熟々考ふれば、是の弊害も亦希有の事たり。而して是の希有の弊害と彼の希有の憂慮とを比照せんに、其影響が吾人に痛痒を感ぜしむること彼れに廣くして是れに狭きは識者を竢ちて後ちに知らざるなり。既に是を知らば、均しく是れ希有のものなるも必ず広大なる憂慮を避けて姑く狭小の弊害を措くは立法者の本意なりとす。若し夫れ事物の大小軽重長短広狭多寡を問わず是を一概して均平に極論至究せば天下何等の事物與欠缺を免れざらんや。凡て利害随従し得失相倚ることは万古不易の定理なりとす。故に能く一事一物の性情資質に因由し其の体様形状勢力効功を取捨折衷補助加合して後始めて人間世界の秩序整い需要供給其他百般の伝接応答稍々備具の方法を以て進行すと謂ふべきなり。乃ち法律の社会に於けるも固より此大機関の一部分に過ぎず。豈に復た得の軽きものを以て失の重きものに抗すべけんや。抑々大害を防ぐには甘んじて小利を抛たざるべからざるなり。足下以て如何と為すや。請ふ本問題を措かん。是に於て乎或者唯々して退く。（講義録一三六頁～百四一頁）

C　検事の立会い

検事の立会いの是非は、立法段階で大きな議論となった焦点の一つである。当時のフランス民事訴訟法（八三条・八四条）およびこれに倣ったハノーバー法では、民事事件への検事の立会いを規定していた。テヒョー草案はこれに従い規定を設けたが、この草案に対して意見を徴されたドイツの法学者等（司法枢密参事ウィルモウスキー、ベルリン地方裁判所部長シュルツェンシュタイン、内閣雇法律顧問モッセ）からは、強硬な反対意見が寄せられた。調査会においても相当議論があったが、結局、一般民事事件への検事立会いの権限は裁判所構成法に規定したほか（裁判所構成法六条一項）[23]、特別の事件に関する必要的立会いを民事訴訟法中に規定することに落着した（民事訴訟法四二条）という経緯がある[24]。

磯部は検事の立会いに基本的に賛成の立場であり、講義の第六節「検事ノ立会」の導入部で、以下のように論じている。

検事が其の義務として訴訟に立会うは抑々何故なるやと云うに、亦是れ公益保護の為め其の訴訟の景状を監視するものなり。蓋し、従来の民事訴訟手続においては嘗て此の事有るなかりき。是れ検事の官職は公益保護の為め設けたるものなるを以って、苟くも事件の公益に関する場合には立会う義務あるも、概ね一私人の財産上に根原する民事訴訟に干渉すべきにあらずとの論旨が勢力を占めたりしなり。故に本法起草に際しても亦此の規定なかりしが、明治二十二年三月に至り始めて之を明掲することとなれり。実に余輩も亦大に賛助したりき。

今それ平行線を画せんと欲するも、若し両線前後の間毫釐の長短を誤らん乎。其の末端の広狭に於いて著しき差異を見るに至らん。而るも初めや其の長短毫釐の差異を知ること易からず。その検事は一般の公益にのみ関係すべしと謂う論旨の如きは、恰も両線一辺の方向相開くものに類す。豈に啻に差異の毫釐に止まるのみならんや。蓋し、前論の要旨は公権の私権に干渉するを非とするに在るを以て、此の主意を拡充せば其極政府は民法商法の如き一私人に関係する法律を制定するの必要なく、又之を制定するの権利もなしと云うに帰着すべし。実に該両線の末端広狭の差異甚だ驚くべきにあらずや。

古今万国殊に方今文明諸国に於いて、一個人の私事に関係する法律規則をも完備するに注意せざるなきは多言を待たずして知るべきのみ。例えば一個人に就き能力無能力の区別を設け、夫婦財産等に関する規定中無効又は銷除の制裁を置くが如き都て是れ公権が私権に干渉して公益を謀るにあらざるはなし。果して公益の為め此等の法律規則を制定するを必要とする以上は、之を適用するに欠くべからざる方法手続をも亦必要とするや事理当に然るべきなり。

之を要するに、前論者の説を固執するときは終に一個人をば保護すべからざるに了らん。然るに、如何に執拗なる論者と雖も、公の秩序安寧を維持すべき官職に在る者が一個人を度外視するを良しとせざるべく、且つ況んや一個人の私事なりとも其の影響が公益に渉及するときに於いておや。故に民事訴訟に在りても無能力者に関する場合、人の身分に関する場合等に方りては、公益保護の責めある検事が之に立会うべきこと固より其の本分と謂わざるべからず。是れ今日本節の規定を見るに至りたる所以なりとす。（講義録一四六頁～一四八頁）

結局、公益保護のため限定的に導入された必要的検事立会制度であるが、これが具体的に適用される特別事件の種類について、民事訴訟法四二条は左記のように定める。今日の民事訴訟法には存在しない検事立会制度であるが[25]、それゆえにまた比較立法的観点および訴訟政策的観点からは興味深い。当時の議論を反映し、磯部は各号毎にかなり力を込めて詳細に論じているので、少々長くなるが、検事の立会いを必要とする根拠を紹介しておこう。

第四二条　検事ハ左ノ訴訟ニ付キ意見ヲ述フル為メ其口頭弁論ニ立会フ可シ

第一　公ノ法人ニ関スル訴訟

第二　婚姻ニ関スル訴訟

第三　夫婦間ノ財産ニ関スル訴訟

第四　親子若クハ養親子ノ分限其他総テ人ノ分限ニ関スル訴訟

第五　無能力者ニ関スル訴訟

第六　養料ニ関スル訴訟

第七　失踪者及ヒ相続人欠缺ノ遺産ニ関スル訴訟

第八　証書ノ偽造若クハ変造ノ訴訟

第九　再審

検事ノ陳述ハ当事者ノ弁論終リタルトキ之ヲ為ス

当事者ハ検事ノ意見ニ対シ事実ノ更正ノミニ付キ陳述ヲ為スコト得

本条は即ち検事が職任上の義務として民事訴訟の口頭弁論に立会い意見を述ぶべき場合を列記したるものなり。蓋し、其の訴訟の口頭弁論に立会うは、固より公益保護の為め之が景状を監視し単に意見を述ぶるに止まり、決して裁判事務に干渉するものにあらざる事は読者の最も能く知了する所なるべし。以下各号の場合に就き説明せん。

第一　公ノ法人即ち國府縣郡市町村若くは官立公立の学校病院の如きは法律上権利を得義務を負うの能力を有せしむるものなりと雖も、元是れ無形の団体に過ぎずして、法人其の者に真の能力なきは自然の道理なり。故に是等の法人が事を行為するには実際之を代理する者なかるべからず。而して其の代理者の法人に於けるは猶ほ後見人の未成年者に於けるが如くなるを以って、其の代理者の行為を監督する者なきときは、或は法人に取り最も危険の結果を生ずるなきを期する能わず。例えば法人と他人との間に訴訟起こるに当り、該代理人が他者と共謀して法人の財産を私するが如し。抑々夫の後見人の行為をば未成年者の親族あり殊に後見監察人ありて之を検制し又夫の私の法人即ち商事会社若くは私立の学校病院等の代理人の行為をば直接に利害の関係を有する社員若くは共同持主等之を忽諸に付すべきにあらず。而して公ノ法人の代理人の行為に在りても亦之を監督する者決してなきにあらずと雖も、原と此の法人に関する訴訟の結果は公益に影響すること喋々の弁を俟たず。因りて公益保護の任ある検察官が之に立会うこと実に其の職分なりと謂わざるべからざるなり。

私の法人に関する訴訟に検事の立会を要せざる理由は如何。曰く、私の法人其の者も亦無形無能力なりと雖も此の団体を組成する各人は概ね利害を共にする能力者なるを以って、若し訴訟の起こるあらば、最も注意して代表者を監督すべきは勿論、且つ此の私の法人に関する訴訟の結果は猶ほ一個人の普通の訴訟に於けるが如く敢えて公益に影響するものにあらざるなり。

未成年者に関しては特に第五号の記載あり、茲に詳言するを要せず。

第二　凡そ民法中命令に係るものあり勧告に止まるものあり而して又稍々禁止の性質を帯ぶるもの間々あり。夫の特別の契約あらさるときは此法律に従ふへし（命令勧告）然れども公の秩序及び善良の風俗に関する規定は私の合意を以って之を枉くることを得ず（禁止）と特示する場合の如き往々少なからず。実に婚姻契約は則ち所謂公の秩序及び善良の風俗に関する規定の一種なりとす。抑々一家族は一夫婦の婚姻より起り一国社会は衆多の家族より成る故に一家族の組立にして疎笨ならん乎。胡そ一国社会は構成脆弱にならざるを期するを得んや。蓋し一家族の平和を保つ能はざるは婚姻の不正確に職由すること多きを以って、一国社会の旺盛を希望せるは其根源たる婚姻契約に鄭重の方式を設定せさるべからず。是に由りて若し嫁娶媾交が法律規則に違反したるときは、此婚姻に関する訴訟は固より人の身分に係り又公益に影響するや知るべきのみ。誰か公益の保護上検察官が之に立会ふことを要せずと謂はんや。尚ほ次号の解参照すべし。

第三　男女の権利は同等均一其間毫も差異あらざるべきは天地自然の道理なるや否やは姑く措くも、夫の未開の邦土に行わるるが如く、男子は婦人を奴婢視し、之を制駁シ、之を使役し、其の太しきはただに女子の嫁娶より生ずる収益を没入濫用するのみならず、遂に家貲そのものをも奪い取り丸る裸かにして逐い出すの事実なきを限らざるに因り、女子は三従七去卑々屈々以て一生を断了するの現象を見るに至るは、実に懿倫道徳の何ものたるを覚知せず、若くは之を誤解するに出づるのみ。嗚呼復た野蛮至極と謂わざるべからず。我が神聖なる大八州は君民上下忠孝信義を修守し風俗の淳美なること固より世界万邦に冠絶すと謂うと雖も、特り男権の女権に勝る著しきは拚うべからざるの事実なるべし。故に方今凡百の治道振興の盛時に際して此の弊風を矯正するは亦是れ欠くべからざるの一事と謂わざるべからず。抑々夫婦間の財産に関する訴訟は裁判上其の性質として困難なるものとす。他なし啻に二個人の財産に関するのみならず其身分に関し又其の影響は公益に渉及するを以てなり。而して此訴訟は概ね婚姻の継続中に起ること最も少なく離別若くは一方の死亡の後に起るを通例とす。故に検事は之に立会ひ此訴訟の余波をして弊害を公の秩序及び善良の風俗に及ぼさざらんことを勉めざるべからざるなり。

第四　人の分限即ち人の父母たり子女たり兄弟祖孫たる等の分限は倫理に於て之を重視せざるべからず。初め我が刑法草案中人の分限を湮滅するの罪を記載ありしも、我が風俗に適はざるの點あるを以て審査修正の際其の条項を削除したり。盖し親子間の分限を湮滅し又は変更するが如きは倫理上最も忌むべきの事たり。如何に已むことなき事情あるも幼児を路傍に捨てて他人の鞠育を祈るが如きは決して許すべからざるの罪辟なり。刑法第三百三十六条以下に幼者老疾者を遺棄するの罪を明掲したりと雖も、箇は是れ遺棄の行為を罪とするの趣旨にして人の分限を湮滅するの罪を問うにあらざるなり。然れども幼者を遺棄するは実に其分限を湮滅するの行為を包含するものとす。〔中略〕世間の広き蠢黎の思わざる胎児に就きて合意し誕生するや直に之を授受し、真父母恬として意に介せず養父母歓びて之を真子とし鞠育するも、或は後に躬ら子女を産むに至りては養子を虐待して見るに忍びざるの状態あること往々聞見する所なり。寔に痛歎すべきにあらずや。斯の如きは恰も子女を以て贈与契約の目的物と為すものにして又恰も体裁宜しき上等の奴隷売買に彷彿たりと謂ふも不可なるべし。蓋し他人の子を幼稚の時より鞠育して己れが子と為さんとする者は其子の成年に至るの後承諾を得、以て確定するを最も至当の手続とす。因て我が民法草案中養子に関する条項は此の意に従い編成したりしも、或る事情よりして修正せられたる筈なり。何れにしても養われたる本人の諾否に拘らず強いて親子の分限を構造するは決して条理の許さざる処と確信せざるを得ず。是故に実養親子の分限及び其の他、人の分限に関する総ての訴訟には、公益保護上検事をして立会わしめ充分に意見を述べて固陋の旧習を打破せんことを期したるものとす。

第五　未成年者及び禁治産者（仮りに佛法に拠るに白痴者瘋癲者は完全の禁治産者なり遅鈍者浪費者は準禁治産者なり）の如き無能力者には後見人又は保佐人あり、且つ本人の親族其の他の関係人ありて此の後見人又は保佐人を監督するを以て、無能力者本人の為め敢えて不利益なることなかるべしと雖も亦法律上特別に之を保護せざるべからざるなり。何となれば無能力者待遇の当否は元是れ公の秩序善良の風俗に関係すればなり。乃ち此の無能力者に関する訴訟に検事を立会わしむるは其の輔佐監督充分に行届き居るや否やを確かめしめんが為めなりとす。豈に他あらんや。

第六　或る親族縁族の間に貧困に陥る者あれば、法律上之に養料を給与するの義務を生ずるものなり（財産編第三百八十条参看）。而して此の養料拝受の際には度々困難ある紛争を生ず。何となれば養料の額を至当に定むること尤も易からず。即ち之を與うる者の資産と受くる者の窮状とを対比して多寡の権衡を失わざらんことを欲すと雖も、到底実地に然るを得ざるものなればなり。例えば甲乙兄弟あり、乙弟貧困に迫り自立して生計を営む能わざるにより萬金の財産を有する甲兄に対して養料の請求を為したりとせん乎。此の場合に於いて甲兄が汝乙は本来肢体頑健なるを以て車夫馬丁若くは土方人足とでも為り賃銀を取るを怠るべからず、若し然かするもなお糊口の費を支うべからざるときは五銭なり十銭なり時々補助を與うべしと歟、又は此の際金十圓を與うべきを以て向後斯かる請求あるべからずというが如きあらば乙弟は之を如何すべきや。憤然去りて他に寄らんには論なし、或は時々の小遣銭を貰うことにせん乎、将た一時の手切金を受けん乎、若くは又吝嗇千万なる兄の無情を鳴らして親族に謀らん乎、然らざれば表向き御訴ひと出掛くるの外致方なかるべし。仮令右の如くならざるも受くる者と與うる者とは其の地位に霄壌の差違あるを以て、受くる者は與うる者に対し百拝頓首して唯命維れ従うの状況あること自然の勢いなるべし。〔中略〕是を以て總て養料に関する訴訟の起るに方りては、其の結果授受者双方の身上に適応するや否やを監視せんが為め検事の立会を要するものとす。亦是れ公の秩序善良の風俗を維持せんが為めなり。

第七　失踪者とは亡命其の他の原因より踪跡不分明なる者を云う。相続人欠缺とは相続人現に之れあらざる歟、又は其の不分明なる場合を云う。蓋し失踪者の遺産及び相続人欠缺の遺産は民法上所謂管財人なる者を立て其の財産を正当安全に保存せざるべからず。乃ち是等の財産に就き訴訟の起る場合には、或は管財人に於いて私偏の行為なきを限らず、寔に此時に際しては無能力者の財産に関する訴訟に於いて後見人又は保佐人の所行に就き疑惧する所よりも一層危険と謂わざるべからず。他なし管財人を監督する者の存在必ずしも期すべからざればなり。故に公益保護の任ある検事が後の相続人の為め此訴訟の弁論に立会うものとす。

第八　証書の偽造若くは変造は刑法第二百八条以下の犯罪を組成することは読者の能く知る所なるべし。又検察官が犯罪あることを認知し若くは思料したる時は、治罪法第九十二条の規定に拠り公訴の手続を為さざるべからざることも亦能く知る所なるべし。故に此の偽造若くは変造の訴訟に検事の立会を要する事は必ずしも余の喋々を待ちて後に知らざるべし。

第九　再審は第四百六十七条乃至第四百八十三条に規定したるが如く確定終局判決の効力を消滅に属せしむべき効力あるものなるを以て其の結果は公益に関係すること重且大なりと謂わざるを得ず。是れ亦検事の立会を要する所以なり。

以上九個の訴訟事件の口頭弁論には検事は職任上の義務として必ず立会い、而して当事者の弁論全く終了の後其の意見を陳述するものとす。是れ実際上斯くせざるべからざるなり。何となれば当事者双方攻撃防衛互に弁論を為すに方り検事は未だ双方の主張する所を知悉せざるに拘らず自己の意見を陳述するを得るものとせば、偶々以て双方の弁論を妨ぐるに至るべければなり。而して又当事者は検事の意見に対し只事実誤認の更正に就き陳述することを得るのみにして、決して更に弁論するの権利なきものとす。何となれば元来検事の弁論に立会うは其の意見を陳述するが為めなること前に見たる所の如し。然るに若し当事者が之に対して更に弁論することを得るものとせば、検事立会いの効験皆無に帰すべければなり。蓋し仮令検事の意見なりとも必ず貫徹して裁判の結果に顕わるるものと思考すべからず。他なし其の意見を採ると否とは不羈独立なる判事の腔裏に在るを以てなり。乃ち若し当事者が立会検事の意見に服せざることありて更に弁論を為すを得ずと雖も豈に復た遺憾あるべけんや。

（講義録一五〇頁～一六三頁）

D　訴訟係属の効果――二重起訴の禁止と訴え変更の禁止

訴え提起の効果として、今日では「訴訟係属」の語を用いるが、明治民事訴訟法では「権利拘束」の語が用いられた。しばしば、拙速なドイツ民事訴訟法の翻訳的継受に起因する「珍訳」(26)といわれるが、訴訟の「係属」という概念自体は当時すでに流布しており、磯部は「訴訟物の権利拘束とは即ち総て訴訟の目的物に就きての権利が其の訴訟中受訴裁判所に繋属し拘束せられて之を他の裁判所に於て行使するを得べからざることを謂う」と定義している。わが国では大正一五年改正で訴え変更の許容原則へと転換したが、明治民事訴訟法では訴訟係属により訴えの変更が禁止されていたから、むしろ、訴え提起の効果として二重起訴の「禁止」と訴え変更の「禁止」が生じることとの関係で（新たに別訴を提起する権利の拘束と別の訴えに変更する権利の拘束という意味で）「訴訟物の権利拘束」の語を用いたと考えれば体系上納得がいくところであり、必ずしも誤訳とはいえないのではなかろうか(27)。左に二重起訴の禁止と訴え変更の禁止に関する一九五条及び一九六条の条文と、これに対する磯部の解説を挙げておこう。

第一九五条　訴訟物ノ権利拘束ハ訴状ノ送達ニ因リテ生ス

権利拘束ハ左ノ効力ヲ有ス

第一　権利拘束ノ継続中原告若クハ被告ヨリ同一ノ訴訟物ニ付キ他ノ裁判所ニ於テ本訴又ハ反訴ヲ以テ請求ヲ為シタルトキハ相手方ハ権利拘束ノ抗弁ヲ為スコトヲ得

第二　受訴裁判所ノ管轄ハ訴訟物ノ価額ノ増減、住所ノ変更其他管轄ヲ定ムル事情ノ変更ニ因リテ変換スルコト無シ

第三　原告ハ訴ノ原因ヲ変更スル権利ナシ但変更シタル訴ニ対シ本案ノ口頭弁論前被告カ異議ヲ述ヘサルトキハ此限ニ在ラス

訴訟物の権利拘束とは即ち総て訴訟の目的物に就きての権利が其の訴訟中受訴裁判所に繋属し拘束せられて之を他の裁判所に於て行使するを得べからざることを謂う。此の権利拘束は訴状の送達に因りて生じ、確定判決又は訴の取下若くは和解に因り該訴訟の目的物が其の目的物たる性質を失い、即ち平常に復するに至るまで継続するなり。又権利拘束が口頭弁論に於て請求を主張したる時より始まる場合に就きては特に第二百十二条の設けあり、参看すべし。

権利拘束の有する効力は第二項に規定する所の如し。号を逐い左に説明すべし。

第一　例えば甲者あり乙者に属する貸金催促の訴を東京地方裁判所に提起し、該貸金の請求に就き権利拘束を生じたる場合に於て、乙者は別に甲者に対する立替金請求の訴を横浜地方裁判所に提起したりと仮定せん乎。此の際若し甲者が乙者に対する防禦方法として東京地方裁判所に於て権利拘束継続中なる該貸金請求を以て反訴を為したるときの如きは、乙者は第二百六条第三号の防訴の抗弁を為すを得るなり。若し又乙者が東京地方裁判所に繋属する甲者の貸金請求に対する防禦方法として既に該立替金請求を以て反訴を為したるに拘わらず、更に甲

者に対して横浜地方裁判所に該立替金請求の訴を提起したるものとせん乎。然るときは却て甲者より防訴の抗弁を為すを得るが如し。此の理由は如何。曰く他なし、若し右等の場合に於て防訴の抗弁を許さざるときは、実に同一事件を再三審理するの結果を生ずるに至るべければなり。蓋し、権利拘束の抗弁を以て防訴を為すを得るは同一の訴訟物に付き他の裁判所に於て本訴又は反訴を以て請求を為したるときに限る。之に反して假令権利拘束中なる同一の訴訟物に関するも他の裁判所に於て単に其請求権を援用して防禦の方法に充つるが如き場合には敢て之に対して防訴を為すを得ざるべし。尚ほ前例に襲き之を説明せんに、乙者より後者に対し立替金を請求する横浜裁判所の訴訟に於て甲者が乙者の攻撃に対する防禦方法として現に東京裁判所に繋属する自己より乙者に係る賃金を以て夫の立替金と彼れ是れ相殺せんことを主張するも乙者決して之を拒むを得ざるなり。しかして此場合の事情に由り第百二十一条を適用すべきときは横浜裁判所は東京裁判所に繋属する訴訟の完結に至るまで弁論を中止することあるべし

第二　例えば東京裁判所に起訴して権利拘束と為りたる後、訴訟物の価額下落し金百圓以下と為りたるときの如き又は被告が京都に移住したるときの如き又は被告が軍人又は生徒にして大阪若しくは仙台の兵役学校に移転したるが如き（第十一条及び第十五条）之が為め受訴裁判所たる東京裁判所の管轄が変換して他の裁判所に遷ることなきなり。若し之に反する規定あらんには狡猾なる被告等は之を奇貨とし、原告をして啻に費用と時間とを徒消せしむること易かるべきのみならず、尚ほ奔命に疲れしめて請求を遁るることも亦難からざるべし。

第三　原告は権利拘束の生じたる後は訴状に記載したる訴の原因を変更するの権利なし。此の理由は他なし、若し之を変更するを得るものなるときは或は本訴の性質を全く改むることあるべく、随て被告の心算を誤るに至る等種々の弊害を生ずべければなり。然れども原告が敢て訴の原因を変更したるに拘わらず被告が異議なく弁論を為すときは該変更のため被告に何等の障害なきものと推測するを得べし。（講義録四七八頁～四八二頁）

第一九六条　原告カ訴ノ原因ヲ変更セスシテ左ノ諸件ヲ為ストキハ被告ハ異議ヲ述フルコトヲ得ス
第一　事実上又ハ法律上ノ申述ヲ補充シ又ハ更正スルコト
第二　本案又ハ附帯請求ニ付キ訴ノ申立ヲ拡張シ又ハ減縮スルコト
第三　最初求メタル物ノ滅盡又ハ変更ニ因リ賠償ヲ求ムルコト

原告は訴の原因を変更するの権利なきことに就きては已に之を研究したり。本条は稍々訴の原因を変更するに類似する場合を示し、之に対しては被告をして異議を述ぶるを許さざることを規定したり。各号に就き順次説明すること左の如し。

第一　事実上及び法律上の申述の如きは之を訴状に記載すべきも、成るべく簡明なるを良しとし、最も其の冗長なるを嫌う（第百五条第百六条及び第百九条参看）故に口頭弁論に於いては勢い之を補充せざるを得ざるべし。又是等の申述の誤脱あるを知らば之を更正すべきこと当然なり。豈に斯かる補充又は更正に就き被告をして異議を述ぶるを得せしめ、原告に之を禁ずるの理由あらんや。然れども若し原告が斯かる補充又は更正を為すに由り延きて訴の原因を変更するに至るときは、無論前条の規定を適用せざるべからず。

第二　原告が最初に定めたる本案又は附帯請求の申立に就き爾後過不足あることを発見する場合に、敢えて訴の原因を変更せざる限りは、其の申立を減縮又は拡張することを妨げず。是れ唯請求の数学違算等の誤りを正すに過ぎざるものなればなり。故に被告は之に対して異議を述ぶることを得ず。

第三　原告の最初に一定したる請求の目的物が爾後其の全部滅盡するにいたり、又は其の一分を毀損し価額を減じたる場合の如きは、原告は当然之に代えて賠償を求むなるべし。豈に被告は斯かる賠償の請求に対して異議を述ぶるを得べきものならんや。（講義録四八三頁～四八五頁）

E　共同訴訟論

共同訴訟については、当時、今日のような通常共同訴訟と必要的共同訴訟の概念区分がなされておらず、特に、「訴訟共同の必要」と「合一確定の必要」からなる必要的共同訴訟の理論はい未だ展開されていなかったようである。磯部の講義も、当時の理論状況を反映し、「合一確定」の意義に関する意識的な考究はなしておらず、（今日の目から見れば）必要的共同訴訟を規定する第五〇条についても左記のような簡単な説明に終わっている。特に、数人の連帯債務者を共同被告にした訴訟が、通常共同訴訟と必要的共同訴訟のいずれに位置づけられるか、のちの判例・学説に変遷が見られるので(28)、その点に注目して磯部の説明を見てみよう。

第四八条　左ノ場合ニ於テハ共同訴訟人トシテ数人カ共ニ訴ヲ為シ又ハ訴ヲ受クルコトヲ得

第一　数人カ訴訟物ニ付キ権利共通若クハ義務共通ノ地位ニ立ツトキ

第二　同一ナル事実上及ヒ法律上ノ原因ニ基ク請求又ハ義務カ訴訟ノ目的物タルトキ

第三　性質ニ於テ同種類ナル事実上及ヒ法律上ノ原因ニ基ク同種類ナル請求又ハ義務カ訴訟ノ目的物タルトキ

本条は即ち共同訴訟人たるを得る場合を指示したる法文なり。其の場合は三箇に大別さるるを以て各号に就き説明すること左の如し。

第一　数人が訴訟物に付き権利共通若くは義務共通の地位に立つときとは、猶ほ夫の連合若くは連帯の権利者若くは義務者たるときの如し（財産編第四百三十七条及び第四百三十八条参看）。乃ち第三十二条第一号の共同権利者若くは共同義務者と云うに略々同じ。此の場合に於ては権利者に取りても義務者に取りても又裁判上の手続に於ても数人共同にて訴訟を為し又は之を受けたること頗る便益ありと謂ふべきなり。

第二　仮令ば甲者の家畜が埒を脱して乙者丙者の田園に荒れ回り大に耕作物を損害したるときの如き（財産編三百七十四条参看）乙者丙者は共同訴訟人と為りて甲者に対し其損害賠償を請求するを得べし。是れ同一なる事実上及び法律上の原因に基く請求が訴訟の目的物たる場合の一例なり。又甲者あり隣人乙者丙者丁者に対し下水の疎通に関して訴訟を起す時の如き乙丙丁を共同訴訟人として相手取ることを得べし。是れ同一なる法律上の原因に基く義務が訴訟の目的物たる場合の一例なり。此類頗る多し、推して知るべきのみ。

第三　仮設は甲なる家主乙丙丁なる各個の借家人に対し延滞したる家賃を催促するが如き若くは右乙丙丁は各々家屋建具等の修繕を請求するが如き、乙丙丁は共同訴訟人として訴訟を受け又は之を為すを得べし。是れ性質に於て同種類なる事実上の原因に基く同種類なる請求又は義務が訴訟物たる場合の事例なり。〔中略〕此類亦決して少なからざるべし。

抑々是等の場合に於て共同訴訟を許すものはただに挙証其他の手続に便なるのみならず時間と費用とを減ずるの益あるが為めなり、且法律上連合及び連帯の権利義務を認むる以上は本節の規定は欠くべからざるものと知るべし。（講義録一八三〜一八五頁）

第四九条　共同訴訟人ハ其資格ニ於テハ各別ニ相手方ニ対立シ其一人ノ訴訟行為及ヒ懈怠ハ相手方ヨリ其一人ニ対スル訴訟行為及ヒ懈怠ハ他ノ共同訴訟人ニ利害ヲ及ホサス

数人共同して訴訟を為し又は之を受くるときと雖も、各個人は其の資格上各別にして互いに相手方に対立し其の一人の行為不行為に付きては他の共同訴訟人に利害の関係を及ぼさず。〔中略〕其れ然り本条は一人の訴訟行為及び懈怠は他の共同訴訟人に利害を及ぼさずと明示したりと雖も、民法上連帯の権利義務に関する原則（財産編第四百三十八条第二項参照）を妨ぐべきにあらず。是れ次条を特定して共同訴訟人の利益を保護する所以なり。

（講義録一八五〜一八六頁）

第五〇条　然レトモ総テノ共同訴訟人ニ対シ訴訟ニ係ル権利関係カ合一ニノミ確定ス可キトキニ限リ左ノ規定ヲ適用ス

共同訴訟人中ノ或ル人ノ攻撃及ヒ防禦ノ方法（証拠方法ヲ包含ス）ハ他ノ共同訴訟人ノ利益ニ効ヲ生ス

共同訴訟人中ノ或ル人カ争ヒ又ハ認諾セサルトキト雖モ総テノ共同訴訟人カ悉ク争ヒ又ハ認諾セサルモノト看做ス

共同訴訟人中ノ或ル人ノミカ期日又ハ期間ヲ懈怠シタルトキハ其懈怠シタル者ハ懈怠セサル者ニ代理ヲ任シタルモノト看做ス然レトモ懈怠シタル共同訴訟人ニハ其懈怠セサリシ場合ニ於て為ス可キ総テノ送達及ヒ呼出ヲ為スコトヲ要ス其懈怠シタル共同訴訟人ハ何時タリトモ其後ノ訴訟手続ニ再ヒ加ハルコトヲ得

本条を研究するには、連帯の権利義務の場合を想像して誤ることなし。抑々連帯の権利とは権利者数名ありて其の中の各個が義務の全部の履行を請求することを得るものを云い、連帯の義務とは義務者数名ありて其の中の各個が義務の全部の履行を負担するものを云う。尤も連帯権利者中の一名が義務全部の履行を受けたる場合には、各権利者間に之を配当せざるべからず、又連帯義務者中の一名が義務の全部を履行したる場合には、他の連帯義務者は義務を免るるを以って、其の負担部分を追求せらるべきこと勿論なり。即ち是れ総ての共同訴訟人に対し訴訟に係る権利関係が合一にのみ確定す可きときなりとす。

第二項は、敢えて説明を要せざるなり。

不可分義務の場合にも亦之を分割して裁判するを得べからざるが故に前条を適用すること能わず。是れ第三項の規定を生ぜし所以なり。蓋し、第三項は共同訴訟人の利益のみを構想したるものと知るべし。

第四項は、例えば茲に共同債権者五人あり、其の中二人は長く自己の債権を放擲し置き、債務者が免責時効を得るの時期に到達したるも、他の三人が之に先立ち債務者に対して訴訟を起こしたるが為め、纔に時効を中断するを得たり。此の場合に於いて彼の二名の者共は時効中断の利益を同じうするが如し。蓋し、本項の如きは民法規定の部内に侵入したるものと謂わざるを得ず[29]。何となれば、訴訟法なるものは権利執行に関せる手続を定むるに過ぎずして、決して権利義務其のものに直接なる事項を掲ぐべきにあらざればなり。然るに本法中民法規定の部内に侵入したるの嫌いある条項を此の外にも往々見ることあるは何ぞや。是れ全く二法の草案起稿者を異にしたるに職由するものと雖も、実施上敢えて不都合なかるべし。尤むるに足らざるなり。

訴訟行為を懈怠したる者をば其の行為を他の懈怠せざる共同訴訟人に代理せしめたるものと看做すを以て、敢えて出席せざるに之を呼出し及び書類を送達するの必要なきが如し。然るに第五項の規定あるは如何。曰く、代理を任したるものと看做すは唯其の共同訴訟人の利益を保護したるに過ぎず、故に之が為め通常の方式なる送達及び呼出を止むるの理由あらざるなり。随て本項末文は多言を俟たず、自然明瞭なるべし。（講義録一八七頁〜一九〇頁）

なお、連帯債務者については、註（28）に記したように、これを必要的共同訴訟ではなく通常共同訴訟と解する見解が後に通説・判例となっていくのであるが、磯部の講義の時点では、明治二三年四月二一日公布の民事訴訟法と同日公布の民法・債権担保編が、我が国初の近代的民事法典として、未施行であるにしても実定法上の前提であったことを忘れてはならない。すなわち、当時の民法・債権担保編第五七条・第五八条は、フランス民法の判例・通説の影響を受けて、連帯債務者の一人の義務消滅・更改・免除・相殺・混同や無能力等につき実体法上の絶対的効力を有する抗弁事由として規定するとともに、第五九条において、「前二条ニ規定シタル事項ニ付キ債権者ト債務者ノ一人トノ間ニ有リタル判決及ヒ自白ハ他ノ債務者ノ利害ニ於テ前二条ニ同シキ限度及ヒ区別ヲ以テ其効力ヲ生ス」と規定し、連帯債務者の一人の受けた判決の効力が絶対効を生ずる旨を定めていたのである。それゆえ、弁済・相殺等の抗弁を認めて債権者の請求を棄却した判決は他の債務者の為にも免責の効力を有するとともに、これらの抗弁を否定した債務者敗訴の判決は他の債務者に対しても効力を生じ、他の債務者も同一事由に基づく抗弁をなしえないに至る、との解釈がなされていたのである(30)。したがって、当時の実定法の解釈論としては、連帯債務者の一人の受けた判決の効力は他の連帯債務者にも及び、それゆえ連帯債務者を共同被告とする場合には、合一確定の必要あるものとして必要的共同訴訟の類型に属するとの解釈が、むしろ自然であったというべきであろう。

F　証拠法

証拠法については、フランス法の影響の下、民法証拠篇の立法過程で詳しい検討をしてきた経緯がある。磯部自身、この講法会出版の講義録シリーズで並行して「証拠編」を連載しており、のちに『民法証拠編講義・完』（明大文庫蔵・刊行年不詳）として講法会出版より出版されている。また、それ以前に、フランスの証拠法を論じた『仏国民法証拠篇講義（上巻・下巻）』が（明大文庫蔵）(31)ありすでに研究の蓄積がある。本書でもしばしば右の「証拠編」講義録を引用し、その解説に譲っている。たとえば民事訴訟法第二編第一章第六節「人証」の導入部では、「証人の陳述は直接証拠の一なること及び其の許否の場合等に関しては、曩に余が受持なる証拠編第六十条以下に於いて講説したる所なれば、読者は本節に就き研究するの前該講義録を通覧するを宜しとす。蓋し、法理を知りて後実法に及ぶこと一般講法上の順序なればなり」（講義録五九一頁）と述べる。また、第七節「鑑定」の導入部でも「鑑定の何ものたることは証拠編第十一条に就きて知るべし」（講義録六三九頁）、第八節「書証」の導入部でも「書証とは即ち書面の証拠を謂うに外ならず。夫の私署証書、署名捺印せざる証書、公正証書、反対証書、追認証書、証書の謄本等、皆是れなり。（証拠編第一部第二章第一節、第三節乃至第六節、並に同編第四十二条及び第三百五十六条参看）」、第九節「検証」の最初の条文・第三五七条の解説でも「検証とは即ち証拠物品を検査して心証を惹起するなり。此の検証は裁判所に於いて為すことあるべく、又は実地に臨んで為すことあるべし。（証拠編第十条及び本法第百十七条参看）」、第十節「当事者本人の訊問」の導入部でも「本節の規定は証拠編第三十四条以下に照応す」と述べ、大幅に民法証拠編の講義録の参照を指示している。

なお、第三五五条は証書の真正を争った当事者に対して過料に処する旨規定するが、この種の制裁はドイツ法には存在せず、書証を重視するフランス法に倣ったものとされているが、[32] 磯部の講義では特に経緯には触れず、ただ次のように述べている。

第三五五条　公正証書ノ偽造若クハ変造ナルコトヲ真実ニ反シテ主張シタル原告若クハ被告ニ悪意若クハ重過失ノ責アルトキハ五十圓以下ノ過料ヲ言渡ス

又私署証書ノ真正ナルコトヲ真実ニ反キテ争フトキハ前項ト同一ナル条件ヲ以テ二十圓以下ノ過料ヲ言渡ス

公正証書は公吏若くは官庁の代人たる官吏の調製するものなるを以って（証拠編第四十六条）其の偽造又は変造に出づることは実際幾んと希れなるなり。然るに其の偽造若くは変造ならざることを知るに拘わらず訴訟を遅延せん等の為め敢えて是れ偽造なり変造なりと主張して其の真否を確定せんことを申立つるが如きは、其の所為甚だ悪むべし。又仮令該証書は寔に偽造なり変造なりと誤認するも敢えて其の誤認すべき原因なきに於いては重過失の責めを免れしむるべからず。故に右等の者には情状を斟酌して五十圓以下の過料を言渡すべきものとす。

私署証書は偽造若くは変造に出づること間々之れあるべし。而して其の偽造若くは変造なることを知るに拘わらず、敢えて之を真正なりと主張するは徒らに相手方を誣ゆるなり。又仮令該証書の偽造若くは変造なることを知らざるも、該証書たる何人も容易く其の真正ならざることを認知し得べきに、之を真正なりと誤認したるものなるに於いては亦重過失の責めを免れしむべからず。是等の者は其の所為不当なりと雖も、前項の者より較々恕すべきが故に適宜二十圓以下の過料を言い渡すべきなり。

私署証書の偽造若くは変造なることを真実に反きて主張したる者の制裁に就きては本条に明文なし。蓋し、右の主張にして悪意若くは重過失に出づるときは亦之を責罰するの至当なるを信ず。他なし其の所為不当なること、本条第二項の場合と敢えて異ならざればなり。然るに之に就き明文なき理由は果して如何。姑く疑いを存す。

若し夫れ或る証書を自ら偽造若くは変造したる者に対する制裁は是れ刑法上の問題なり。本条には敢えて関係なし。（講義録六八一頁～六八三頁）

右の講述のうち、第二項に関する磯部の解説はやや条文を誤読しているのではないかと推測される。条文を字句通りに読めば、第一項は偽造変造の公正証書につき真正を主張する場合の定めであり、これに対し、第二項は私署証書の真正を争う場合を規定しているものと読めるからである。いずれにせよ、その後の民事訴訟法改正では、第一項の公正証書につき真正を主張する場合の定めは削除し、第二項の証書の真正を争う場合を前面に出しており、磯部の主張に沿った条文となったということもできよう。(33)

当事者尋問を証拠方法の一つと位置づけることについては、テヒョー以来、立法論としては種々の議論があったが、(34)

磯部の講義では特に比較法的な論評はせず、第三六〇条につき単に次のように述べるに止まる。

第三六〇条　当事者ノ提出シタル許ス可キ証拠ヲ調ヘタル結果ニ因リ証ス可キ事実ノ真否ニ付キ裁判所カ心証ヲ得ルニ足ラサルトキハ申立ニ因リ又ハ職権ヲ以テ原告若クハ被告ノ本人ヲ訊問スルコトヲ得

前諸節の規定に従い証拠調を為したるも、其の結果たるや証すべき事実の真否を知るに尚ほ不明白なる場合に於いては、当事者本人を訊問して心証を定むるを得。亦是れ証拠調の一なり。（講義録六八六頁）

そもそも（証人尋問および当事者尋問を含め）人証を一般に許容すべきかについて、旧民法編纂過程で相当議論があったようであり、磯部は明治二一年一月一八日に法律取調報告委員としてこれに反対の意見書を提出している。[35] その意見書で、磯部は「民法ノ事項ニ関シテハ仏国法律ニ於ケルカ如ク特別ノ場合ヲ除クノ外人証ヲ許容セサルヲ以テ通則ト為スヲ要ス」とし、その理由として、主に次の三点を挙げている。今日のわが国の民事訴訟法学では見られない議論であるが、[36] 人証の本質並びに証拠としての基本的な位置づけにかかわる言説であるので、ここに掲げ参考に供しよう。

第一「人証ノ許容ヲ通則ト為シ訴訟事件ノ軽重難易ニ拘ハラス二三証人ノ口頭ヲ以テ事実ノ有無ヲ認定スルニ至ルトキハ必スヤ訴訟ノ原因ヲ増加スルノ結果ヲ惹キ起シ且随テ裁判ノ錯誤モ一層多キヲ加フルノ危険アルヘシ蓋シ〔中略〕刑事ニ於テ人証ヲ許スハ事情止ムヲ得サルニ出ツルモノナリ何トナレハ一犯罪者ニシテ他日ニ其確証ヲ遺スヘキ証書ヲ認メテ行為ニ及フ者アラサルヘキヲ以テナリ之ニ反シテ民事ニ於テハ人証ヲ許ササルモ他ニ

充分其証拠ヲ有スルノ方法及時間ノ存スルモノナルヲ以テ単ニ他人ノ口頭ヲ頼ムカ如キ信憑力ノ微弱ナル証拠方法ノ濫リニ許容シテ訴訟ノ原因ヲ増加スルカ如キコトハ為ササルヲ良シト思考ス」

第二「人ノ記憶ハ常ニ確実ノモノニアラス其自身ニ関スルコトト雖トモ事ノ最モ重大ナルモノヲ除クノ外屡遺忘スルニ至ルハ普通ナリ自身ニ関スル事ニシテ尚ホ斯ノ如シ況ンヤ他人ニ関スル事ニ於テオヤ即チ証人ハ常ニ他人ニ関スルコトヲ証言スルモノナレハ屡々事実ニ齟齬スルコトアルヘシ斯ノ如ク証拠ノ信憑力微弱ノモノヲ以テ証拠方法ノ通則トスルハ危険ナラスヤ蓋シ民法ノ事項ト雖トモ錯誤強迫及詐欺等ノ如ク実際他ニ証明スルノ道アラサル場合ハ例外トスヘキハ勿論トス是レ仏国民法第千三百四十八条ノ例外規則アル所以ナリ」

第三「人証ノ許容ニ制限ヲ置カサルヘカラサル最重大ノ理由ハ暗ニ証言ヲ購求スルカ如キ姦束手段ヲ予防スルニアルナリ実ニ訴訟事件ノ金額僅少ノモノニ就キテハ此ノ危険ナカルヘシト雖トモ其許多ナルモノニ就キテハ喰ハシムルニ利ヲ以テシテ無根ノ事実ヲ証言セシムルノ姦策百出シテ良民ヲ害スルノ結果ヲ見ルニ至ルヘシ是レ仏国民法ニ於テ訴訟事件ノ金額を限リ其限度内ニ於ケルニアラサレハ人証ヲ許容セサルモノト定メタル所以ナリ」

なお、証人尋問の際の宣誓につき、筆者は比較文化論的観点から、当時のわが国での評価に興味がもたれる。西洋のキリスト教的伝統を背景とした神に誓う宣誓と、そのような伝統を持たないわが国の宣誓とでは、その心理的強制機能及び真実性の担保の度合いが大きく異なると思われるからである。この点に関して、磯部は、第三〇六条の解説の箇所で、次のように述べている。

在る論者は宣誓を目して単純なる儀式に過ぎずと做し、敢て実益なきものと論ずと雖も、未だ爾かく断言するを得べからざるなり。何となれば至尊の御名に於いて審判を為す神聖厳粛なる法廷に在り吾が良心に従い云々す

の誓詞を陳ぶるに方りては一種の感情を惹起せざる者なき筈なればなり。（講義録六一七頁）

G　既判力論

磯部の講義録には、今日の民事訴訟法学の主要テーマの一角をなす既判力論、いわゆる既判力の客観的範囲、既判力の主観的範囲、既判力の時的限界に関して、まとまった論述は見られない。民事訴訟法の条文も、既判力の客観的範囲に関して、第二四四条が「判決ハ其主文ニ包含スルモノニ限リ確定力ヲ有ス」と規定するのみで、大正一五年改正法で加えられ現行民事訴訟法に明定されている相殺の抗弁についての既判力の例外規定は欠落していた[37]。第二四四条に関する磯部の解説は、わずかに三行、ただ次の如く述べるのみである。

第二四四条　判決ハ其主文ニ包含スルモノニ限リ確定力ヲ有ス

本条は、第二三四条第一項、第二三六条第四号及び第四九八条と参照するときは自然明瞭ならん。蓋し、判決中主文の外に確定力を有すべきものなきこと殆んど法文を俟たずして知るを得べし。（講義録五五三頁）

ここで引用される第二三四条第一項、第二三六条第四号及び第四九八条には、左記のように判決言渡しの方式、判決書の記載事項、判決の確定時期が定められているにすぎず、いずれも形式的な手続規定であって、既判力の客観的範囲をめぐる実質的な手掛かりは見出せない。既判力を判決主文に限定する根拠は、到底示されているとはいえないであろう。今日の民事訴訟法学におけるような、判決理由中の判断の拘束力の可否をめぐる議論や相殺の抗弁をめぐる既判力の範囲をめぐる議論は、全く視野に入れられていなかったかの如くである[38]。

第二三四条　判決ノ言渡ハ判決主文ノ朗読ニ因リ之ヲ為ス欠席判決ノ言渡ハ其主文ヲ作ラサル前ト雖モ之ヲ為スコトヲ得

裁判ノ理由ヲ言渡スコトヲ至当ト認ムルトキハ判決ノ言渡ト同時ニ其理由ヲ朗読シ又ハ口頭ニテ其要領ヲ告グ可シ

第二三六条　判決ニハ左ノ諸件ヲ掲ク可シ

第一　当事者及ヒ其法律上代理人ノ氏名、身分、職業及ヒ住所

第二　事実及ヒ争点ノ摘示但其摘示ハ当事者ノ口頭演述ニ基キ殊ニ其提出シタル申立ヲ表示シテ之ヲ為ス

第三　裁判ノ理由

第四　判決主文

第五　裁判所ノ名称、裁判ヲ為シタル判事ノ官氏名

第四九八条　判決ハ適法ナル故障ノ申立又ハ適法ナル上訴ノ提起ニ付キ定メタル期間ノ満了前ニハ確定セサルモノトス

判決ノ確定ハ故障若クハ上訴ヲ其期間内ニ申立若クハ提起スルニ因リ之ヲ遮断ス

もっとも、当時の民事訴訟法学の水準として、一般的に、未だ既判力論に関する関心が希薄であったというわけではない。民事訴訟法の立法にも深く関与した宮城浩蔵は、その注釈書（明治二三年）で、第二四四条につき〔義解〕としてより実質的な解説を与えるとともに、「参考」として既判力の範囲に関する具体的な問題事例の提示を行なっている。宮城は「判決効力ノ及フ可キ区域」と表現しているが、今日の民事訴訟法理論からすれば既判力の「客観的範囲」と「主観的範囲」の両者に係る事例である。磯部との比較の意味で、第二四四条に対する宮城の注釈の冒頭部

分と問題事例の部分を以下に紹介しておこう（便宜上、句読点を付する）。

第二百四十四条〔義解〕《二一八》

本条ハ判決効力ノ及フ区域ヲ定メタルモノナリ。抑々判決ヨリ生スル確定力ノ効力ハ主文ニ包含スルモノニ止リテ、其事実及ヒ理由ニ及フコトナシ。然シテ其確定スル所ノモノハ形式上ト実体上トニ在リテ、判決カ上訴期間等ヲ経過シテ確定スルヤ形式上上訴スルヲ得サルニ至ル。又上訴の途ナキニ至ルトキハ、当事者ノ権利義務確定シテ実体上敗訴者ハ義務者ト為リ勝訴者ハ権利者ト為ルナリ。

斯ク二個ノ形体確定スルトキハ是レヨリ種々ノ効果ヲ生スルナリ。即チ左ノ如シ。

第一　判決確定スルトキハ眞正ト推定セラル

第二　判決確定スルトキハ一事不再理ノ原因ト為ル

請フ之ヲ略述センニ、裁判ト雖モ人為ニ係ルヲ以テ萬誤リナシト言フ可ラス。否法律ハ其誤リアリタルコトヲ認ムルニヨリ上訴等ヲ許スニ至レリ。然レトモ永久誤リアルコトヲ予想シテ上訴ヲ許ストキハ其権利義務確定セス、人々ハ不安ノ中ニ生活シ却テ社会ノ安寧ヲ害スルニ至ル。是レ相当ノ期間ヲ定メテ其裁判ヲ確定セシムル所以ナリ。然シテ裁判確定スト雖モ根本上誤リナキヲ保セサルヲ以テ確定判決ニ至ルトキハ法律上眞正ナリと見做サルルモノナリトス。是レ法律ハ既判力ハ眞正ナリト言ハスシテ眞正ナリト推定セラルルモノナリト記セシ所以ナリ。判決確定スルトキハ一事不再理ヲ以テ同一事件ニ対シ再ヒ訴ヘヲ受クルコトナシ。即チ左ノ条件ノ具備シタルトキニ限ル。

第一　権利又ハ事実ニ関シ争ノ目的ノ同一ナルコト

第二　主張ノ原因ノ同一ナルコト

第三　原告被告ノ権利上ノ資格ノ同一ナルコト

抑々争ノ目的ノ同一ナルコトトハ〔略〕

○判決効力ノ及フ可キ区域ニ付キ重要ナル問題アリ。参考ノ為メ左ニ之ヲ掲ク可シ。

第一　判決ノ効力ハ通常ノ場合ニ於テ判決ノ言渡ヲ受ケタル原被告及ヒ其権利相続人即チ物件ノ拘束ヲ受ケタル後原被告ノ一方ヨリ其物件ヲ獲得シタル者ニノミ及フモノトス。然レトモ其効力ハ又一定ノ限度ニ於テ補助参加人及ヒ訴訟告知ヲ受ケタル者ニ及ヒ、又時トシテハ訴訟法及ヒ倒産法ノ規定ニ従ヒ或ハ民法ノ規則ニ従ヒ例外トシテ全ク訴訟ニ関係セサル第三者ニモ及フコトアリ。然レトモ通常ノ場合ニ於テハ訴訟人ノ相続人及ヒ裁判言渡以後ニ其訴訟ニ関する財産を譲受ケタル者ニノミ其効力ヲ及ホス可キモノトス。此ノ原則ヨリ種々ノ問題ヲ決定スルコトヲ得可シ。

第二　権利者ハ負債主ノ敗訴シタル判決ヲ以テ他ノ信用貸債権者ニ対抗スルコトヲ得可シ。蓋シ、負債主ノ財産ハ権利者ノ質物ナリトノ原則アレトモ、信用貸ノ債権者ノ権利ハ未タ確定不動ノモノニアラス。然レトモ既ニ裁判言渡ニ依テ勝利ヲ得タル者ハ其権利確定ノモノト為ルヲ以テ普通ノ権利者ニ対シ優先ノ権利ヲ有スルコト当然ナリトス。

第三　負債者ニ対シテ得タル勝訴ノ判決ヲ以テ直チニ保証人ヲ拘束スルコトヲ得ルヤト云フニ其保証人ノ参加者ト為リ又ハ告知ヲ受ケタルトキハ共ニ其効力受ケサル可ラスト雖モ、然ラサル場合ニ於テハ其判決ヲ以テ保証人ヲ拘束スルコトヲ得ス。

第四　連帯義務者ノ一人ニ対シテ得タル勝訴ノ判決ヲ以テ他ノ共同義務者ヲ拘束スルコトヲ得ルカト云フニ、是レ又訴訟ニ関係セサル義務者ヲ拘束スルコトヲ得ス。蓋シ連帯義務者ノ責任モ彼ノ保証人ヨリ重大ナルコトナカル可キナリ。

（宮城浩蔵『民事訴訟法正義　上』（明治二三年）八〇八頁〜八一四頁）

H　詐害再審

原被告共謀して第三者の権利を詐害する目的で訴訟が追行され判決がなされた場合に、第三者からの再審の訴えを認める、いわゆる詐害再審の制度は、大正一五年の民訴法改正で廃止されてしまったが、これを復活すべきであるとの見解が有力に主張されてきた（これを削除したのは立法の過誤であるとの指摘もある）。平成の民訴法改正でも詐害再審を復活させる案が検討事項として取り上げられ[39]、結果的に採用されなかったものの、不利益な判決効を受ける第三者の保護手段として予防的な独立当事者参加と事後的な詐害再審を連続的に捉える見解が今日でも有力である。詐害再審はフランスの民事訴訟法に由来するが[40]、仏法に学んだ磯部が当時これをどのように捉えていたか興味が持たれるところである。今日的視点からも、訴訟政策論ないし立法論を含め、詐害参加と詐害再審の法理論的検討に資する可能性がある。ただし、磯部の講義では簡単に次のように述べるにとどまる。

第四八三条　第三者カ原告及ヒ被告ノ共謀ニ因リ第三者ノ債権ヲ詐害スル目的ヲ以テ判決ヲ為サシメタリト主張シ其判決ニ対シ不服ヲ申立ツルトキハ原状回復ノ訴ニ因レル再審ノ規定ヲ準用ス

此場合ニ於テハ原告及ヒ被告ヲ共同被告ト為ス

債務者が其の債権者の権利の担保を薄弱ならしむることを知りつつ自己の財産を減少し又は自己の債務を増加する、之を詐害の行為と謂ふ（債権担保編第一条及び財産編第三百四十条第二項参看）。此の詐害行為に対しては債権者廃罷訴権を行うを得るものとす。而して債務者が他人と共謀し或は被告となりて故らに敗訴し、乃ち裁判上止むを得ざるに出づるの外形を飾りて、自己の財産を減少し又は自己の債務を増加し、以て債権者を詐害することあらん。斯る場合に於ては、債権者に取り別に廃罷訴権を行うよりも、寧ろ詐害の目的を以て受けたる判決に対して不服の申立を再審の方法に依り訴訟を為すの簡便なるに如かず。是れ蓋し財産編第三百四十一条第二項の予め規定したる所なり。而して詐害の行為たる素と民事上の犯罪にして第三百六十九条に掲げたる数箇の場合と相近きが故に、第三者より当事者の詐害行為を理由として該判決に対する不服の申立ありたるときは本編中原状回復の訴に因れる再審の規定を準用するものとす。

右再審を求むる訴訟の場合に於ては、債権者は即ち原告と為り前審に於ける当事者双方を共同被告と為す。是れ事理に於て当に然るべし。但財産編第三百四十一条第三項には〔債務者ヲ訴訟ニ参加セシムルコトヲ要ス〕とあるを以て、明文上彼此支吾なき能わず。（講義録七九一～七九三頁）

なお、民法・財産編第三四〇条第二項と第三四一条は、次のように規定されていた。

第三四〇条第二項　債務者カ其債権者ヲ害スルコトヲ知リテ自己ノ財産ヲ減シ又ハ自己ノ債務ヲ増シタルトキハ之ヲ詐害ノ行為トス

第三四一条　詐害ノ行為ノ廃罷ハ債務者ト約束シタル者及ヒ転得者ニ対シ次条ノ区別ニ従ヒ債権者ヨリ廃罷訴権ヲ以テ之ヲ請求ス

債務者カ原告タルト被告タルトヲ問ハス詐害スル意思ヲ以テ故サラニ訴訟に失敗シタルトキハ債権者ハ民事訴訟法ニ従ヒ再審ノ方法ニ依リテ訴フルコトヲ得

右孰レノ場合ニ於テモ債務者ヲ訴訟ニ参加セシムルコトヲ要ス

債権者カ詐害ノ行為ノ廃罷ヲ得ル能ハサルトキハ被告ニ対シテ損害賠償ヲ要求スルコトヲ得

一　強制執行法

検事の立会いの問題と並んで、民事訴訟法制定過程において法律取調委員会で特に審議の対象となったテーマが、強制執行における優先主義か平等主義かをめぐる議論である。[41] テヒョー草案ではドイツ法に倣い優先主義が採られていたが、法律取調委員会における審議の過程で、フランス法の流れを汲むボアソナードの財産差押法草案を参酌して一般債権者の配当要求を認める平等主義を採用するに至り、成法となった。[42] 優先主義から平等主義への転換の原因は、一つには民法が債権者平等主義を採ったためであり、もう一つは商法が商人破産主義を採ったためとされている。[43] しかし、その大きな転換は、鈴木正裕教授の最近の研究によれば、明治二二年一月と二月のわずか二箇月の間に行なわれたといわれる。[44] そこでは、「法律取調委員会の訴訟法組合が、民法組合の前に敗れた」構図が指摘されている。この民法組合は、外国委員としてボアソナードをバックにもち、報告委員として宮城浩蔵、井上正一、栗塚省吾、熊野敬三らのフランス留学組と並んで、磯部が含まれていたのである。

平等主義に関係する民事訴訟法の主な条文には、次のようなものがある。動産執行において配当要求を認めた五八九条・五九〇条、動産の二重差押禁止と照査手続に配当要求の効力を認めた五八六条・五八七条、債権執行において配当要求しうべき債権者に関する六二〇条などである。

しかし、磯部は、本「講義録」では、優先主義から平等主義への転換の経緯については何ら触れておらず、平等主義の意義についてもわずか第五八七条の解説で次のように簡単に述べるにとどまる。

債務者の総財産は其債権者の共同の担保なるを以て、債務者の財産が総ての義務を弁済するに足らざるときは債権額の割合に応じて各債権者間に配当すべきものとす（担保編第一条）。故に一債権者が先づ差押を為すと雖も、特に優先権のあるにあらざれば自己のみ充分の弁済を得べからず。然れば前条に掲げたる物の照査手続は配当要求の効力を生ずること事理当然と謂ふべし。又若し既に為されたる差押が在る原因の為め取消と為りたるときは（第五百五十条及び第五百五十一条）該照査手続は主たる差押の効力を生ずるものとす。蓋し、該照査手続は二重の差押を為すべきにあらざるが故にこれを為したるなり。若し以前に差押が為されたりせば、必ず其差押を為したるものとす。是を以て若し以前に為されたる差押が消滅するに於ては、更に差押の手続を要せず、直ちに之に代るものと為したること亦至当と謂ふの外なし。（講義録九一三頁）

なお、平等主義すなわち債権者平等原則に関しては、当時、民法・債権担保編（明治二三年四月二一日公布）の第一条が次のように定めていた。磯部が引用するのは、民法のこの条文である。

第一条　債務者ノ総財産ハ動産ト不動産ト現在ノモノト将来ノモノトヲ問ハス其債権者ノ共同ノ担保ナリ但法律ノ規定又ハ人ノ処分ニテ差押ヲ禁シタル物ハ此限ニ在ラス

債務者ノ財産カ総テノ義務ヲ弁済スルニ足ラサル場合ニ於テハ其価額ハ債権ノ目的、原因、体様ノ如何ト日附ノ前後トニ拘ハラス其債権額ノ割合ニ応シテ之ヲ各債権者ニ分与ス但其債権者ノ間ニ優先ノ正当ナル原因アルトキハ此限ニ在ラス

財産ノ差押、売却及ヒ其代価ノ順序配当又ハ共分配当ノ方式ハ民事訴訟法ヲ以テ之ヲ規定ス

第六節　結びに代えて

以上みてきたように、磯部の「民事訴訟法講義録」は、あくまでも実践的な条文の解説に重きを置いており、できたばかりの民事訴訟法の逐条解説という形式をとっていることもあり、必ずしも体系的な理論構築を志向するものではない。受講者・読者も実務法曹をめざす法律学校の学生たちであり、学理追求よりも実務重視型の民事訴訟法講義が求められていたともいえよう。その後の民事訴訟法学の中軸となる、たとえば訴権論や既判力論・当事者論・訴訟物論等、あるいは審理原則をめぐる基礎理論等についての立ち入った原理論は展開されておらず、より実務実践的な手続規定の具体的な解説が主流を占めている。訴訟法独自の手続原理よりも、むしろ、民法に定める権利の実現に向けた訴訟手続と執行手続の叙述という側面が重視され、民法との対応関係に意を用いたとも見ることができる。これは、民事訴訟法成立直後という時代的制約によるものでもあり、磯部の講義に限らず、当時の法律学校の民事訴訟法講義の一般的傾向であったとも推測される。しかし、フランスの民法及び訴訟法に学んだ磯部が、日本で初めて成立し公布されたばかりの民法と民事訴訟法を前にして、しかも片やフランス法の流れを汲む民法、片やドイツ法の流れを汲む民事訴訟法を前にして、いかに両者を架橋するか、苦悶と格闘の様子が窺われる。やがて法典論争を経て、民法にもドイツ法の大波が押し寄せてくるに至る。そして、これ以降、急激にドイツ民事訴訟法の判例・学説の紹介と輸入が始まるのである。[45]

註

（1）講法会の講義録については、本書第一章第二節Ｂ（村上一博・執筆）を参照。

（2）磯部は、この講義録シリーズに「民事訴訟法」と平行して「民法相続編」及び「民法証拠編」も連載している。本書の冒頭に綴じ込まれた「法律政治講義録・第壱期第弐百四拾四号」の青い表紙裏の目次によれば、「民事訴訟法」と「民法相続編」は丁度この第二四四号で同時に完結している。また、本書の中程に綴じ込まれた水色の公告には、明治二三年三月二五日発売の「法政誌叢」第百四号の目次が掲げられており、磯部四郎の論説「法理精華ヲ讀ム」も掲載されている。磯部はこの時期、極めて精力的に執筆活動を行っている。

(3) ちなみに、同誌（講義録シリーズ）第弐百参拾五号（明治二五年七月五日発売）及び第弐百参拾九号（八月一五日発売）の末尾には「新法註釈会」の「廣告」が掲載されており、「前法律取調報告委員諸氏合著ノ三正義五版出来〔中略〕講法会員ニ限リ左ノ特価ニテ応需ス」として、『民法正義・全九巻〔五版〕』『商法正義・全五巻〔五版〕』と並んで『民事訴訟法正義・全二巻〔五版〕』が掲げられている。同『民事訴訟法正義』は、新法註釈会から一冊二百頁・正価参拾五銭・特価参拾銭（郵税四銭）で講法会の会員に頒布されており、全十二冊を合本したものであったことが窺われる。この広告には著者が表示されていないが、前法律取調報告委員・宮城浩蔵を指すものと考えられる。信山社復刻版・日本立法資料全集・別巻六五（平成八年刊）の『宮城浩蔵著・民事訴訟法正義　上』は第六版の復刻版であり、「発行所・特別認可私立明治法律学校講法会内　新法註釈会」「明治二十四年十二月十四日印刷出版、明治二十五年十月二十日六版印刷出版」とされており、合本しての初版が明治二四年一二月に刊行されていたことがわかる（なお、鈴木正裕「民事訴訟法の学説史」〔『ジュリスト』第九七一号、一九九一年、一二頁〕によれば、同書は宮城浩蔵と同じく司法省明法寮出身の亀山貞義との共同で執筆され、宮城没後〔明治二六年〕の版では亀山とともに岸本辰雄が加筆している）。発行部数は定かではないが、わずか一〇ヶ月の間に六版も版を重ねており、宮城の注釈書に向けられた関心の高さが窺われる。磯部も講法会の同僚として、当然この前法律取調報告委員による民事訴訟法の逐条解説をも参照して講義を進めたものと思料される。

(4) ただし、代書人に関する規定（第三条〜第五条、第三十四条）、代言人に関する規定（第三十条〜第三十二条、第三十五条〜第三十七条）、訴えの併合に関する規定（一冊ノ訴状ニシテ二件以上ヲ合スヲ得ル事、第二十二条）、共同訴訟に関する規定（原告人・被告人ノ連名ノ訴状、第二十三条・第二十四条）、反訴に関する規定（既ニ訴ヘラレタル事件ニ未タ訴ヘサル事件ヲ接續スル事、第四十四条）など、かなり実質的な規定も含まれていた。向井健「民事訴訟法典編纂の先達たち——ヒル、ボアソナード、テッヒョーを中心として」（『ジュリスト』第九七一号、一九九一年、一九頁）は、訴答文例が英米法的要素を内蔵しているのではないかと推考し、お雇い外国人ジョージ・ウォーラス・ヒルの影響を示唆している。

(5) 当時の状況につき、裁判官の今村信行は、「民事に至りては各地裁判所その手続を異にするのみならず判事に於いても亦各々その行為を異にし訴訟人をして不便に苦しましめたり」と述べている。今村『民事訴訟法手続』（講法会、明治二六年）三頁。

(6) ボアソナードの財産差押法草案、テヒョー草案の内容と意義につき、さしあたり、兼子一「民事訴訟法の制定——テヒョー草案を中心として」（『民事法研究』第二巻、弘文堂書房、一九五〇年、一頁）同「日本民事訴訟法に対する佛蘭西法の影響」（同書一七頁）三ケ月章「ボアソナードの財産差押法草案における執行制度の基本構想」（『民事訴訟法研究』第六巻、有斐閣、一九七二年、一五九頁）同「テヒョーの訴訟法草案における執行制度の基本構想」（同書二一三頁）参照。なお、兼子・右掲書二一頁によれば、ボワソナードの訴訟法草案は財産差押法草案の姉妹編として明治一六年前後に起案されたものと推定されている。

（7）鈴木正裕『近代民事訴訟法史・日本』（有斐閣・二〇〇四年）とくに三五頁以下、一一七頁以下参照。

（8）明治大学図書館の限られた数の蔵書を見ても、例えば、カミュゼ著『佛國訴訟法提要』の邦訳が、明治一九年八月に加太邦憲の翻訳により司法省から出版されている（全三三〇頁、信山社の復刻版あり・別巻三六九）。同書では、フランス民事訴訟法の概要が体系的に整理して論じられている。また、明治二三年にパリ大学助教授ボァヌール著の『佛國訴訟法講義』が内藤直亮（上巻）と熊野敬三（下巻）の翻訳により発行されている。ドイツ法系色の強い民事訴訟法草案が審議されていたこの時期でも、依然としてフランス民事訴訟法にも高い関心が払われていたことが窺える。

（9）高木豊三は、明治一九年に裁判官在官のまま自費でドイツ留学し、四年後に帰国している。しかし、ベルリン大学に在籍したのは一八八七年夏学期の半年だけであり（Rudolf Hartmann, Japanische Studenten an der Berliner Universität 1870-1914, S. 61による。なお、同書はベルリン・フンボルト大学森鷗外記念館の叢書第一巻として二〇〇〇年に出版されたものである）、むしろベルリンやライプチヒなどで裁判所実務を学んでいたようである。帰国後の高木の精力的な民事訴訟法研究は顕著な成果を収めており、『日獨民事訴訟法對比』（時習社・明治二五年）、『民事訴訟法實習』（時習社・明治二五年）、『民事訴訟法論綱』（明治法律学校出版部、明治二九年）、校閲者として関与した宮田四八・瀬田忠三郎訳『獨逸帝国大審院民事訴訟法判例』（未見、明治二九年）などが著名である。

（10）宮城浩蔵は、磯部らの翌年明治九年に岸本辰雄らとともに渡仏し、パリ大学及びリヨン大学で学び、四年間のフランス滞在を経て法学士号を取得して帰国している（村上一博「宮城浩蔵の法学士号〔リヨン大学〕取得論文」大学史紀要第九号、二〇〇四年）一八〇頁。民事訴訟法制定との関係では、テヒョー草案の形成過程でもその修正案「訴訟規則修正原案」の審議に常に参加し（鈴木正裕・前掲書（註7）八〇頁）、さらに上記（註3）に述べたように、法律取調委員会における民事訴訟法案の審議でも法律取調報告委員として堅実かつ中核的な役割を果たし、その精確な逐条解説『民事訴訟法正義』を著している。

（11）加太邦憲には、上記（註8）の翻訳のほか、『佛國訴訟法講義・完』（出版社・刊行年不詳）の著書がある。加太は、明治九年に司法省派遣の仏国留学の機会を得たが、父死去による家庭事情で果たせず、明治一九年高木らとともに裁判官在官のままドイツに留学し（本人はフランスを希望したが、政府から主にドイツの司法実務を調べるよう要請された）、フランスはじめ欧州各国と米国を回り四年三ヶ月後に帰国している。ベルリン大学には一八八七年の夏学期から一八八八年にかけて一年半在籍し（Hartmann, a.a.O., S. 34にも記録がある）、Kohler の民事訴訟法を受講し、その後転じたライプチヒ大学では Wach の民事訴訟法と破産法の講義を聴いたという（加太邦憲「欧州紀行」大正一二年自費出版『自歴譜』［岩波文庫、一九八二年］三二九頁以下に収録、その三三四頁、三四三頁）。

(12) 加太・高木を含む明治一九年に渡欧した司法官たちの詳細と帰国後の活動については、鈴木正裕『近代民事訴訟法史・日本2』（有斐閣、二〇〇六年）参照。

(13) 磯部の経歴・著作および法理論の特徴については、村上一博編『日本近代法学の巨擘　磯部四郎論文選集』（信山社、二〇〇五年）、平井一雄・村上一博編『磯部四郎研究』（信山社、二〇〇七年）、および、シンポジウム「富山が生んだ法曹界の巨人　磯部四郎」『高岡法学』第一七巻一＝二合併号、二〇〇六年）一四二頁以下に詳しい。

(14) 岡徹「ボアソナード『佛國訴訟法講義』について」（関西大学法学部百年史編纂委員会編『関西法律学校の創立とその精神』一九八六年）四〇四頁参照。

(15) 村上一博「磯部四郎のパリ大学法学部学籍簿」『法史学研究会会報』第八号、二〇〇三年）六三頁。

(16) 二〇〇五年一一月のパリ国立文書館での現地調査の折り、磯部留学当時のパリ大学のシラバスは確認できなかったが、一八九〇年から一九一三年までの講義概要録 Programmes des Cours を閲覧することができた。同プログラムによれば、パリ大学法学部の民事訴訟法の講義は一八九〇～一九〇六年は Prof. M. Glasson が、一九〇七年以降は Prof. M. Tissier が担当しており、特に一九一〇年以降は項目が豊富となり、詳細な講義レジュメのようになっており、詳しい講義内容が想像できる。

(17) 鈴木正裕・前掲書（註7）一八一頁参照。

(18) 鈴木正裕・前掲書（註7）二六九頁。当時は弁護士・政友会所属衆議院議員である。

(19) 磯部はこの講義録の中で、「或者問うに云々」と適宜質問に応じた解説を加えている。現実に、受講生との質疑によって議論が展開されることがあったものと推測される。また、時には「……余の論弁或者の為め枝葉に渉れり、読者幸に恕せよ。」（講義録一一三頁、原文も点線）との記述もあり、おそらく講義筆記を見て脱線した枝葉末節部分を削除したのではないかと思われる箇所もある。

(20) 民事訴訟法の第五条第三号は次のように規定していた。

第五条　訴訟物ノ価額ハ左ノ方法ニ依リ之ヲ定ム

第三　賃貸借又ハ永貸借ノ契約ノ有無又ハ其時期カ訴訟物ナルトキハ争アル時期ニ当ル借賃ノ額ニ依ル但一ケ年借賃ノ二十倍ノ額カ右ノ額ヨリ寡キトキハ其二十倍ノ額ニ依ル

(21) 第一六条第二項は、第一項の営業所所在地の特別裁判籍に定めを受けて、次のように規定する。

前項ノ裁判籍ハ住家及ヒ農業用建物アル地所ヲ利用スル所有者、用益者又ハ賃借人ニ対スル訴ニ付テモ亦之ヲ適用ス但此訴カ地所ノ利用ニ付テノ権利関係ヲ有スルトキニ限ル

(22) 青砥左衛門尉と大岡越前守はいずれも名判官として庶民に愛され、鎌倉時代の左衛門尉には池に散らした十銭を探すに五十銭の

松明を求めた逸話があり、江戸時代の越前守には三方一両損の名裁きが伝えられている。磯部は、フランス留学中に、パリ大学からすぐ近くのオデオン座の脇に寄宿しており、当時の音楽やオペラなどパリの文化の薫りを存分に吸い込んできたのではないかと推測される。弄花事件にも列した洒脱な判検事であった磯部は、帰国後、日本の芸能にも親しみ、講談や歌舞伎にも足繁く通ったことであろう。

(23)　裁判所構成法六条一項・二項は、次のように規定していた。

民事地方裁判所ヲ除ク外各裁判所ニ検事局ヲ附置ス検事ハ刑事ニ付公訴ヲ起シ其ノ取扱上必要ナル手続ヲ為シ法律ノ正当ナル適用ヲ請求シ及判決ノ適当ニ執行セラル、ヤヲ監視シ又民事上ニ於テモ必要ナリト認ムルトキハ通知ヲ求メ其ノ意見ヲ述フルコトヲ得又裁判所ニ属シ若ハ之ニ関ル司法及行政事件ニ付公益ノ代表者トシテ法律上其ノ職権ニ属スル監督事務ヲ行フ

前項ニ定メタル検事ノ権限ハ民事地方裁判所ニ関シテハ其ノ管轄区域ヲ同シクスル刑事地方裁判所ノ検事局ノ検事之ヲ行フ

(24)　この間の経緯につき、兼子一「民事訴訟法の制定——テッヒョー草案を中心として」(『民事法研究』第二巻、昭和二五年、初出昭和一七年)九頁、同「日本民事訴訟法に対する仏蘭西法の影響」(初出昭和一七年)同書二三三頁、より詳しくは鈴木正裕「明治民事訴訟法の成立」(『近代民事訴訟法史・日本』二〇〇四年)一六七頁以下参照。

(25)　現在でも、人事訴訟には検察官の関与を認める規定があるし(平成一六年施行の人事訴訟法二三条)、二〇世紀後半の法律としても、統合前の東ドイツの民事訴訟法が社会主義的合法性確保の観点から通常民事訴訟法への検察官の関与を規定していた(高地茂世「ドイツ民主共和国(東独)の新民事訴訟法典について」『法律論叢』第五五巻二・三号、一九八二年、八一頁以下参照)。

(26)　兼子一「民事訴訟法学のあゆみ」(『ジュリスト』第三〇〇号、一九六四年)二三六頁。

(27)　ただし、第三者の訴訟参加に関する第五一条(主参加)と第五三条(従参加)でも「他人ノ間ニ権利拘束ト為リタル訴訟」の語が使われており、そこでは「拘束」や「禁止」の意義は少ない。磯部も第五一条の解説の冒頭で次のような別の意義を与えているが、必ずしも明快ではない。「本条中権利拘束なる語辞あり。先ず之を解釈せざるべからず。抑々権利拘束とは権利の為めに拘束を受くること即ち反言すれば義務として充当せらるることを謂う。例えば甲者あり、乙者に対して土地所有権取戻しの訴訟を提起したりとせん乎。茲に其の訴訟の目的物たる土地が実際権利拘束となるなり。之を詳言すれば、其の土地が甲者の権利の為めに拘束を受け即ち乙者の義務として充当せらるるものとす。然れども是れ唯外面の形状に付するの名目なるを以て強く権利拘束の字に拘泥して解すべからず。敢えて注意の為め一言す」(講義録一九一頁)

(28)　通常共同訴訟か必要的共同訴訟かがいち早く争われたのは、数人の連帯債務者を共同被告にした場合であった。新堂幸司「共同訴訟人の孤立化に対する反省」(『法協』第八八巻一一＝一二号、一九七一年)九一九頁によれば、当時の多くの裁判所、弁護士はおおむねこれを必要的共同訴訟となし、五〇条四項を適用していたが、明治二七年に発表された高木豊三の「共同訴訟に関する疑問に就いての意見」(『明法志叢』第三巻二四号)五頁の論文が、ドイツの判例学説に基づき既判力の抵触回避を基準とする必要的

共同訴訟論を紹介し、連帯債務者は必要的共同訴訟ではないとの説を唱えて以降、大審院がその旨の判決をいくつか出し、急速にこの説が通説になったとされる。

また、高木豊三講述『民事訴訟法講義　上巻』（明治法律学校講法会出版、明治二七年一二月）の末尾「付録」には、六四一頁の後に「共同訴訟ニ関スル五大疑問ニ就テノ意見」として、共同訴訟に関する五つの具体的な問題（必要的共同訴訟人中の一人の自白、一部の上訴の取扱い、一部の者の和解・認諾と欠席者への効果、複数の管轄裁判所、全員への期日呼出の要否など）につき全一九頁にわたり高木の解釈論が展開されている（ちなみに、この『民事訴訟法講義』の下巻、強制執行は河村譲三郎が担当している）。

なお、高木豊三の当時の民事訴訟法学説の指導的地位については、岡徹「明治期民事訴訟法学の展開について」（関西大学法学研究所研究叢書第一冊『司法省法学校におけるボアソナードの講義に関する研究』一九八九年、一二九頁）、鈴木正裕「民事訴訟法の学説史」（『ジュリスト』第九七一号、一九九一年、一三頁）、同「明治民訴法のその後」（『近代民事訴訟法史・日本』二〇〇四年、二〇〇頁、二三三頁）、座談会「民事訴訟法学の過去・現在・未来」（『法学教室〈第二期〉』第五号［「民訴法学を築いた人々」中野貞一郎発言］、一九七四年）、三頁も参照されたい。

(29) 「民法規定の部内に侵入すべからず」とのルールは、民法の編纂作業と分離し、これと並行して行なわれた民事訴訟法制定作業における合意事項であり、当時の解釈論における共通意識であったのであろう。宮城浩蔵『民事訴訟法正義　上』の第五〇条の〔論説〕一六〇頁にも、次のような記述が見られる。（便宜上、句読点を付する）「権利ノ発生及ヒ確定ニ関スル事項ハ民法ニ於テ定ム可キモノナリトス。訴訟法ハ権利義務ノ関係ヲ規定スルモノニアラス、只其運用ノ方法ヲ規定ス可キモノトス。第五十条ノ規定ハ民法ノ範囲ヲ侵シタルモノニアラサルカ。何故ト為ルニ共同訴訟人ノ権利行為ニ関シテ其効力ノ他ニ及フ可キ所以ヲ規定シタリ。故ニ若シ裁判所カ此ノ規定ニ背キテ判決スルアランカ以テ上告ノ理由ト為スコトヲ得可シ。訴訟法ニ於テハ共同訴訟人ヲ呼出スノ方法及ヒ訴訟ヲ提起スルノ方法ヲ定ム可キモノニシテ、其効力ノ他ニ及フヤ否ヤト云ヘル問題ヲ決ス可キモノニアラス。其決定ハ民法ニ於テ定ム可キモノナリ。然ルニ事茲ニ出テスシテ効力ハ旧ノ問題ヲ決定セリ。是レ法律制定上民法ニ侵入シタルノ謗リヲ免ルルコト能ハサル可シ」。

(30) 兼子一「連帯債務者の一人の受けた判決の効果」（『民事法研究』第一巻、弘文堂書房、昭和一五年、初出昭和一三年）三七二頁参照。当時のフランスの通説として、Dalloz, Nouveau Code Civil annote, Art. 1351, no. 1435-1456. が引用されている。また、当時の中華民国民法第二七五条も、フランス法の解釈に倣い、連帯債務者の一人の受けた勝訴判決に絶対的効力を認めていたとのことである。

(31) 刊行年不詳であるが、おそらく明治一九年頃に知報社より刊行されていた「法律講義」シリーズに連載した「仏国民法証拠篇」を、完結後に合本したものと推測される。村上一博「法律学における通信教育の嚆矢——井上正一・宮城浩蔵編『法律講義』（知

報社)」(『法史学研究会会報』第九号、二〇〇四年)六三頁参照。

(32)　テヒョーは、裁判の適正並びに迅速を期する上でこの種の規定が有効であるとして、フランス民事訴訟法三一三条に倣って草案にこの規定を採用し(テヒョー草案三四七条)、これが明治民事訴訟法三五五条に結実し、大正一五年改正の旧民事訴訟法三三一条を経て、現行民事訴訟法二三〇条に引き継がれている。この点につき、兼子・前掲書(『民事法研究』第二巻)一三頁、一二三頁参照。

(33)　大正一五年改正の民事訴訟法三三一条では、「当事者又ハ其ノ代理人カ故意又ハ重大ナ過失ニ因リ真実ニ反シテ文書ノ真正ヲ争ヒタルトキハ裁判所決定ヲ以テ十万円以下ノ過料ニ処ス」と規定する。

(34)　兼子・前掲書(『民事法研究』第二巻)一三頁によれば、以下のような経緯を経ている。まず、テヒョーは当初ドイツ法の当事者宣誓を採用しようとしたが、再考の結果、そのような形式的証拠を避け、寧ろイギリス法の影響を受け当時わが国で慣例として行なわれていた当事者を証人として尋問することとした(テヒョー草案三五三条〜三六三条)。そこでは、他の証拠に対して補充的であるが、虚偽の供述をなしたときは証人同様に偽証罪に問われる点で(草案三六〇条)、相当峻烈な内容を含んでいた。これに対して意見を寄せたウィルモウスキーも、当事者宣誓に比して勝っていると評している。しかし、その後の審議により、証人と全く同視するのは適当でないとし、これに代えてフランス法(三二四条〜三三六条)の認めるような、当事者本人を宣誓させずに参考に尋問する程度の緩和された当事者尋問制度を採用するに至った、というのである。もっとも、ドイツではその後一九三一年草案及び一九三五年の改正民事訴訟法で当事者尋問制度を採用するに至っており、兼子博士はこの点テヒョーの発案は「当時として卓見であった」と評価している。

(35)　磯部四郎「民法編纂ニ関スル諸意見並ニ雑書一」(『日本近代立法資料叢書』第一〇巻)、村上一博編『日本近代法学の巨擘　磯部四郎論文選集』(信山社、二〇〇五年)四五頁以下に収載。

(36)　ドイツとオーストリアでは、同じ法文化圏に属しながらも、判決確定後の新証拠の発見をどこまで再審事由として認めるか否かに関して、人証の評価が異なっており、ドイツでは人証に対する信用性が低いが故に原則として「書証の発見」に限っている(認知訴訟については後に新鑑定も加わった)のに対し、オーストリアでは人証に対する消極的評価はなく人証・物証の区別なく「新証拠の発見」が再審事由とされている。ドイツ民事訴訟法五八〇条七号b、オーストリア民事訴訟法五三〇条一項七号を比較参照。なお、日本では、大正一五年改正法で、既判力の安定を害するとして、再審事由から「書証の発見」さえ削除されてしまった。立法政策としては疑問である、木川統一郎・中村英郎編『民事訴訟法〔新版〕』(青林書院、一九九八年)三八八頁(中山幸二)。

(37)　当時のドイツ民事訴訟法二九三条には、その第一項で同旨の規定を置くとともに、第二項で相殺の抗弁についての例外規定を置いていたが、日本の明治民事訴訟法には後者の規定を欠いていた。磯部の講義録が出版されたのと同時期の明治二五年一一月に刊行された高木豊三の『日獨民事訴訟法對比』一六九頁には、傍線を引き明確に日独条文の対比がなされている。参考のため、高木訳のドイツ民事訴訟法二九三条の文言を掲げておこう。

「判決ハ訴又ハ反訴ヲ以テ起シタル請求ニ付キ裁判シタル部分ニ限リ確定力ヲ有ス　抗弁ヲ以テ主張シタル反対請求（債権）ノ成立若クハ不成立ニ付テノ裁判ハ相殺ヲナスヘキ額マテノ限リ確定力ヲ有ス」。

なお、明治三三年の三輪富十著『実例参照民事訴訟法正解』には、日本の民事訴訟法二四四条の解説として、次のように記述されている。「本条ハ判決ノ確定力ニ関スル規定ナリ抑モ判決ハ如何ナル部分ニ対シテ確定力ヲ有スルヤト云フニ古来ヨリ学者間ニ於テ種々ニ議論アリテ未タ一定セサルモノノ如シ是ニ於テ乎我民事訴訟法ハ之ヲ一定スルノ必要ヲ悟リ判決ノ確定力ヲ有スル部分ハ判決主文ニ包含スルモノニ限リタリ蓋シ判決主文ニ示スヘキモノハ当事者ヨリ訴若クハ反訴ヲ以テ提起シタル請求ニ対スル判決ニ外ナラサレハナリ従テ判決ノ理由タル裁判ノ如キハ毫モ確定ノ効力ヲ生スルモノニ非サルヤ明カナリ」（岡徹「明治期民事訴訟法学の展開について」関西大学法学研究所研究叢書第一冊『司法省法学校におけるボアソナードの講義に関する研究』一九八九年、一二五頁の引用による）。すでにこの時期にはドイツ民事訴訟法二九三条の内容を踏まえた注釈がなされており、ドイツの判例・学説の影響が明らかである。

(38)　もっとも、磯部は『民法証拠篇』の中で、別途、既判力について論述している。当時、既判力は時効と並ぶ「法律上の推定」の一種と考えられており、民事訴訟法よりもむしろ民法に詳しい規定が置かれていたのである。明治二三年四月二一日公布の民法証拠編には、「公益ニ関スル完全ナル法律上ノ推定」の表題の下、第七七条以下で既判力について定めている。それゆえ磯部は『民法証拠篇』のほうで既判力について詳細な検討を行なっているのであるが、本章では紙幅の都合上、これ以上立ち入ることができない。磯部の『民法証拠篇』の紹介とともに、稿を改めて検討することにしたい。ここでは取り敢えず、民法証拠編中の関連規定を掲げておくに止める。

第七七条　既判力ハ判決主文ニ包含スルモノニ存ス

第七八条　既判力ハ真正ト推定セラル

然レトモ確定ト為ラサル判決ハ民事訴訟法ニ定メタル方式及ヒ期間ニ於テ之ヲ攻撃スルコトヲ得

第七九条　判決ノ確定ト為リタルトキ同一ノ争ヲ再ヒ訴フルニ於テハ其争ハ下ノ区別ニ従ヒ既判力ニ依リテ之ヲ斥ク

第八一条　既判力ニ因ル不受理ノ理由ヲ以テ新請求又ハ新答弁ニ対抗スルコトヲ得ルニハ其請求又ハ答弁カ旧請求又ハ旧答弁ニ比較シテ左ノ諸件アルコトヲ要ス

第一　権利又ハ事実ニ関シ争ノ目的ノ同一ナルコト

第二　主張ノ原因ノ同一ナルコト

第三　原告、被告ノ権利上ノ資格ノ同一ナルコトなお、このような日本の民法証拠編のモデルとされたフランス法では、既判力が法律上の推定の一つとして民法に規定されており、既判力は実体法の問題とされていた。民法典成立時に既判力概念と推定との関係がどのように観念されていたかにつき、江藤价泰「フランスにおける既判力概念に関する学説の発展」（『フランス民事訴訟法研究』日本評論社、一九八八年）五六頁以下参照。

(39) 法務省民事局参事官室『民事訴訟手続に関する検討事項』及び『民事訴訟手続に関する検討事項補足説明』（平成三年一二月）の「第一四　再審　4　詐害再審の訴え」の項を参照。

(40) フランス法の詐害再審制度につき、徳田和幸「フランス法における Tierce-Opposition の機能と判決効」（山木戸克己教授還暦記念『実体法と手続法の交錯』下、有斐閣、一九七八年）一九八頁参照。

(41) 明治初期以降の強制執行実務およびこの間における議論については、鈴木・前掲書（註24）一七一頁以下、とくに優先主義から平等主義への転換の経緯については一七九頁以下が詳しい。

(42) ボアソナードの財産差押法草案とテヒョー草案の各内容については、三ケ月章「ボアソナードの財産差押法草案における執行制度の基本構想」（『民事訴訟法研究』第六巻）一五八頁以下、同「テヒョーの訴訟法草案における執行制度の基本構想」『民事訴訟法研究』第六巻、二二三頁以下参照。同書一六七頁によれば、「テヒョー草案から現行民事訴訟法への推移は、一面でテヒョー草案よりも一段とドイツ法に接近していく面と（たとえば執行機関の構成や債権執行の技術面）、テヒョー草案よりもはるかに大きくフランス法に逆行する面（優先主義をすて平等主義をとり、そのためにフランス法系譜の『独創条文』をあちこちに置くに至る）の双方をはっきり示す」とされる。重要な指摘である。

(43) 兼子・前掲書『民事法研究』第二巻）一四頁、二五頁、宮脇幸彦「強制執行における優先主義と平等主義」判タ第二二四号二頁、同「強制執行における平等主義規定の生成」兼子博士還暦記念『裁判法の諸問題（下）』（一九七〇年）二一二頁。

(44) 鈴木・前掲書（註24）一八一頁。鈴木教授によれば、「全体としてドイツ法の強制執行の構造に従いながら、突如としてフランス法の平等主義を接ぎ木したため、いたるところに矛盾した規定があると酷評され続けた明治民訴法のあり方は（その強制執行編の規定は、なんと昭和五五（一九八〇）年九月までその効力を有したのである）、この恐るべき拙速主義（それは基本的には、議会開会までに民事訴訟法を公布したいという政策的判断に由来している）のもとではやむを得ない事態であったというほかあるまい」とされる。

(45) 岡徹「明治期民事訴訟法学の展開について」（関西大学法学研究所研究叢書第一冊『司法省法学校におけるボアソナードの講義に関する研究』一九八九年）一二七頁参照。

付録　明治法律学校機関誌の沿革

村上一博

第一節　はじめに

明治法律学校の機関誌『明法雑誌』は、開校して四年後の明治一八（一八八五）年二月七日に創刊されており、我国の法律学校における機関誌の嚆矢とされる、東京大学法学部の『法学協会雑誌』（明治一七［一八八四］年三月一五日創刊）に遅れること約一年という時期に当たる。[1] かつて手塚豊氏は、岸本辰雄・矢代操・宮城浩蔵らフランス法学の「巨星」にかかる『明法雑誌』は、「『法学協会雑誌』と相並んで、当時における法学雑誌界の重鎮」[2]であったと高く評価された。しかし、従来、本学の校史を編述するに際して、その機関誌それ自体について十分な頁が割かれてきたとは言い難く、[3]また法制史研究の分野でも、法律学校の諸機関誌を直接の考察対象としたものとしては、右の手塚氏の論稿がわずかに見出されるにすぎない。[4]

ちなみに、本校の機関誌は、次のように創刊・廃止と改題を幾度となく繰り返しながら、今日の『法律論叢』に至っている。

1　『明法雑誌』第一号　～第九八号
明治一八年二月～明治二二年一二月

2　『法政誌叢』第九九号～第一三五号
明治二三年一月～明治二五年一月

3　『法治協会雑誌』第一号　～第一一号
明治二四年七月～明治二五年七月

4　『明法誌（志）叢』第一号　～第三三号
明治二五年三月～明治二七年一二月

5　『明治法学』第一号　～第七五号
明治三二年九月～明治三七年八月

6　『明治学報』第七六号～第一三二号
明治三七年九月～明治四一年一二月

7　『明治評論』第一二巻一号～第一二巻九号
明治四二年一月～明治四二年九月

8　『国家及国家学』第一巻一号～第一〇巻四号
大正二年一月～大正一一年四月

9　『法律及政治』第一巻一号～第六巻一二号

大正一一年五月～昭和二年一二月

10　『法律論叢』　第七巻一号～現在

昭和三年一月～現在

すでに、『明治法学』以降については、詳細な内容索引が作成されているが、(5)それ以前の機関誌については、これまで、その全容は明らかでなかった。

手塚氏が指摘したように、近代日本における西欧近代法学（とくに仏法学）の受容過程を考察するに際して、『明法雑誌』以下、明治法律学校の機関誌が、ひとつの重要な資料となりうることは疑いないところである。本稿では、この準備作業として、機関誌の沿革をたどり、掲載内容の紹介を試みることにしたい。

第二節　『明法雑誌』

A　発刊の目的とその後

『明法雑誌』創刊号の「例言」によれば、同誌は「明治法律学校教師並ニ校友間ニ於テ法律学並ニ経済学ヲ研究シ且ツ智識ヲ交換スル為メ専ラ此二科ニ関スル論説講義等ヲ記載シテ教師校友間ニ分賦スル」ことが目的とされている。編集にあたったのは、五味武策（明治一五年卒業）・安田繁太郎（同年卒業）・吉住勘太郎の三名の校友であり、創立者や西園寺公望からも寄付金を募ったようである。(6)

明治法律学校の創立後四年にして、機関誌の発行に至ったわけであるが、このことは開校以来、明治法律学校が順調に校勢を増していったことの反映でもあった。英法派（専修学校）系の『明法志林』第一五号（明治一四年一〇月一五日発兌）の記事「明治法律学校ノ景況」は、「該校ハ開校以来日尚ホ浅シト雖トモ教師諸君ノ尽力ニ依リテ益々盛大ニ赴キ今ヤ生徒ノ許多ナル無慮二百五十余名ニ及ヒ又規則等ノ完全ナルコトハ府下諸法学校ニ於テ未タ見サル所ナリ加之塾舎ヲ新築シ又先般仏国ヨリ帰朝サレタル仏国法律博士井上正一君モ教授サル、由」と述べるほどの活況を呈していたことが知られる。

明治一九年七月の校友総会では、「明法雑誌規則」が議決され、明治一九年九月五日発兌の第一九号から、内容の一新が図られた。従来の誌面を「改良」し、小冊子を大冊子に、発兌を毎月二回として字数を増加させ、「本校ノ教科即チ法律行政経済ノ三学術ニ関スル内外古今ノ事実ヲ採リ真理ヲ求メ…学理応用共ニ其考徴ノ器ニ当リ立案ハ唯リ本校講師ノミナラス広ク世ノ学士ニ需メ…此閲読攻究ノ利益タル唯リ我校友間ノ小局ニ占有セス広ク社会ノ全局ニ分配セハ庶クハ又本校設立ノ意ヲ達スルニ幾カラン乎」（第一八号「本誌改良広告」）と抱負が語られている。すなわち、創刊当初は、もっぱら校友間の研究・知識交換を目的として発行されていたが、行政学科の増設や校舎の新築移転を目前に控え、明治法律学校のいっそうの隆盛を図るべく、社会全般へ向けて広く本誌を頒布する方針が打ち出されたである。

主要記事であった論説は、第一九号以降は、もっぱら明治法律学校講師の立案によるものとされ、校友は投書翻訳問答などの担当に限られることとなった。[7]『明法雑誌』第一九号には、論説を立案する一三人の講師名が記載されているので、参考までに左に記しておく。

西園寺公望（特命全権公使、法律取調委員）
宮城　浩蔵（司法省参事官、仏国法律学士）
熊野　敏三（司法省参事官、仏国法律博士）
宇川盛三郎
井上　　操（大坂控訴院評定官、法学士）
岡村　輝彦（横浜始審裁判所長、英国状師）
乗竹孝太郎
岸本　辰雄（内閣参事官、仏国法律学士）
矢代　　操（元老院書記官、法学士）
杉村　虎一（外務省参事官、法学士）
小池　靖一（内閣参事官）
光明寺三郎（大審院検事、仏国法律学士）
磯部　四郎（大審院検事、仏国法律学士）

当時の発行部数や読者層については、詳細は不明であるが、講義録を刊行していた明法堂（神田美土代町）が発行所となり、知新社（京橋）など全国二三箇所の売捌所で広く販売されていたようである。[8]

明治二三年一月の第九九号からは『法政誌叢』と改名されるに至り、いわゆる法典論争において断行派の牙城として広く知られるところとなる。

B　各号の内容

第一号　明治一八年二月七日発兌

論説　治罪法ヲ実行スル説　法律学士　井上　操
講義　法律大意　巴里大学法律博士　熊野　敏三
討論　損害要償之件
　第一席小笠原久吉、第二席内田良輔、第三席藤本継根
問答　毒殺未遂之件　英国訟師　岡村　輝彦
翻訳　刑罰論　仏国　ジュール、バルニー著
　校友　田部香蔵訳
雑録　明治法律学校ノ景況

第二号　明治一八年三月七日発兌

論説　果合ノ処分ヲ論ス　仏国法律学士　宮城　浩蔵
　治罪法ヲ実行スル説　法律学士　井上　操
討論　損害要償之件
　第四席番外、第五席高取恒太郎、第六席番外

問答　二重抵当之件　英国状師　岡村　輝彦
強盗婦女ヲ強姦シタル件
翻訳　紙幣論　巴里大学法律博士　熊野敏三著並訳
刑罰論　仏国　ジュール、バルニー著
校友　田部香蔵訳
雑録　判事登用規則／宮城浩蔵氏日本刑法講義

第三号　明治一八年四月七日発兌
論説　治罪法ヲ実行スル説　法律学士　井上　操
紙幣論　巴里大学法律博士　熊野敏三著並訳
問答　強盗婦女ヲ強姦シタル件（答案）　片寄　雄
万国公法問題
翻訳　刑罰論　仏国　ジュール、バルニー著
校友　田部香蔵訳
国際私法ノ解　カルウオー著
法律学士　杉村虎一訳
雑録　秩父暴徒公訴ニ異議ヲ申立ル／陸軍省甲第六号達／
東京市区改正／春期代言試験

第四号　明治一八年五月七日発兌
論説　相続論　仏国大学法律学士　岸本　辰雄
果合ノ処分ヲ論ス仏国大学法律学士　宮城　浩蔵
治罪法ヲ実行スル説　法律学士　井上　操
問答　片寄氏ノ答ヲ駁ス　校友　吉井盤太郎
万国公法問題ノ答
保証契約履行請求之件
翻訳　刑罰論　仏国　ジュール、バルニー著
校友　田部香蔵訳
投書　殴打創傷論　校友　志津野宗方
雑録　全国麦作ノ景況

第五号　明治一八年六月七日発兌
論説　仏国法ノ略史　巴里大学法律博士　熊野　敏三
婚姻ヲ論ズ　校友　吉井盤太郎
問答　保証契約履行請求之件ニ答フ
吉井氏ノ駁説ニ答フ　校友　片寄　雄
翻訳　紙幣論　巴里大学法律博士　熊野敏三著并訳
国際私法ノ解　法律学士　杉村虎一訳
雑録　読司法省告示第四号（判事登用試験科目）／校友
（村上純）代言人組合会長ト為ル／明治法律学校卒
業試験（及第者）

第六号　明治一八年七月七日発兌
論説　二重抵当論　仏国大学法律学士　宮城　浩蔵
法律応用論　校友　志津野宗方
読醤油税則及菓子税則　校友　吉井盤太郎

権利概論　　校友　吉田　恒吉
講義　英国代理法　校友　吉井盤太郎筆記
問答　殴打創傷之件
地所境界紛争之件
翻訳　刑罰論　仏国　バルニー著
校友　田部香蔵訳
雑録　普通治罪法陸海軍治罪法交渉ノ件処分法／書入質入地所建物船舶ノ出訴ニ期限ナシ／地租徴集期限ノ改正／校友仁保周吉君死ス

第七号　明治一八年八月七日発兌

論説　紙幣論　巴里大学法律博士　熊野敏三著並訳
数罪倶発論　校友　志津野宗方
問答　預ケ米取戻之件
翻訳　刑罰論　仏国　ジュール、バルニー著
校友　田部香蔵訳
雑録　本年春期代言試験合格者／判事登用試験／外人ニ対スル訴訟／読内務省達甲第二六号
付録　性法講義
仏国法律大博士　アルフォンスホハテル講義
法律学士　中村健三訳述

第八号　明治一八年九月七日発兌

論説　相続論　仏国大学法律学士　岸本　辰雄
数罪倶発論　校友　志津野宗方
講義　英国代理法　校友　吉井盤太郎筆記
問答　土地境界紛争之件ノ答
火傷致死ノ件
雑録　全国代言及第者／判事登用試験及第者／米国銀貨疑問／読内務省達甲第二六号
広告　明治法律学校広告
付録　性法講義
仏国法律大博士　アルフォンスホハテル講義
法律学士　中村健三訳述

第九号　明治一八年一〇月一〇日発兌

論説　相続論　仏国大学法律学士　岸本　辰雄
刑法第百三十九条ノ説　法律学士　井上　操
数罪倶発論　校友　志津野宗方
講義　英国代理法　校友　吉井盤太郎筆記
問答　火傷致死ノ件ニ答フ
草刈差拒不服ノ件
翻訳　死刑論　仏国　ジュール、バルニー撰
校友　田部香蔵訳
雑録　読第三一号布告（違警罪即決例）／秋期代言試験／校友岩井弘吉労君死ス／英吉利法律学校開校式

付録　性法講義
仏国法律大博士　アルフォンスホハテル講義
法律学士　中村健三訳述

第一〇号　明治一八年一一月一〇日発兌

論説　刑法第百三十九条ノ説　法律学士　井上　操
犯罪階級論　校友　加藤重三郎
国事犯ニ死刑ヲ廃スルノ否ヲ論ス
校友　谷山直太郎
問答　草刈差拒不服ノ件ニ答フ
不動産質入之件
雑録　英国商業不振ノ原因取調委員ノ設置／飯田国事犯事件ノ裁判落着／明法学館創設
付録　性法講義　ホワテル講義
中村健三訳述

第一一号　明治一八年一二月一〇日発兌

論説　正当防衛ノ元則ヲ論ス
仏国法律博士　熊野　敏三
犯罪階級論　校友　加藤重三郎
国事犯ニ死刑ヲ廃スルノ否ヲ論ス
校友　谷山直太郎
問答　不動産質入之件ニ答フ　校友　吉井盤太郎
貨幣偽造之件
詐偽取財類似之件
雑録　明治法律学校毎年入校生比較表／校友石井喜兵衛君任官／浅草法律学校開校（明法館改称）
付録　性法講義　仏国　ホワテル述
中村健三訳

第一二号　明治一九年一月一〇日発兌

論説　迎明治十九年　校友　吉井盤太郎
正当防衛ノ元則ヲ論ス
仏国法律博士　熊野　敏三
刑法第七十五条ノ解　校友　安田繁太郎
問答　詐偽取財類似之件ニ答フ
損害要償之件
翻訳　死刑論　校友　田部香蔵訳
投書　毒殺ノ件ヲ論ス　明治法律学校生　未班秋城逸士
雑録　明治法律学校卒業試験（及第者）／校友（加藤重三郎・岩佐斎吉）任官／代言試験及第者／明治法律学校（行政）学科増加
付録　性法講義　中村健三訳

第一三号　明治一九年二月一〇日発兌

論説　正当防衛ノ元則ヲ論ス　仏国法律博士　熊野　敏三

自殺及其下手者ヲ論ス　校友　細江　守均
売買契約ノ効力ヲ論ス　校友　吉井盤太郎
問答　損害要償之件ニ答フ　校友　吉井盤太郎
謀殺之件問並ニ答
誤殺之件
婚姻取消及ヒ付従ノ件請求之件
投書　白耳義国アンベル府万国商法編輯会議　浦山春清訳
雑録　校友通信
付録　紙幣論　仏国法律博士　熊野　敏三

第一四号　明治一九年三月一〇日発兌

論説　刑法第三百八十一条ノ解　校友　油井　守郎
講義　期満法講義　仏国法律学士　岸本辰雄講義
校友　吉井盤太郎筆記
問答　誤殺之件ニ答フ　校友　油井　守郎
投書　代位弁済ノ性質ヲ論ス　信濃須坂　高須　律郎
雑録　勅令第一号（公文式）／校友通信
付録　紙幣論　仏国法律博士　熊野　敏三

第一五号　明治一九年五月一〇日発兌

論説　正犯従犯ノ区別ヲ論ス　校友　吉井盤太郎
問答　不能犯無効犯ヲ論シテ謀殺之件ニ答フ　校友　油井　守郎
煙草規則違犯之件
翻訳　仏国裁判所ノ構成改革ニ関スル千八百八十三年八月三十日ノ法律
死刑論　校友　田部香蔵訳
投書　読明法雑誌第十三号　須坂　高須　律郎
雑録　講師校友叙任／校友代言人表

第一六号　明治一九年六月一〇日発兌

論説　中古時代借地法及ビ市制ノ沿革　明治法律学校講師　乗竹孝太郎
須坂ナル高須氏ニ照会ス　校友　細江　守郎
吉井君ニ質問ス　校友　大澤　三樹
問答　不能犯無効犯ヲ論シテ謀殺未遂犯ノ件ニ答フ　校友　油井　守郎
貸金催促ノ訴
雑録　明治法律学校卒業試験（及第者）／代言試験及第者／講師帰朝／校友会ヲ開ク／乗竹孝太郎纂訳貨幣論集
付録　紙幣論　仏国法律博士　熊野　敏三

第一七号　明治一九年七月一〇日発兌

論説　中古時代借地法及市制ノ沿革　明治法律学校講師　乗竹孝太郎
問答　煙草規則違犯之件ニ答フ　校友　村上　米太

貸金催促之件ニ答フ　校友　吉井盤太郎
土地買受ケ紛争之件問答
投書　政府ハ民事上損害賠償ノ責アル乎　熊本　昊
雑録　校友総会議決

第一八号　明治一九年八月一〇日発兌

論説　答大澤氏之質問　校友　吉井盤太郎
自首減軽論　校友　油井　守郎
私訴ノ解　校友　谷山直太郎
討論　期満効ハ法律上ニ之ヲ設置ス可カラス
校友　五味　武策
問答　不能犯無効犯ヲ論シテ謀殺之件ニ答フ
校友　油井　守郎
雑録　法律取調委員／法律家死（玉乃世履・高橋一勝）
広告　本誌改良広告

第一九号　明治一九年九月五日発兌

論説　子孫ノ権利ヲ論ス
仏国大学法律学士　宮城　浩蔵
講義　国際法講義　仏国法律博士　熊野敏三講述
井本常治筆記
投書　細江君ノ照会ニ答フ　須坂　高須　律郎
問答　入市税（問第一号）　浪花　K・M
憲法（問第二号）　無名少年
外国犯罪逃亡者取扱（問第三号）　駿台　F・H
従犯処分（問第四号）　六々湾漁夫
問第三号答
翻訳　裁判医学　医科大学生　三島通良摘訳
雑録　希臘の七賢人及ひ学派の区別
衡平法ノ起源
本校講師　乗竹孝太郎
法律格言
討論筆記
問題　期満効ハ法律上ニ於テ設クヘキモノニアラス
第一席谷山直太郎、第二席五味武策、第三席熊野敏三
統計摘録
雑報　官令／本校講師／本校校友／求刑書／勅令／本誌論説

第二〇号　明治一九年九月二〇日発兌

論説　経済学之歴史　本校講師　乗竹孝太郎
講義　国際法講義　仏国法律博士　熊野敏三講述
井本常治筆記
投書　細江君ノ照会ニ答フ　須坂　高須　律郎
問答　菓子税則違犯（問第五号）在八王子　灘　川　生

問第三号答（外国犯罪逃亡者取扱ノ件）
翻訳　裁判医学　医科大学生　三島通良摘訳
雑録　希臘の七賢人及ひ学派の区別
本校講師　乗竹孝太郎
討論筆記
問題　期満効ハ法律上ニ於テ設クヘキモノニアラス
第四席宮城浩蔵、第五席井本常治、第六席磯部四郎
日本帝国統計学　本校講師　宇川盛太郎口述
校友　井本常治筆記
雑報　外国人の土地所有権／後期代言試験／誹毀罪裁判

第二一号　明治一九年一〇月五日発兌

論説　経済学之歴史　本校講師　乗竹孝太郎
講義　日本行政法　本校講師　宇川盛三郎口述
同　校友　井本常治筆記
問答　行政警察（問第六号）　信陽　諏湖　逸民
鉄道（問第七号）　九州　S・A
問第一号答（従犯処分ノ件）在陸前　大澤　三樹
問第一号答（入市税ノ件）　三田　M・F
翻訳　裁判医学　医科大学生　三島通良摘訳
雑録　希臘の七賢人及ひ学派の区別
本校講師　乗竹孝太郎
討論筆記
問題　期満効ハ法律上ニ於テ設クヘキモノニアラス
第七席久保田与四郎、第八席熊野敏三、第九席宮城
浩蔵
日本帝国統計学　本校講師　宇川盛太郎口述
同　校友　井本常治筆記
雑報　内務省令第十九号／本校講師／裁判所告知／代言試
験問題／商法会議所聯合大会議ノ議事始末

第二二号　明治一九年一〇月二〇日発兌

講義　日本行政法　本校講師　宇川盛三郎口述
同　校友　井本常治筆記
投書　法律の進化　本校校友　糸永　昊
秋期代言試験問題私擬答案　在京本校校友　久華　学人
問答　［問之部］告訴外犯罪処分件（問第八号）
本校校友　谷山直太郎
仏国法律ニ関スル著書（問第九号）　五城樓下　守
［答之部］白耳義憲法ノ件（問第二号）
問第八号答（告訴外、犯罪処分件）
本校校友　谷山直太郎
問第四号答（従犯処分ノ件）
元数奇屋町　迂　斎
翻訳　裁判医学　医科大学生　三島通良纂訳

衡平ノ法起源　小野　一郎訳
雑録　欧米通信　在仏国　高陵　生
討論筆記
問題　養子法ハ法理上存すべきものに非す
第一席谷山直太郎、第二席石田仁太郎、第三席河野和三郎、第四席谷山直太郎
日本帝国統計学　宇川盛三郎口述
法律奇談　同　校友　井本常治筆記
雑報　勅令（日米罪人引渡条約）／本校講師／各国罪人の割合／証拠法論綱／講談演説集

第二三号　明治一九年一一月五日発兌

論説　読日米罪人引渡条約
法律ト宗教トノ関係ヲ論ス　本校校友　井本　常治
講義　日本行政法　本校講師　宇川盛三郎口述
同　校友　井本常治筆記
投書　秋期代言試験問題私擬答案
在京本校校友　久華　学人
問答　［問之部］浮浪及ヒ乞丐之徒処置法（問第一〇号）
五城樓下　守
損害要償（問第一一号）　本校生徒　加藤栄次郎
［答之部］問第八号答（告訴外、犯罪処分件）
本校校友　油井　守郎
問第二号答（白耳義憲法ノ件）
翻訳　裁判医学　医科大学生　三島通良纂訳
衡平法　小野　一郎訳
雑録　欧米通信　在仏国　高陵　生郵報
経済学士列伝　本校講師　乗竹孝太郎訳述
討論筆記
問題　養子法ハ法理上存すべきものに非す
第五席井本常治、第六席光妙寺三郎、第七席（不明）
法律奇談
雑報　整理公債条例／商法会議所聯合大会議ノ議事始末

第二四号　明治一九年一一月二〇日発兌

論説　経済学之歴史　本校講師　乗竹孝太郎
読日米罪人引渡条約
法律ト宗教トノ関係ヲ論ス　井本　常治
講義　日本行政法　本校講師　宇川盛三郎講述
同　校友　井本常治筆記
投書　法律ノ進化　糸永　昊
問答　［問之部］貨幣窃取（問第一二号）
埼玉　堀　確太郎

府県会規則（問第一三号）　在北総　分権　居士
［答之部］問第五号答（菓子税則違犯之件）
在京本校校友　錦街楼　盤
問第八号答（告訴外犯罪処分件）
青森　法　外　人
翻訳　衡平法　小野　一郎訳
雑録　日本帝国統計学　本校講師　宇川盛三郎口述
本校校友　井本常治筆記
ノルマントン号ノ沈没事件
雑報　司法省令甲第三号／公証人試験／仮出場規則／判事登用試験問題／本校校友会の運動／討論題　英国船ノルマントン号船長ハ刑事並に民事上の責任あり／商法会議所聯合大会議ノ議事始末

第二五号　明治一九年一二月五日発兌

論説　経済学之歴史　本校講師　乗竹孝太郎
読日米罪人引渡条約
講義　日本行政法　本校講師　宇川盛三郎講述
同　校友　井本常治筆記
投書　法律ノ進化　本校校友　糸永　昊
問答　［問之部］将溺死者ヲ救助セサル者ノ処分（問第一四号）　本校生徒　金田　保胤
白雀取戻（問第一五号）　六々湾漁夫
［答之部］問第二号答（白耳義憲法件）
問第六号答（行政警察ノ件）　Y・T
翻訳　裁判医学　医科大学学生　三島通良纂訳
悪意之解　小野　一郎訳
雑録　日本帝国統計学　本校講師　宇川盛三郎口述
本校校友　井本常治筆記
法律奇談
雑報　赤十字条約／本校新築落成／判事登用試験筆記及第者／本校の監督／本校特別生／校友出京／商法会議所聯合大会議ノ議事始末

第二六号　明治一九年一二月二〇日発兌

明治法律学校移転開校式の景況
会頭　渡邊洪基君ノ祝辞
幹事　斎藤孝治君ノ報告
来賓　福地源一郎君ノ演説
来賓　箕作麟祥君ノ演説
校友総代　平松福三郎君ノ祝辞
生徒総代　岡本直熊君ノ祝辞
講師　岸本辰雄君ノ答辞
論説　経済学之歴史　本校講師　乗竹孝太郎
法律ト宗教トノ関係ヲ論ス　本校校友　井本　常治

講義　日本行政法　本校講師　宇川盛三郎講述
同　校友　井本常治筆記
雑報　集治監官制（勅令）／司法省令甲第五号（登記手続）／司法省訓令第三三号（登記法取扱規則）／私立法律学校特別監督条規／判事登用試験／監督
広告　移転／特別生・本校之監督／判事登用試験及第者／質問取調委員

第二七号　明治二〇年一月五日発兌

論説　明治二十年ヲ迎フ
警察学要論　鹽入　太輔
府県会常置委員之職権
読日米罪人引渡条約
制典論　本校校友　油井　守郎
講義　日本行政法　本校講師　宇川盛三郎講述
同　校友　井本常治筆記
問答　［問之部］詐欺取財（問第一六号）　雲　外　生
［答之部］問第六号答（行政警察ノ件）　Y・T
問第一四号答（将溺死者ヲ救助セサル者ノ処分）　伊藤　真英
問第一五号答（白雀取戻ノ件）　伊藤　真英
翻訳　詐欺ノ種類ヲ弁ス　小野　一郎訳解
雑報　東京控訴院／校友任官／書籍／明治法律学校特別生規則

第二八号　明治二〇年一月二〇日発兌

論説　読日米罪人引渡条約
制典論　校友　油井　守郎
警察学要論　鹽入　太輔
講義　日本行政法　本校講師　宇川盛三郎講述
同　校友　井本常治筆記
問答　［問之部］地券銀行（問第一七号）　叩法　台史
売薬印税則違犯（問第一八号）　在徳島　岡田傳三郎
［答之部］問第一一号答（損害要償ノ件）
問第一六号答（詐欺取財）
翻訳　未遂犯論　仏国　オルトラン述
法科大学学生　大倉　鈕蔵訳
裁判医学　医科大学学生　三島通良纂訳
雑録　仏蘭西国ノ景況　宇川盛三郎演述
若林　玵蔵筆記
大審院判決例
雑報　司法省訓令第三号（代言人規則）／代言試験成績／校友／内外人交渉民事ノ訴訟件数／独逸国の資本／行政裁判件数／明治十九年法律規則要目

第二九号　明治二〇年二月五日発兌

論説　制典論　校友　油井　守郎
講義　日本行政法　本校講師　宇川盛三郎講述
同　校友　井本常治筆記
問答　[問之部] 証券印税違犯（問第一九号）
羽陽　一　鴨　斎
[答之部] 問第一八号答（印税則違犯ノ件）
翻訳　未遂犯論　仏国　オルトラン述
法科大学学生　大倉　鈕蔵訳
所有権一般ノ性質ヲ弁ス　小野　一郎纂訳
雑録　仏蘭西国ノ景況　本校講師　宇川盛三郎演述
若林　玵蔵筆記
討論筆記
問題　重罪裁判所に陪審員を設け事実の審判に与からしむ可し
第一席谷山直太郎、第二席伊藤真英、第三席磯部四郎、第四席倉本了一
大審院判決例
詐欺手段の話
雑報　大蔵省令第一号（地券下付書換手続及手数料）／司法省訓令第四号（裁判官検察官巡視規程）／私生子ノ義何及指令／校友

第三〇号　明治二〇年二月二〇日発兌

論説　警察学要論　鹽入　太輔
講義　憲法学講義
本校講師　仏国大学法律学士　光妙寺三郎講述
本校校友　代言人　井本常治筆記
問答　[問之部] 詐欺取財（問第二〇号）
在京　無　味　生
[答之部] 問第一一号答（損害要償ノ件）　T・E
問第一六号答（詐欺取財ノ件）　伊藤　真英
翻訳　未遂犯論　仏国　オルトラン述
法科大学学生　大倉　鈕蔵訳
雑録　仏蘭西国ノ景況　本校講師　宇川盛三郎演述
若林　玵蔵筆記
討論筆記
問題　重罪裁判所に陪審員を設け事実の審判に与からしむ可し
第五席井本常治、第六席梅津末三郎、第七席小笠原久吉、第八席那珂貞治、第九席光妙寺三郎
大審院判決例
雑報　後見人ト幼年者ト売買ノ儀伺／後見人ノ儀伺指令／戸籍ノ儀ニ係ル伺指令／本校／校友／国民の友

第三一号　明治二〇年三月五日発兌

論説　制典論　校友　油井　守郎

講義　憲法学講義

本校講師　仏国大学法律学士　光妙寺三郎講述

本校校友　代言人　井本常治筆記

問答　[問之部] 委托金費消（問第二一号）　雲　外　生

[答之部] 問第二〇号答（詐欺取財ノ件）

小西湖　H・S

翻訳　裁判医学　医科大学学生　三島通良纂訳

海事裁判所ノ管轄

仏国法学雑誌摘訳　岱麓　樵夫

雑録　プレートーの傳　本校講師　乗竹孝太郎訳

大審院判決例

雑報　司法省告示第四号（判事登用試験出願人心得）／急速ヲ要スル訴訟ノ手続／本校講師／校友総会兼送別会の景況

第三二号　明治二〇年三月二〇日発兌

論説　書入質権之性質

本校講師　仏国大学法律学士　磯部　四郎演説

若林　玵蔵筆記

夫婦間ニハ強姦アルヤ否ヤ　吉原常三郎

問答　[問之部] 貸金請求（問第二二号）　碌々　居士

[答之部] 問第一四号答（将溺死者ノ件）　徹桑　法子

翻訳　司法官ノ責任　仏国発兌万国法学雑誌摘訳

弥児ノ経済惑義弁　小野　一郎訳

雑録　瘋癲取締法　立山子　演説筆記

浦和紀行

大審院判決例　井本　常治

雑報　公証人試験問題／本校大討論会／本校大運動会の景況／本校入学者／西京通信／財産漏脱の件

第三三号　明治二〇年四月五日発兌

論説　我邦将来ノ法律

仏国大学法律学士　本校講師　磯部　四郎演説

若林　玵蔵筆記

国際法一班　本校講師　宇川盛三郎演説

井本　常治筆記

夫婦間ニハ強姦アルヤ否ヤ　吉原常三郎

問答　[問之部] 発見物窃取（問第二三号）　本校課題刑事

[答之部] 問第二三号答（発見物窃取ノ件）

本校三年後期生　町井鉄之介

翻訳　婚姻論（一八八〇年刊行）

仏国　エミール、アコラス著述

日本法律学士　本校講師　杉村　虎一口訳

井本　常治筆録

雑録　瘋癲取締法　　立山子　演説筆記

浦和紀行　　井本　常治

プレートーの傳　　本校講師　乗竹孝太郎訳述

大審院判決例

雑報　海上法要義／所得税法／本校大討論会／本校講堂

第三四号　明治二〇年四月二〇日発兌

論説　海上法要義決定ノ宣言ニ加盟アリシ勅令ヲ読ム

講義　憲法学講義

本校講師　仏国大学法律学士　光妙寺三郎講述

本校校友　代言人　井本常治筆記

問答　［問之部］貸金請求（問第二四号）　徹桑　法子

［答之部］問第二一号答（委托金費消ノ件）

本校生徒　林　正太郎

翻訳　婚姻論　仏国　エミール、アコラス原著

本校講師　日本法律学士　杉村　虎一口訳

井本　常治筆記

裁判医学　医科大学学生　三島通良纂訳

雑録　アリストートルの傳　本校講師　乗竹孝太郎補訳

討論筆記

論題　政府ハ官吏職務上ノ過失ノ責ニ任セス

第一席井本常治、第二席伊藤利馬

大審院判決例

雑報　北海道水産税則（勅令第六号）／被告人頓死／本校

講師／公証人試験成績

第三五号　明治二〇年五月五日発兌

論説　離婚論　本校講師　宇川盛三郎演説

若林　玵蔵筆記

未決檻之管轄　本校校友　桑田　房吉演説

講義　憲法学講義

本校講師　仏国大学法律学士　光妙寺三郎講述

問答　［問之部］強盗（問第二五号）　布衣　O・K

［答之部］問第二二号答（貸金請求ノ件）汪洋　少年

翻訳　仏国海上保険法講義

仏国エキス大学商法教授　ローラン述

法科大学学生　田代律雄解訳

雑録　プリニー父子の傳　本校講師　乗竹孝太郎補訳

大審院判決例

雑報　小笠原品兇徒聚衆事件の無罪／本校講師／代言試験

成績

第三六号　明治二〇年五月二〇日発兌

講義　憲法学講義

本校講師　仏国大学法律学士　光妙寺三郎講述

問答　［問之部］未丁年者之契約（問第二六号）
［答之部］問第二四号答（貸金請求ノ件）
本校校友　油井　守郎
翻訳　弥児ノ経済惑義　小野　一郎訳
仏国海上保険法講義
仏国エキス大学商法教授　ローラン述
法科大学学生　田代律雄解訳
雑録　シセロの傳　本校講師　乗竹孝太郎補訳
大審院判決例
雑報　所得税法施行細則（大蔵省令第八号）／取引所条例
（勅令第一一号）／法学速成雑誌／本校記事

第三七号　明治二〇年六月五日発兌

論説　離婚の説　本校講師　宇川盛三郎演説
翻訳　仏国海上保険法講義
仏国エキス大学商法教授　ローラン述
法科大学学生　田代律雄解訳
刑罰ノ目的并ヒニ監獄法
法律博士　ミハエリス述
医科大学学生　三島　通良訳
再犯論　法科大学学生　大倉　鉦蔵纂訳
雑録　山形県山論一班　井本　常治
大審院判決例

雑報　私設鉄道条例（勅令第一二号）／学位令（勅令第一三号）／食塩無税輸出（勅令第一五号）／東京代言人組合議会の紛議／講師宇川先生／校友小林君死ス／本校卒業試験延期

第三八号　明治二〇年六月二〇日発兌

論説　国会法を講す　文学士　高田早苗演説
問答　［問之部］二重抵当（問第二七号）　一　回　房
［答之部］問第一九号答（証券印税違犯ノ件）
本校校友　内田　良輔
翻訳　刑罰ノ目的并ニ監獄法　法律博士　ミハエリス述
医科大学学生　三島　通良訳
裁判医学　医科大学学生　三島　通良纂訳
雑録　試験心得　本校講師　宮城　浩蔵口述
大審院判決例
山形県山論一班　井本　常治手記
雑報　取引所条例細則（農商務省令第三号）／判事登用試験問題／本校定期試験／二種の新発明／帝国大学試問

第三九号　明治二〇年七月五日発兌

論説　国会法を講す　文学士　高田早苗演説
過代条約論　本校校友　油井　守郎

問答　本校定期試験問題并ニ答案

翻訳　仏国海上保険法講義
　仏国エキス大学商法教授　ローラン述
　法科大学学生　田代律雄解訳

雑録　大審院判決例

山形県山論一班　井本　常治手記

雑報　乞丐及無籍人処分法ノ沿革／西園寺杉村両先生

第四〇号　明治二〇年七月二〇日発兌

論説　国会法を講す　文学士　高田早苗演説

家屋敷金之性質　井本　常治

問答　[問之部] 刑事之証人（問第二八号）　治罪　法史

[答之部] 問第十九号答（証券印税違犯ノ件）
　本校生徒　片寄晩之輔

翻訳　再犯論　法科大学学生　大倉　鈕蔵纂訳

雑録　佐渡紀行　校友　斎藤　孝治手記

大審院判決例

雑報　登記法中改正（法律第一号）／西園寺杉村両先生の送別会／校友叙任／判事登用試験／校友森島君／本校定期試験進級得点者／貸借保証要論

第四一号　明治二〇年八月五日発兌

論説　未来ノ変動及ヒ未来ノ法律家　井本　常治

問答　[問之部] 犯人職業及罪状（問第二九号）
　北洋　S・S

[答之部] 問第二五号答（強盗ノ件）　碌々　居士

本校定期試験問題并ニ答案

翻訳　裁判医学　医科大学学生　三島　通良纂訳

仏国海上保険法講義
　仏国エキス大学商法教授　ローラン述
　法科大学学生　田代律雄解訳

雑録　佐渡紀行　校友　斎藤　孝治手記

大審院判決例

雑報　漉入紙製造取締規則（勅令第三六号）／文官試験試補及見習規則（勅令第三七号）／文官試験試補及見習規則ニ関スル細則（閣令第一八号）／閣令第一九号

第四二号　明治二〇年八月二〇日発兌

論説　教科書教授法及び講談教授法
　本校講師　乗竹孝太郎

過代条約論　校友　油井　守郎

問答　[答之部] 問第二九号答（犯人ノ職業及罪状ノ件）
　本校定期試験問題并ニ答案

翻訳　再犯論　法科大学学生　大倉　鈕蔵纂訳

雑録　大審院判決例

雑報　原告負けたり（ノルマントン号一件）

逃亡犯罪人引渡条例（勅令第四二号）／講師辞令／講師杉村先生赴欧州／本校卒業試験

第四三号　明治二〇年九月五日発兌

講法会設立ノ趣意　付講法会規則

論説　刑法上之罪　井本　常治

問答　［問之部］警察（問第三〇号）　青森　両外　西缶

［答之部］問第二六号答（未丁年者契約ノ件）

本校生徒　文　人　生

問第一九号答（証券印税違犯ノ件）

本校校友　嵓　太　生

本校定期試験問題并ニ答案

翻訳　再犯論　法科大学学生　大倉　鈕蔵纂訳

雑録　大審院判決例

雑報　講法会／名誉校員／講師／本校規則／写真

広告　授業学科及び講師

第四四号　明治二〇年九月二〇日発兌

論説　刑法上之罪　井本　常治

問答　［問之部］強姦（問第三一号）　中村　倭胤

本校定期試験問題并ニ答案

仏国養子の種類及び養子に必要なる条件如何

翻訳　共犯論　フォスチン、エリー述

大倉　鈕蔵訳

雑録　宇川先生通信

大審院判決例

雑報　公売処分方の儀に付き伺／全国代言人総数／本校開校式

広告　講法会設立の趣意／授業学科及び講師

第四五号　明治二〇年一〇月五日発兌

論説　損害賠償概論　校友　油井　守郎

翻訳　仏国海上保険法講義

仏国エキス大学商法教授　ローラン述

法科大学学生　田代律雄解訳

雑録　本校開校式演説

岸本辰雄君の報告

名村泰蔵君の演説

箕作麟祥君の演説

大木喬任君の演説

ボアソナード君の演説（宮城浩蔵君通訳）

明治法律学校授業始めの式を挙くるに当て我か諸教員閣下の労と名誉校員書閣下の来臨とを奉謝し併せて生徒某等の愚意を陳するの書　生徒　高橋　秀臣

雑報　東京控訴院告示案／講法会／本校講師

第四六号　明治二〇年一〇月二〇日発兌

論説　成文法ノ根原

本校講師仏国法律学士　磯部　四郎

明治法律学校の始業式並びに名誉校員ボアソナード君の演説　井本　常治

翻訳　共犯論　フォスチン、エリー述

大倉　鈕蔵纂訳

裁判医学　医科大学学生　三島　通良纂訳

雑録　大審院判決例

雑報　判事登用試験問題／西園寺先生赴欧州／校友叙任／本校卒業試験／帝国大学試問／監督条規試問続

第四七号　明治二〇年一一月五日発兌

論説　成文法ノ根原

本校講師仏国法律学士　磯部　四郎

自認ノ信憑力ヲ論ズ　校友代言人　片寄伴之輔

翻訳　裁判医学　医科大学学生　三島　通良纂訳

仏国海上保険法講義

仏国エキス大学商法教授　ローラン述

法科大学学生　田代律雄訳

雑録　大審院判決例

討論筆記

論題　契約期限後の利子は法律上の利子に変すべし

発題平松福三郎、第二席大屋峯吉、第三席那珂貞治

雑報　司法省訓令第二三号／遺産に係る租税の儀伺

第四八号　明治二〇年一一月二〇日発兌

論説　成文法ノ根原

本校講師仏国法律学士　磯部　四郎

訴訟権汎論　鹽入　太輔

翻訳　共犯論　フォスチン、エリー述

法科大学学生　大倉　鈕蔵纂訳

雑録　講談会記事　問題　司法権の性質及び地位

第一席井本常治、第二席宇川盛三郎、第三席磯部四郎、第四席光妙寺三郎

大審院判決例

討論筆記

論題　契約期限後の利子は法律上の利子に変すべし

第四席山中源之助、第五席伊藤周五郎、第六席那珂貞治

雑報　官令／本校講師／法律制定／討論／陸軍省理事登用試験／版権に関する損害賠償／二十年秋期校友総会の景況

第四九号　明治二〇年一二月五日発兌（未見）

論説　地方分権を論す　［筆者不明］

餅は餅屋　本校講師仏国法律学士　磯部　四郎
投書　行政学汎論　鹽入　太輔
翻訳　裁判医学　医科大学学生　三島　通良纂訳
雑録　十洲塩田組合会の紛議に関し法律上の注意
大審院判決例
討論筆記〔論題不明〕
雑報　特別監督試験／校友／仏蘭西学

第五〇号　明治二〇年一二月二〇日発兌

論説　餅は餅屋　本校講師仏国法律学士　磯部　四郎
人証論　校友代言人　桑田　房吉
投書　行政学汎論　鹽入　太輔
翻訳　裁判医学　医科大学学生　三島　通良纂訳
雑録　討論筆記
問題　相続権は暗黙の遺嘱に因て生するものなり
発題磯部四郎、第二席北野竹次郎
明治法律学校記事
大審院判決例
雑報　司法省訓令第二六号／講師／本校講談会記事／講談演説集／判事登用試験及第者

第五一号　明治二一年一月五日発兌

論説　明治二一年初刊之詞
羅馬国民の性質　本校講師仏国法律学士　磯部　四郎
人証論　校友代言人　桑田　房吉
投書　法律改正論　佐野龍次郎
問答　法理門
刑法之部　刑法之地位、国事犯之説明、明継続犯之説明
民法之部　財産之解、権利之解、物権之区別、人権物権之差異、有形財産無形財産の解及ひ之を区別するの利益、動産不動産の区別及ひ其結果
翻訳　共犯論　フォスチン、エリー述
大倉　鈕蔵纂訳
雑録　討論筆記
問題　相続権は暗黙の遺嘱に因て生するものなり
第三席斎藤孝治、第四席光妙寺三郎、第五席井本常治、第六席熊野敏三
十洲塩田組合会の紛議
雑報　大蔵省訓令第六八号／閣令第二五号／司法省訓令第二七号／司法省官制中改正／裁判所官制中改正／海底電信線保護万国聯合条約説明書／内務省訓令第五一号／保安条例（勅令第六七号）／判任官高等試験を受くるを得る件（勅令大六四号）／閣令第六二号／本校講師／本校校友

第五二号　明治二一年一月二〇日発兌

論説　版権に関する新条例

羅馬国民の性質

本校講師仏国法律学士　磯部　四郎

人証論　校友代言人　桑田　房吉

投書　行政学汎論　鹽入　太輔

未遂犯新論　在校　野依秀治郎

問答　法理門

刑法之部　刑法の致反効、理論上新旧刑法の比較法

民法之部　財産法　第一章物権之区別

一有体物無体物、二動産不動産、三主たる物件従たる物件、四特定物量定物、五消耗使用物件非消耗使用物件

事実門　受寄物窃取せられし件　片寄晩之輔

翻訳　仏国海上保険法

仏国エキス大学商法教授　ローラン述

法科大学学生　田代律雄訳

雑録　訴訟演習

大審院判決例

雑報　新聞紙条例

第五三号　明治二一年二月五日発兌

論説　版権に関する新条例

羅馬国民の性質

本校講師仏国法律学士　磯部　四郎

代言人　校友　河野和三郎

投書　行政学汎論　鹽入　太輔

日本前途の法律の運命を卜す　佐野龍次郎

問答　法理門

刑法之部　普通法及ひ特別法、犯罪及ひ刑罰

民法之部　六代補物・不代補物、七可分物・不分物、八所有に係る物・所有に係らさる物、九通易物・不通易物、一〇譲渡すを得る物・譲渡すを得さる物、一一時効を申立るを得る物・之を申立るを得さる物、一二得押物・不得押物

雑録　明治二十年間諸法令概目

訴訟演習

雑報　出版条例

第五四号　明治二一年二月二〇日発兌

論説　万国板権論

羅馬国民の性質

本校講師仏国法律学士　磯部　四郎

河野和三郎の代言人論　校友　天放仙居士

人証論　校友代言人　桑田　房吉

投書　行政学汎論　鹽入　太輔

手形裏書流通の必要を論す　能洲生

翻訳　損失負担の原則を論す
白耳義ガン府大学教授　ローラン述
法科大学学生　大倉鈕蔵纂訳

雑録　大審院判決例（刑事）

雑報　本校定期試験／校友

第五五号　明治二一年三月五日発兌

論説　告訴人之責任

投書　権利と法律の関係　在校　東洋　臏民

略奪公権停止公権及ひ監視の刑の期満免除を
得へからさる性質の刑なる哉　在校　前田藤吉郎

問答　法理門
刑法之部　犯罪及ひ刑罰、刑罰の性質

翻訳　損失負担の原則を論す
白耳義ガン府大学教授　ローラン述
法科大学学生　大倉鈕蔵纂訳

雑録　大審院判決例（民事）
雪中旅行　鷹洲生手記

雑報　版権条例／脚本楽譜条例／写真版権条例

第五六号　明治二一年三月二〇日発兌

論説　各国政府に向ひ禁酒令の発布を請願せんとする者あり

投書　権利と法律の関係　在校　東洋　臏民

略奪公権停止公権及ひ監視の刑の期満免除を
得へからさる性質の刑なる哉　在校　前田藤吉郎

問答　法理門
刑法之部　主刑及ひ付加刑、死刑の性質
民法之部　財産法　不動産
事実門
刑事問題　官文章偽造并に官印盗用に関する疑問
在山形　長濱光次郎

本校卒業試験問題并に答案
仏国商法　商事会社法
第一問　会社を無形人と認むるの理由及其可否を陳述し并に無形人と認むるの結果を詳述せよ
第三年后期生答案者　宮下定太郎
第二問　会社ハ如何なる原由に依て解散するや
第三年后期生答案者　伊藤亦太郎

雑録　新潟県知事と同県会とに対する内閣の裁定
管轄替に因て生したる地方税支弁の件
信濃川堤防改築工事の件
犯罪者悔悟心の有無
生理学に基ける刑律主義
死刑の正当

雑報　郡区長試験条規／技術官及特別学術技術者任用例規／高等試験手続／卒業試験／聯合討論会／講法会

第五七号　明治二一年四月五日発兌

論説　依らしむべし知らしむべからず　宇川盛三郎講談
川那邊貞太郎筆記
人定法の消長　井本常治
川那邊貞太郎筆記

問答　本校卒業試験問題并に答案
仏国売買法
第一問　他人に属する物件を売買の目的物となしたるときは其売買契約は何れの場合に於ても無効なりや　第三年后期生答案者　那珂　貞治
第二問　買戻契約の定義を与ふべし而して買戻契約と質契約とを如何して区別するや
第三年后期生答案者　吉井盤太郎

雑録　五法律学校聯合討論会筆記
同会開設の趣旨　同会委員本校校友　帖　佐　顕
討論題及ひ説明　発題者
同会委員東京法学校校友　吉田　初三
人を謀殺せんとし既に其事に着手すと雖とも自から其所為を中止し（着手自止）遂げざる者の処分如何
発論者第一席　日本法律学士仏国法律学士　磯部　四郎
第二席　東京法学校校友　高橋藤之丞
五法律学校聯合討論会に臨んで感する所あり併せて学生諸君に望む　専修学校　久保野清吉

雑報　九州鉄道会社株主惣代の意見／茶業組合規則（農商務省令第四号）／出版条例版権条例脚本楽譜条例并写真／板権条例に関する願届手続（内務省令第一号）／本校講師／本誌主幹

広告　本誌規則改正／卒業生

第五八号　明治二一年四月二〇日発兌

論説　明法雑誌の主幹なりたるの趣旨　宇川盛三郎
法律の厳制法式主義の利害
本校講師仏国法律学士　磯部　四郎

投書　区郡部会解散論　伊藤鉄次郎
法律の基因　在校　熊田勘太郎

問答　本校卒業試験問題并に答案
仏国契約法
第一問　甲乙の間に於て相殺の効に依り義務の消散したるとき甲ハ乙に対する債権を丙に譲渡せんとし乙に之を通知せり乙ハ其相殺に依りて消散したるを知らず此譲渡のことを受諾す然るとき乙ハ相殺権を拋棄したるものなるや如何

第三年后期生答案者　林　正太郎
第二問　二箇の確定物に付き其二物中一を売買するの契約を為す時ハ其二物の所有権を譲り渡したるものなるや如何　第三年后期生答案者　片寄伴之助
雑録　大審院判決例　官吏侮辱件
五法律学校聯合討論会筆記
発論者　第三席　英利法律学校　福田
第四席　専修学校　佐藤
第五席　平松福三郎
雑報　明治十五年度歳計決算（勅令第二号）／日本暹羅修好通商之宣言／法律五百問答之厚／第二本監獄協会

第五九号　明治二一年五月五日発兌

論説　代言人の職分及び代言議会
法律の厳制法式主義の利害
本校講師仏国法律学士　磯部　四郎
投書　法律の基因　在校　熊田勘太郎
何れの場合と雖とも加減法を異にせず
在校　福田善三郎
問答　代言試験問題答解（刑法）
本校卒業試験問題并に答案
仏国証拠法
第一問　誓ハ民法上の証拠となすに足るべきや如何
第三年后期生答案者　西野　九一
第二問　公正証書と私証書とにハ如何なる区別ありや　第三年后期生答案者　岡本　直熊
雑録　大審院判決例（民事）銀行株券取戻の件
五法律学校聯合討論会筆記
発論者　第六席　東京法学校講師　飯田　宏作
第七席　井本　常治
仙台紀事
雑報　所得届に関する伺指令／逓信省文官普通試験細則／外務省文官普通試験細則／大蔵省文官普通試験細則／春期校友総会／本校大運動会

第六〇号　明治二一年五月二〇日発兌

論説　代言人の職分及び代言議会
法律の厳制法式主義の利害
本校講師仏国法律学士　磯部　四郎
投書　法律及経済の何物たるを論じ併せて其関係を説く
在校　多羅尾篤吉
刑罰の消滅を論す　在校　浅野豊三郎
問答　代言試験問題私議答解（治罪法・訴訟手続）
本校卒業試験問題并に答案
刑法
第一問　教唆者を教唆したる者ハ之れを正犯と為す

べきや従犯を幇助したる者ハ之れを従犯と為すべきや右何れに決するも理由を付せざるべからず
第三年后期生答案者　帖佐　顕
第二問　貨幣の偽造と変造との区別を明示すべし
第三年后期生答案者　長島武次郎
雑録　五法律学校聯合討論会筆記
発論者　第八席　東京法学校講師　吉原　三郎
第九席　同　主幹兼講師　薩埵　正邦
市町村制解釈　井本　常治述
雑報　農商務省文官普通試験細則／新聞紙雑誌雑報発売転売人届出心得／特別認可学校規則／五大法律学校監督の廃止／博士学位授与／本校大運動会／本校校友

第六一号　明治二一年六月五日発兌

論説　市制及ひ町村制
投書　既婚婦の能力　在校　田能邨梅士
法律及経済の何物たるを論じ併せて其関係を説く
在校　多羅尾篤吉
問答　代言試験問題私議答解（契約編）
本校卒業試験問題并に答案
民法
第一問　書入権ハ動産なりや不動産なりや及ひ此れを区別するの利益
第三年后期生答案者　境澤弥太郎
第二問　所有権の性質及ひ其制限
第三年后期生答案者　横山光次郎
雑録　大審院判決例
市町村制解釈　井本　常治述
雑報　勅令第三五号／第二回五法律学校連合大討論会の盛況

第六二号　明治二一年六月二〇日発兌

論説　自撰投票及ひ撰挙会閉会の時刻　宇川盛三郎
行政裁判と司法裁判との関係　矢代　操
雑録　明治法律学校大討論会筆記
我国に於て立法上民事の宣誓ハ必用なるや否や
大審院判決例（刑事）
特別投書
公序の弁　法律学士　岩野　新平
講義　市町村制釈義　井本　常治述
投書　私訴権を論す　長谷川吉次
雑報　代言試験成蹟／刑事犯人／法学博士／明治法律学校舟遊会／講法会／死刑廃止論／横浜築港／監獄事業／日本の鉄道／明法雑誌

第六三号　明治二一年七月五日発兌

論説　刑法第四十三条之解（没収論）　法律学士　磯部　四郎

雑録　明治法律学校大討論会筆記

我国に於て立法上民事の宣誓ハ必用なるや否や　裁判言渡

翻訳　法律争管を論す　法律学士　岩野　新平

講義　市町村制釈義　井本　常治述

投書　私訴権を論す　長谷川吉次

雑録　北越法律社会の景況　校友　桑田　房吉報

雑報　米国元老院に於て国際版権条例案通過したり／名古屋重罪裁判に於ける国事犯事件／文官高等試験／明治法律学校卒業試験／本年の養蚕、欧州の景況／巴奈馬開鑿の成功期

第六四号　明治二一年七月二〇日発兌

論説　刑法第四十三条之解（没収論）　法律学士　磯部　四郎

行政家と法家との関係　法律学士　矢代　操

雑録　大審院判決例（刑事）

本校討論会筆記

刑事確定裁判の効力ハ如何なる場合と云へとも民事の裁判に効力を及ほさす

翻訳　万国鉄道経済論　上田　充

講義　市町村制釈義　井本　常治

投書　明法雑誌第六十二号私訴権を論ずるの一節を読で其一二を弁す　赤星　秀雄

雑報　戻税／司法省の訓令／殴打創傷罪の裁判／直接税／大坂青年研法会／暑中休暇／読者諸君に告ぐ

第六五号　明治二一年八月五日発兌

論説　仏国僧官裁判権

地方制度出の原因を論す　校友　鹽入　太輔

雑録　大審院判決例（刑事）

本校討論会筆記

翻訳　万国鉄道経済論　上田　充

講義　市町村制釈義　井本　常治

雑報　刑事被告人員数比較表／日本水兵支那巡査／磐梯山の噴裂／校友の来往／討論会筆記の部正誤

第六六号　明治二一年八月二〇日発兌

論説　我邦の会社　仏国日本法律学士　岸本　辰雄

不論罪の従犯を論す　校友　鹽入　太輔

雑録　大審院判決例（刑事）

大審院判決例（民事）

翻訳　万国鉄道経済論　上田　充

講義　市町村制釈義　井本　常治
投書　我国婚姻の弊を論す　前田藤吉郎
雑報　法律の要ハ人権を擁護するにあり／撰挙権なきか故に訴権なし／東海道の施行及ひ岐阜の洪水／明治法律学校／東京市区改正条例／東京市区改正委員会の組織権限／警視庁文官普通試験科目及細則

第六七号　明治二一年九月五日発兌
論説　我邦の会社　仏国日本法律学士　岸本　辰雄
　演説者処刑の区域如何　校友　鹽入　太輔
雑録　裁判言渡書
翻訳　アダムスミス氏及ひ其著書　上田　充
講義　市町村制釈義　井本　常治
投書　行使の意なくして私かに貨幣を製造し后に至りて之を行使したるものハ如何なる罪あるや　吉原常三郎
雑報　不正投票取消の訴訟／東京市区改正／炎暑往き秋冷来る／会社の紛糾／英国の裁判庁刑事証人をして日本の宣誓を行ハしむ

第六八号　明治二一年九月二〇日発兌
論説　公用土地買上法の理論に関し土地所有権を論す　井本　常治
　議員の発言に付き刑事責任如何　鹽入　太輔
雑録　大坂府堀川監獄紛糾
講義　市町村制釈義　井本　常治
投書　抗拒す可からざる強制に逢てなしたる所為ハ権利なり　吉原常三郎
　治罪法第四百廿八条言渡の全部とハ原裁判言渡書に記載ある全部を包含するものにあらす　樫原三四郎
雑報　明治法律学校／明法雑誌の懸賞論文／大坂堀川監獄の紛糾／無神経騒ぎ／高島炭鉱事件の結末／決闘沙汰／校友総会／米国に於て盗賍金の計算／校友逝去

第六九号　明治二一年一〇月五日発兌
論説　公用土地買上法の理論に関し土地所有権を論す　井本　常治
　議員の独立を論す　鹽入　太輔
翻訳　社会刑罰論　法学士　津田藤麿訳　ガロー述
雑録　擬律擬判問題并判決　本校講師　長谷川　喬
　裁判言渡書
講義　市町村制釈義　井本　常治
投書　治罪法第四百二十八条言渡の全部とハ原裁判言渡書に記載ある全部を包含するものにあらす　樫原三四郎
　免幽閉論　付仮出獄法改正論　石塚　源吉

雑報　代言組合員の謝絶／奴隷未だ容易に廃れさるか／聯合討論会／校友の来往／失言咎め

広告　明法雑誌懸賞論文募集／明治二十一年七月卒業人名

第七〇号　明治二一年一〇月二〇日発兌

論説　政府と教育との関係　講師　宇川盛三郎

懸賞論文

日本相続法の主義ハ如何に定むへきや（丙）　三年生　柴田　勇助

雑録　擬律擬判（刑事問題并判決）　講師　長谷川　喬

高等官試験問題私擬答案

翻訳　社会刑罰論　ガロー述

法律学士　津田藤麿訳

講義　憲法講義　鹽入　太輔

投書　決闘論　雲舟狂生

道義感情主義　田能邨梅士

雑報　高等官試験／沼田雑記／校友／奇訟／近刊の諸雑誌

第七一号　明治二一年一一月五日発兌

論説　政府と教育との関係　講師　宇川盛三郎

府県会規則に関する質疑　校友　宮川　四郎

懸賞論文

日本相続法の主義ハ如何に定むへきや（乙）

三年生　竹山　半造

雑録　擬律擬判（問題并判決）　講師　長谷川　喬

判決言渡

高等官試験問題私擬答案

講義　憲法講義　校友　鹽入　太輔

投書　刑法第七十六条を論す　城石　山人

雑報　本校校友会／本校校友第討論会規則／新雑誌／出版条例違犯事件／一利一害／近来の訟件／講堂増築

第七二号　明治二一年一一月二〇日発兌

論説　政府と教育との関係　講師　宇川盛三郎

懸賞論文

日本相続法の主義ハ如何に定むへきや（乙）　三年生　竹山　半造

雑録　擬律擬判（商事会社法）

高等官試験問題私擬答案

講義　憲法講義　校友　鹽入　太輔

投書　新聞社ハ広告の依頼を拒絶する権あるや

田上　諸蔵

数罪同一の裁判言渡書に掲載せし数罪中の一罪に付不服上告を為せし場合に於て其対手人ハ上告期限後原裁判言渡の一部に対してハ付帯上告を為すことを得ると雖も其全部に対し付帯上告を為すことを得す

樫原三四郎

雑報　校友／保安条例の存廃／名誉校員箕作麟祥君／地方制度研究会／地方制度より出たる一紛議／法学予備学校／十洲塩田会其他数件

第七三号　明治二一年一二月五日発兌

論説　人身自由権の保護を論ず　校友　鹽入　太輔

強姦其他猥褻罪を犯し仍て負傷せしめたる者の処分を論ず　片寄伴之助

懸賞論文

日本相続法の主義ハ如何に定むへきや（甲）　永田　博

雑録　擬律擬判（第五号問題第四号判決）

講義　憲法講義　校友　鹽入　太輔

投書　名誉に対する正当防衛権ありや　長谷川吉次

雑報　下乗下馬／裁判官の譴責／決闘の流行／代言人の取扱ひ／五法律学校聯合討論会／市町村制講義／擬律擬判

第七四号　明治二一年一二月二〇日発兌

論説　政府と教育との関係　講師　宇川盛三郎

懸賞論文

日本相続法の主義ハ如何に定むへきや（甲）　永田　博

雑録　擬律擬判（第六号問題）

第五号判決（民事）

高等官試験問題私擬答案

裁判例

翻訳　社会刑罰論　ガロー述

法律学士　津田藤麿訳

講義　憲法講義　校友　鹽入　太輔

市町村制講義　井本　常治

投書　刑法不及既往の原則を論ず　入島　満江

雑報　本校予備科／監獄内の建物／信賞必罰／代言人試験の変更／法律学の需用／政治学講習会／校友の近事／法律社会の現象／密売淫の取締規則／本年の府県会／本誌の目録及び一月初刊

第七五号　明治二二年一月一〇日発兌

社説　明治二十二年一月の一日　主幹本校講師　宇川盛三郎

論説　決闘論　本校講師　宮城浩蔵講義

若林玵蔵筆記

横浜に於る共有財産処分の件　井本　常治

明治廿二年以後の法律家　鹽入　太輔

法理問答

高等官試験問題私擬答案
雑録　刑法上の犯罪と為る可き事柄に同意して欺かれたるハ詐欺取財なるや否やの件（裁判例）
翻訳　社会刑罰論　ガロー述
法律学士　津田藤麿訳
投書　時効は人定法を待って後存するものに非ず　和田守菊次郎
事実参考人の不実の陳述ハ刑法の偽証罪を構成するや　作田右手雄
雑報　明治法律学校の近事／憲法発布の期／秀抜の代言人／決闘論条規／憲法新誌／万国商法会議／独逸皇帝の説／卒業試験問題

第七六号　明治二二年一月二〇日発兌

論説　決闘論　本校講師　宮城浩蔵講義
正当防御権ハ何人に対して行うを得るや　鹽入　太輔
懸賞論文
日本相続法の主義ハ如何に定むへきや（甲）
永田　博
法理問答
高等官試験問題私擬答案
雑録　擬律擬判（第六判決）　本校講師　長谷川　喬
第七号（問題）
大審院宣告書
翻訳　社会刑罰論　仏国　ガロー述
法律学士　津田藤麿訳
分散及倒産法概論　仏国　ランボー述
法律学士　津田藤麿訳
講義　市町村制釈義　井本　常治
投書　監獄ハ学校にあらず　平川　平
事実参考人不実の陳述ハ刑法の偽証罪を構成するものに非す　田上　諸蔵
雑報　万国公法の原則／西班牙国内閣の変動／相撲ハ代議政体／郡区長試験／政治学講習会会則／二府四県漫遊記事

第七七号　明治二二年二月五日発兌

社説　憲法将さに発布せらんとす
論説　登記法　法律学士本校講師　木下哲三郎
憲法の性質を論す　鹽入　太輔
法理問答
刑法　第一問・第二問
財産法　第一問・第二問
雑録　刑法の随人説（裁判言渡書）
擬律擬判　第八号問題（民事）

翻訳　分散及び倒産法概論　本校講師　長谷川喬出題
仏国　ランボー述
法律学士　津田藤麿訳
投書　感化院設立ハ我国今日の最大急務なるを論す　金澤　保胤
法律学生　飛羽　僊
雑報　日本民法／死刑廃止／官吏演説の禁止を説く／憲法に気を奪ハる、勿／信濃法律協会／二府四県巡遊紀事

第七八号　明治二二年二月二〇日発兌

論説　帝国憲法を拝受して
隠居相続論　法律学士本校講師　磯部　四郎
憲法の性質を論す　鹽入　太輔
森文部大臣の兇変に就き兇行者の処分　井本　常治
斎藤　孝治
法理問答
刑法　第三問・第四問・第五問・第六問
財産法　第三問・第四問・第五問・第六問
雑録　擬律擬判　第八号判決　本校講師　長谷川　喬
校友大討論会　贓物の成行
講義　市町村制釈義　井本　常治
雑報　憲法発布ニ付野外演説／政治学講習会／大赦／故森文部大臣の刺殺者／仏国内閣員の辞職／国民の注意／憲法発布の盛典／帝国憲法及付属法

第七九号　明治二二年三月五日発兌

論説　帝国憲法を拝受して（其二）
陪審論　本校講師　長谷川　喬
隠居相続論
日本仏国法律学士本校講師　磯部　四郎
代議士の権利を論す　鹽入　太輔
強盗殺人論　校友　片寄伴之助
法理問答
刑法　第七問・第八問・第九問・第十問
財産法　第七問・第八問・第九問・第十問
雑録　擬律擬判　第九問題・第八号判決
正当防衛論（刑事裁判例）　本校講師　長谷川　喬
講義　大日本帝国憲法解釈
雑報　憲法に対する我国人／内外貨幣比較／瑞西国正副大統領／仏国内閣の更迭／法律第二号其他広告

第八〇号　明治二二年三月二〇日発兌

論説　帝国憲法を拝受して（其三）
陪審論　本校講師　長谷川　喬

立憲政体とは何の謂ぞ　鹽入　太輔
法理問答
刑法　第一一問・第一二問・第一三問・第一四問・第一五問
財産法　第一一問・第一二問・第一三問
雑録　擬律擬判　第九号判決・第一〇号問題
裁判例（民事）
講義　日本帝国憲法
投書　我国相続法の主義　和田守菊五郎
謀故殺犯罪ニ自首減軽を与ふへし　野口五百次郎
雑報　赦免の解釈／伊国国会／憲法理由書／特別市制／新任米国公使

第八一号　明治二二年四月五日発兌

論説　立憲政体とは何の謂ぞ　鹽入　太輔
強盗殺人論　校友　片寄伴之助
蘇格蘭国会の起原を論ず　大学生　奥平　昌洪
法理問答
刑法　第一五問・第一六問・第一七問・第一八問
第一九問・第二〇問・第廿一問・第廿二問
財産法　第一四問・第一五問・第一六問・第一七問
雑録　ボアソナード先生送別の祝辞　明治法律学校
法律博士ボアソナード先生を送る文　校　友　部
同　名村　泰蔵
明治法律学校の校長及校友の演説に対するボアソナード先生の答辞　宮城　浩蔵口訳
講義　帝国憲法義解
雑報　春期校友総会兼送別会／二府巡遊記事（校友村上官治手記）／特別市制／万国刑法協会の設立／行政警察とハ何の謂ぞ／ボアソナード氏

第八二号　明治二二年四月二〇日発兌

論説　英国内閣論　文学士　天野　為之
各省大臣の職権　鹽入　太輔
法理問答
刑法　第廿三問・第廿四問・第廿五問・第廿六問
第廿七問・第廿八問・第廿九問・第三〇問・第卅一問
財産法　第一八問・第一九問・第二〇問・第廿一問
雑録　擬律擬判　第一一号問題・第一〇号判決
第二校友大討論会筆記
講義　帝国憲法義解
雑報　帝国大学独立案／文官試補需用員／代言免許状（博士号取得者）／選挙権の伺指令

第八三号　明治二二年五月一〇日発兌

論説　大日本監獄協会の初会式　井本　常治
　国際法上の交際を論す　鹽入　太輔
法理問答
　刑法　第卅二問・第卅三問・第卅四問・第卅五問
　　第卅六問・第卅七問・第卅八問
　財産法　第廿二問・第廿三問・第廿四問・第廿五問
　　第廿六問
雑録　擬律擬判　第一〇号問題判決
　校友大討論会第二回筆記
講義　帝国憲法義解
投書　治外法権に就て法学生の責任を論す　三島亀四郎
雑報　代言議会の紛議／旧寒川郡の議員事件／伊藤伯の憲法義解／茨城県下漫遊紀程

第八四号　明治二二年五月二五日発兌

論説　仏国法の略史　法律学士　済々堂主人
　欧州法律の比較　法律学士　日下軒道人
　国際法上の交際を論す　鹽入　太輔
　国際法の沿革略　校友　苓洲管見居士
法理問答
　刑法　第卅八問〜第四四問
　財産法　第廿七問〜第三一問
雑録　外国新聞条約改正の批評
投書　治外法権に就て法学者の責任　三島亀四郎
雑報　人事法の取調／法学士会の意見／民法草案中相続に関する条項／治安裁判所出張所仮規程／土地収用令／婦人矯風会より姦通に関する建白／官民有未定地徴税区分の件伺并指令／二府四県巡遊記事（校友村上官治手記）／会計検査法／校友

第八五号　明治二二年六月一〇日発兌

論説　商事裁判所設立の可否　本校講師　長谷川　喬
　出訴期限規則　片寄伴之助
　非法律編纂論者に告ぐ　鹽入　太輔
　国際法の沿革略　校友　苓洲管見居士
法理問答
　刑法　第四五問〜第五一問
　財産法　第三二問〜第三四問
雑録　校友討論会筆記
　擬律擬判　第一二号判決・第一三号問題
　訴訟中原被告一方の死去せし件
講義　日本憲法講義
雑報　法典編纂可否論／市町村実施の景況／賄賂事件

第八六号　明治二二年六月二五日発兌

論説　普及選挙及ヒ限定選挙　本校講師　磯部　四郎

法典編纂の場合如何なる場合に之れあるか　井本　常治
脅迫罪の原質を明かにす　鹽入　太輔
法理問答
刑法　第五二問～第六四問
財産法　第三五問～第三六問
雑録　擬律問題
校友討論会筆記
本校定期試験問題
投書　過失殺傷論　熊田勘太郎
雑報　僧侶の被選権／賭博処分規則／欧州諸国商務省の組織／日英条約改正論

第八七号　明治二二年七月一〇日発兌

論説　東京市会　本校講師　小池　靖一
憲法以下の法律を如何せん　鹽入　太輔
法理問答
刑法　一〇問并答案
財産法　一三問并答案
治罪法　八問并答案
雑録　擬律擬判　第一五号刑事問題　長谷川　喬
法律科　同
政治科　財政学　小池　靖一
国際法　熊野　敏三
講義　大日本帝国憲法義解
雑報　外国判事と外人の土地所有／五法律学校聯合討論会／代言試験委員／草案ハ法律にあらず／統治権と主権／憲法第三条之解釈／文官高等試験

第八八号　明治二二年七月二五日発兌

論説　法典編纂は如何なる場合に必要あるか
法律の本質及び沿革を論ず　守屋　此助
過半数と比較多数　鹽入　太輔
法理問答
刑法　問并答案
治罪法　問并答案
売買法　問并答案
雑録　陰萎病を原因とせる離婚請求の覆審
寄書　府県会の役員選挙に就て　校友　宮川　四郎
講義　大日本帝国憲法義解
雑報　監獄則／明治廿二年七月定期試験問題

第八九号　明治二二年八月一〇日発兌

論説　法律命令の別　法律学士　井上　操
勧解独立論　鹽入　太輔
法理問答

　治罪法　問并答案
　売買法　問并答案
雑録　商法　答案　法律科三年生　米田幾一郎
投書　刑法第五一条第一項の精神如何　黒木平次郎
講義　大日本帝国憲法義解
雑報　土地収用法

第九〇号　明治二二年八月二五日発兌
論説　憲法第一九条の解釈を明かにす
　賄賂罪の性質を論す　鹽入　太輔
法理問答
　治罪法　問并答案
　売買法　問并答案
雑録　正当防衛及ひ不得已所為ハ共に自由の欠乏に外ならす　柴田　勇助
講義　大日本帝国憲法義解
雑報　明治法律学校の開校／卒業生の多きこと哉／高等普通文官代言試験及第秘法／米国憲法／政術と政学との区別／公証人／常総雑誌／地租改正／土地収用法

第九一号　明治二二年九月一〇日発兌
論説　官権及ひ民権
　賄賂罪の性質を論す　鹽入　太輔
　立憲君主制は代議制にあらさるか　鈴　操子
法理問答
　治罪法　問并答案
　売買法　問并答案
雑録　正当防衛及ひ不得已所為ハ共に自由の欠乏に外ならす　柴田　勇助
　英国大憲章要略
講義　大日本帝国憲法義解
雑報　各国の権利

第九二号　明治二二年九月二五日発兌
論説　永小作地の売買譲与質入書入等にハ登記の保護を与へさるへからす　井本　常治
　官吏の出生及ひ任用を論す　鹽入　太輔
　演説の変遷　榊原友之進
法理問答
　治罪法　問并答案
　売買法　問并答案
雑録　刑法責任論（卒業論文）　法律科　久保田堅次
　間違ひの掃寄せ
講義　大日本帝国憲法義解
雑報　治外法権の意義／狂奔／山形通信／偽証罪とハ如何

第九三号　明治二二年一〇月一〇日発兌

論説　憲法第廿三条と刑法第二条
　民事と商事との分界如何　鹽入　太輔
雑録　刑法責任論（卒業論文）　法律科　久保田堅次
法理問答
　商事会社法　問并答案
　代言試験問題　刑法・証拠法
投書　偽証罪と証人
雑報　代言試験問題／光妙寺氏之書状／弁護人の本質／明治法律学校の入校生徒／公正証書／商法の目的物／代言試験問題の錯誤／本校認可試験問題

第九四号　明治二二年一〇月二五日発兌

論説　政事を解釈するの誤
　政権と所有権
　天皇の無責任及尊栄　鹽入　太輔
雑録　犯罪論（卒業論文）
法理問答
　商事会社法
　代言試験問題私擬答案　治罪法・契約法・代理法
投書　謹んで江木法学士の民法草案妄評を拝読す
　蝸牛生　尾崎
　犯罪の意志を論す　金澤　保胤
雑報　校友総会／偽証事件／キャンポス事件／五法律学校討論会

第九五号　明治二二年一一月一〇日発兌

欠号（内容未確認）

第九六号　明治二二年一一月二五日発兌

欠号（内容未確認）

第九七号　明治二二年一二月一〇日発兌

欠号（内容未確認）

第九八号　明治二二年一二月二五日発兌

欠号（内容未確認）

第三節　『法政誌叢』

A　発刊の目的とその後

『明法雑誌』は、第九八号（明治二二年一二月発兌）でその幕を閉じ、第九九号（明治二三年一月発兌）からは、『法政誌叢』と改称された。この改称の理由について、第九九号の巻頭論説「本誌改題ノ趣旨」は、次のように説明している。

『明法雑誌』は、編集の「方針ヲ学術研究的ニ取リ、政治法律経済ノ原理原則及ヒ実地ノ応用ヲ専ラトシ、敢テ世波ニ関セ」ず、「敢テ読者ノ歓心ヲ買ハンコトヲ勉メス、又奇言奇語及ヒ滑稽等ヲ吐露スルヲ勉メ」ず、もっぱら「学問的ノ志想」に徹した。今後も学問的研究を期する点に変わりはないが、「只ニ刑法治罪法民法商法等ノ講義ニ止マラ」ず、およそ「政治ノ理ヲ講スル」こともまた「方サニ学問ノ範囲ニ属スル」。従来の『明法雑誌』という名称では「単ニ法律学ノ範囲ニ止マリテ、政治学ニ及ハサルノ憾ミナキニアラス」。そこで、法律と政治の「二学ノ原理原則ヲ研究シ、併セテ実地ノ応用学ヲ研究センカ為メ」『法政誌叢』と改題することとした。本（明治二三）年には、帝国議会が開かれることになっており、これに伴い政治論議の高揚が予想される。擾々紛議の「状千様万態ニシテ一々之ヲ名状ス可ラサルモノアラン」。「此ノ間ニ立チ巍然トシテ動カス、断乎トシテ紛争ノ是非曲直ヲ判別スルモノハ政治法律ノ学理」であるから、本誌は、益々進んで「学問的ノ志想」を濃厚にしてゆく所存である、と。

確かに、『明法雑誌』と『法政誌叢』の内容を比較してみると、前者の主要記事であった法律問題の討議や講義録などは、後者ではほとんど姿を消し、かわって議会政治論が誌面を賑わすようになる。

翌（明治二四）年になると、民商法典の施行に反対する勢力に対抗して、右法典を擁護「監督」することを目的に、「法治協会」が設立され（明治二四年三月）、法典論議は次第に激しさを増していく。同協会の機関誌として、『法治協会雑誌』が七月一二日に創刊されると、『法政誌叢』との合併論議が起こるが、「法治協会」は、明治法律学校を中心にして、これに和仏法律学校が協力する「政治上ノ運動」団体という性格が強く、これに対して『法政誌叢』は、あくまで明治法律学校の機関誌と位置付けられたことで存続することとなった（稟告「法政誌叢ト法治協会トノ関係」第一二七号［五月一五日発兌］）。これ以後、『法政誌叢』と『法治協会雑誌』は、明治法律学校の学術・政治面における車の両輪として、さながら法典断行派の二大牙城となり、延期派の枢軸たる東京法学院の機関誌『法理精華』と対決することになる。[9]

『法政誌叢』は、第一三五号（明治二五年一月発兌）まで刊行されたが、この廃刊の理由については、同号所載の広告「謹テ購読諸君ニ告ク」中に、

> 本年ハ年ノ新マルト共ニ本誌ノ組織ヲ改メ以テ一大拡張ヲ為サント企テ、鋭意之レニ従フト雖モ未タ完了スルニ至ラス。（中略）
>
> 従来、本誌ハ明治法律学校ノ機関タリ。従ツテ、紀事ノ材料ハ只タ一校ニ止マルノミ。故ニ向後、尚ホ、和仏法律学校並ニ仏法学士及ヒ博士ノ団体タル明法会ノ機関ニ属シ、大ニ材料蒐集ノ範囲ヲ拡メント欲ス。事固ヨリ未必ニ属スト雖モ、今ヤ準備半ハ成ル。次号ヲ期シテ竣成スヘシ。
>
> 此ノ拡張タル予輩ノ断シテ行ハントスル所、而シテ本誌

ノ運命ハ殆ト其成否ニ由リテ決セントスル所ナリ。購読諸君、此事ニシテ竣成シタルトキハ、依然旧ニ仍リテ講（購か）読ノ栄ヲ賜ハレ。至悃々々。

と記されていることからみて、「明治二四年の暮れ、商法延期戦に一敗地に塗れた仏法学派が、捲土重来民法延期戦に会稽の恥をそそぐべき準備工作として[10]」、明治法律学校単独の『法政誌叢』に終止符が打たれ、二ケ月後、和仏法律学校と合体して『明治誌叢』の創刊（明治二五年三月）に至るのではないかと考えられる。

B　各号の内容

第九九号　明治二三年一月一〇日発兌

論説　本誌改題ノ趣旨
　貴族院ノ精神　法律学士　岸本　辰雄
　法理精華ヲ読ム　法律学士　磯部　四郎
　国家ノ責任　講師　今村　和郎
　英国歳計予算ノ来歴　講師　小池　靖一
講談討論
　弁護人ノ本質　校友代言人　斎藤　孝治
　裁判官ニ賄賂ヲ贈リ不正ノ裁判ヲ為サシメタル者ハ教唆者ヲ以テ論スルヤ
　発題者校友高瀬包三、校友江間俊一、校友石川甚作、校友平井某、校友鹽入太輔、校友奥村靖
雑録　山田喜之助氏ノ仏国売買法論ヲ読ム　麻布　市兵衛
　文官高等試験私擬答案（司法官之部）
　　刑法之部　校友　和田守菊次郎
投書　最恵国条款ヲ論ス　校友代言人　柴田　勇助
雑報　決闘条規／法典編纂の可否／欧米諸国の労働時間／仏英米三国議員の職／広告

第一〇〇号　明治二三年一月二五日発兌

論説　自由貿易保護貿易争論対照　講師　乗竹孝太郎
　法理精華ヲ読ム　法律学士　磯部　四郎
　英国歳計予算ノ来歴　講師　小池　靖一
講談討論
　代議政治ノ維持者　校友　鹽入　太輔
　古昔裁判ノ種類　校友代言人　豊田証三郎
　裁判官ニ賄賂ヲ贈リ不正ノ裁判ヲ為サシメタル者ハ教唆者ヲ以テ論スルヤ
　校友豊田証三郎、校友久保田堅次、法律学士宮城浩蔵
擬判　四問題
法政金言　三語
雑録　文書偽造罪ノ性質（判決例）

文官高等試験私擬答案（司法官之部）
治罪法之部　校友　和田守菊次郎
投書　損害賠償ノ差額ヲ論ス　校友　吉原常三郎
雑報　選挙被選挙人ノ年齢／稗史小説は／裁判所ノ用語／文明ノ実／客釣リ雑誌／内閣ノ権限／国税滞納処分法／広告（代言試験及第者・卒業試験及第者など）

第一〇一号　明治二三年二月一〇日発兌

論説　国際承認論　法学博士　岡村　輝彦
埃及国立会裁判所実見録　講師　長谷川　喬
枢密院ノ精神及勢力ノ消長　法学士　済々　居士
自由貿易保護貿易争論対照　講師　乗竹孝太郎
講談討論
代議政治ノ真相　校友　鹽入　太輔
擬判　公法問題及刑事問題答案并新問題
法政金言　三語
雑録　英法ハ法律ニ非ラス　鈴操　居士
文官高等試験私擬答案（司法官之部）
民法之部　校友　和田守菊次郎
投書　帝国議員ノ不保任条ヲ読ム　校友　樋口　保
雑報　列国会議ニ提出スル奴隷排斥案／米国ノ警察／ブラジル国ノ帰化法／郵便開業五十年／校友大討論会／明治法律学校ノ盛況／文官試験法／郡区長任用法／巡査五年以上奉職ノ者／広告（法律政治講義録など）

第一〇二号　明治二三年二月二五日発兌

論説　所有権論　本校講師　今村　和郎
国際承認論　法学博士　岡村　輝彦
埃及国立会裁判所実見録　本校講師　長谷川　喬
法理精華ヲ読ム　法律学士　磯部　四郎
講談討論
憲法発布紀念会　校友代言人　井本　常治
憲法適用ノ針路　校友代言人　山谷　虎三
貸借寄托代理ハ立法上無償トス可キモノニアラズ
発題者　法学博士　熊野　敏三
擬判　政法問題答案并民刑事問題
雑録　文官高等試験私擬答案（司法官之部）
判決例　大審院事件
投書　常人ハ官吏ト共謀シテ賄賂罪ヲ犯シ得ルヤ
校友　和田守菊次郎
雑報　裁判所構成法／経費予算ニ関スル訓令／明治法律学校ノ憲法発布紀念会／広告

第一〇三号　明治二三年三月一〇日発兌

論説　法律編纂ノ可否　法律学士　井上　操

所有権論　本校講師　今村　和郎
仏民法ノ五大原則　法律学士　亀山　貞義
自由貿易保護貿易争論対照
本校講師　乗竹孝太郎
講談討論
参政権作用ノ主義　校友　鹽入　太輔
貸借寄托代理ハ立法上無償トス可キモノニアラズ
法律学士光妙寺三郎、校友山口憲、校友平井恒之助、
校友浅間新五郎
校友河野和三郎、校友平岡満次郎
擬判　警察法及民刑事問題
雑録　欧州国諸国課税ノ異同　鈴　操子
文官高等試験私擬答案（司法官之部）
商法ノ部　校友　和田守菊次郎
判決例
大審院事件
雑報　各省二十三年度ノ予算金額／候補者ノ種類／未丁年
者ノ政党員／政法／期限付ノ夫婦／不動産経界訴訟
／広告

第一〇四号　明治二三年三月二五日発兌

論説　法律編纂ノ可否（完）　法律学士　井上　操
法理精華ヲ読ム　法律学士　磯部　四郎
仏民法ノ五大原則　法律学士　亀山　貞義
借地権ノ範囲ヲ論ス　校友　井本　常治
講談討論
自選投票ハ立法上有効ナルヤ
発題者・校友和田守菊次郎、第二席・校友鹽入太
輔、第三席・校友平井恒之助、第四席・校
友中尾邦蔵、第五席・校友内田良輔、第六
席・校友江間俊一、第七席・校友久保田堅
次、第八席・法律学士光妙寺三郎
擬判　警察法及刑事問題答案　法学士　済々　居士
雑録　欧州諸国塩税賦課ノ異同　鈴　操子
判決例
大審院事件
投書　常人ハ官吏ト共謀シテ賄賂罪ヲ犯シ得ルヤ
校友　和田守菊治郎
山田氏ノ担保論ヲ読ム　校友　平井恒之助
雑報　皇族追放会の違犯／三爵選出の議員数／補助貨幣の
期満免除期限／森林法／三百代議士／議員の選挙／
広告

第一〇五号　明治二三年四月一〇日発兌

論説　大臣責任論　法律学士　矢代　操
仏民法ノ五大原則（完）　法律学士　亀山　貞義

埃及国立会裁判所実見録　本校講師　長谷川　喬
講談　裁判権ノ性質及憲法抵触論　校友　鹽入　太輔
翻訳　民事既判法原論　白耳義法律博士　ローラン述
若米五郎訳
雑録　爺婆ト法律家トノ談話　鈴操　居士
文官高等試験私擬答案
擬判　民事問題及答案
投書　府県会議員選挙会取消ノ疑義
在神田　大井田啓次郎
雑報　代言人と弁護士／高等文官及代言人試験／日本法律博士及学士／諸法律学校の組織変更／仏国領事の職権／泰西博覧会の起原／農業保険論／広告

第一〇六号　明治二三年四月二五日発兌

論説　英国国会歳計予算議定方法概略
本校講師　小池　靖一
貴族院ノ精神　法律学士　岸本　辰雄
議院法第三条ヲ読ム　法律学士　矢代　操
外国人処分ニ関スル白耳義ノ法律ヲ読ム
独逸学士　曲木　如長
公権私権初メテ定マル　校友　鹽入　太輔
翻訳　民事既判法原論　白耳義法律博士　ローラン述
若米五郎訳
雑録　選挙権妨害ニ於ケル損害要償ノ訴訟　鈴　操　子
擬判　民刑事問題并答案　在熊谷　谷　弓太郎
判決例
大審院判決例数件
雑報　新法の発布／誰れか学校を政党の機関なりと云ふか／日本法律学校に対する有志者の運動／広告

第一〇七号　明治二三年五月一三日発兌

論説　法典発布ニ就テ　日本仏国法律学士　岸本　辰雄
新法ノ発布ニ就テ　法学士　両角　彦六
今後ノ裁判官及代言人　法律学士　水去堂主人
埃及国立会裁判所実見録　本校講師　長谷川　喬
翻訳　民事既判法原論　白耳義法律博士　ローラン述
若米五郎訳
新法典批評
民事訴訟法ト裁判所構成法　鹽入　太輔
雑録　選挙権妨害ノ損害要償訴訟　鈴　操　子
擬判　民刑事問題并答案
法理問答
新民法証拠法　校友　久保田堅次
雑報　明治法律学校大運動会／春期校友会の景況／宴会の景況付大木伯山田伯及校友の祝詞／広告

第一〇八号　明治二三年五月二五日発兌

論説　憲法第五十三条ノ帝国議会停会ノ場合ニモ之ヲ適用ス可キヤ　法学士　有賀　長文
日本証拠法ノ人証ヲ詳論ス　法学士　済々　居士
自由貿易保護貿易争論対照　本校講師　乗竹孝太郎
英国歳計予算議定法概略　本校講師　小池　靖一
翻訳　民事既判法原論　白耳義法律博士　ローラン述
若米五郎訳
新法典批評
勧解制度ノ運命　鹽入　太輔
講義　日本商法講義（第一回）
法理問答
日本民法証拠法　校友　久保田堅次
擬判　民刑答案
判決例
大審院判決例数件
投書　同盟罷工ノ制裁ヲ論ス　校友　田能邨梅士
雑報　法科大学組織の変更／某貴顕の談話／法律社会の恐慌／警察監獄学講義／校友の地方行／広告

第一〇九号　明治二三年六月一〇日発兌

論説　府県制郡制ノ性質　日本仏国法律学士　宮城　浩蔵
日本証拠法ノ人証ヲ詳論ス（完）　法学士　済々　居士
自由貿易保護貿易争論対照　本校講師　乗竹孝太郎
英国歳計予算議定法概略　本校講師　小池　靖一
翻訳　民事既判法原論　白耳義法律大博士　ローラン述
若米五郎訳
法典批評
帝国民法ノ長所　校友　平井恒之助
講義　日本商法講義（第二回）　鹽入　太輔
法理問答
日本民法証拠法　校友　久保田堅次
擬判　民刑事問題并答案
判決例
大審院判決数件
投書　使用貸借契約ヲ論ス　小島重太郎
雑報　明治法律学校の定期試験／試験の方法／狂する勿れ／郡会議員無資格者／民法の残部／法制局の裁定／仏国代議士院の実業団体／広告

第一一〇号　明治二三年六月二五日発兌

論説　国家ノ責任　本校講師　今村　和郎
租税新論　法学士　水去堂主人
英国歳計予算議定法概略　本校講師　小池　靖一
講義　日本商法講義（第三回）　鹽入　太輔
法典批評
日本民法ノ長所　校友　平井恒之助
雑録　某法学士ノ民法講義ニ対スル批評　水　可　元
法理問答
日本民法証拠法　校友　久保田堅次
翻訳　民事既判法原論　白耳義法律大博士　ローラン述
擬判　民刑事問題并答案
雑報　試験問題／英人ト日本人トノ結婚英国法衙ニ認メラル／法制局ノ権限／広告

第一一一号　明治二三年七月一〇日発兌

論説　国家ノ責任　本校講師　今村　和郎
行政訴訟ヲ論ス　法律学士　田村　居士
商事ノ範囲及ヒ性質ヲ論ス　日本仏国法律学士　岸本　辰雄
講義　日本商法講義（第四回）　鹽入　太輔
雑録　浮気物語　鈴　操　子
法理問答
日本民法証拠法　校友　久保田堅次
擬律擬判
民刑事問題二件
判決例
大審院刑事判決例
投書　治安妨害ノ法語ニ付テノ質疑　校友　河原元之助
官吏ニ対スル商事ノ制限ヲ論ズ　校友　平井恒之助
雑報　官吏恩給令／代言試験／高等官試験／明治法律学校新法典註釈会規則／広告

第一一二号　明治二三年七月二五日発兌

論説　商法実施論　法律学士　井上　操
商法第二百八十七条ニ付テノ疑問　法学士　両角　彦六
法学士渋谷慥爾君ガ日本民法財産篇第三百二十三条ヲ読ムヲ読ム　井本　常治
演説　誰レカ商法実施ヲ尚ホ早シト云フカ　鹽入　太輔
法典批評
日本民法ノ長所　校友　平井恒之助
講義　日本商法講義（第五回）　鹽入　太輔
雑録　批評ト誹謗　鈴　操　子
進士ノ道愈々開ケテ益々難シ　浅岳　居士
投書　府県制郡制ノ精解ヲ読ミテ世ノ著訳家ニ告グ　榊原三之助

雑報　講師ノ国会議員／万国監獄会議／校友ノ進退／
　二十三年ノ卒業生／広告

第一一三号　明治二三年八月一〇日発兌

論説　法典ニ対スル弁妄　本校講師　今村　和郎
　商法実施論　法律学士　井上　操
　集会及政社法ノ原理（第一）　鹽入　太輔
翻訳　民事既判法原論　白耳義法律大博士　ローラン述
雑録　熊本法律学校ノ景況ヲ本校及ヒ本校校友ニ告ク
　校友　帖佐　顕
　法理精華ヲ吊フノ説　鈴　操子
擬判　民刑事問題并答案
投書　自治制ノ利害及施行ノ理由　校友　松井　誠治
雑報　定期試験問題／憲法第六十二条ノ疑解ク／執達吏ノ資格／全国法官検事ノ数／集会及ひ政社法／独孛政典

第一一四号　明治二三年八月二五日発兌

論説　法典ニ対スル弁妄　本校講師　今村　和郎
　府県郡会組織ノ要義　法律学士　田村　居士
　集会政社法ノ原理（第二）　鹽入　太輔
翻訳　民事既判法原論（完）
　白耳義法律大博士　ローラン述
政治原理
　民主政貴族政ノ思想
法理問答
　日本商事会社法
投書　自治制ノ利害及施行ノ理由　校友　松井　誠治
　署名捺印ノ弁　校友　伊藤　利馬
擬判　収税法答案
雑報　民事訴訟用印紙法／本校の口述推問／商法民法釈義／判事懲戒法／雄弁会開設趣旨書／本校卒業人名／
　広告

第一一五号　明治二三年九月一〇日発兌

論説　法典ニ対スル弁妄（完）
　法制局部長本校講師　今村　和郎
　裁判管轄変更ノ合意ヲ論ス法律学士　田村　居士
　民法実施期限論（第一）　校友　平井恒之助
政治原理
　等族主義ト代議主義トノ区別
法理問答
　日本商事会社法
擬判　民刑事問題并ニ答案　校友　河野　易男
投書　天皇ノ統治権ヲ概論ス　校友　伊藤　利馬
　府県知事ノ弾劾権ヲ論ス（第一）

校友　河原元之助

雑報　岸本校長の演説／身体財産の安固を／授業始め／博覧会審査不当の訴訟／五十名の死亡退職者／外国貨幣日本銀貨比較表／雄弁会開会の趣旨に於ける桑田氏の演説／広告

第一一六号　明治二三年九月二五日発兌

論説　破産ト家資分散トノ別ヲ論ス
法律学士本校講師　亀山　貞義
増島六一郎宇治ノ審査不当ニ付テノ論文ヲ読ム
仏国法律学士　末松　三郎
自由刑比較論略　独逸法学士　曲木　如長
徳川氏法律　文科大学教授本校講師　内藤　耻叟
政治原理
帝室内閣ト政党内閣トノ利害
雑録　宮城浩蔵君ノ代言事務　鈴　操　子
法理問答
日本商事会社法
擬判　刑事問題答案
投書　天皇ノ統治権ヲ概論ス　校友　伊藤　利馬
雑報　商法会議社条例／広告

第一一七号　明治二三年一〇月二五日発兌

論説　子ハ親ニ対シテ孝養ヲ尽スノ義務アルカ如何
法律学士　採菊　居士
自由刑比較論略　独逸法学士　曲木　如長
代言人規則改正ノ風評ニ就テ　諤々　居士
徳川氏法律　文科大学教授　内藤　耻叟
講義　日本民法婚姻法講義
雑録　本年代言試験問題并答案　起稿者　国民　逸士
法理問答
日本商事会社法
擬律擬判
民刑事問題并ニ答案　校友　河野　易男
投書　合資会社ト差金会社　校友　奥戸喜之助
雑報　明治法律学校講師謝恩会／卒業生総代祝辞／岸本校長演説／パテルノストロー君演説／明治法律学校校友総代／議会召集会／本年代言試験／校友分離総代上京

第一一八号　明治二三年一二月一四日発兌

論説　歳暮ノ感併セテ愛読諸君ニ告ク
重罪控訴予納金規則ト刑事訴訟法トノ関係ヲ論ス
日本法律学士・仏国法律学士　宮城　浩蔵
独立命令権　文学士　有賀　長雄
報復ノ不論罪　代言人　鹽入　太輔

判決例

幽霊法律ノ適用　代言人　和田守菊次郎

公民権有無争論ノ件

擬律擬判

高等文官試験問題私擬答案

告訴ヲ要スル事件ニ付キ被害者ヨリ特ニ其犯者中ノ一人ニ対シテ告訴ヲ為シタルトキハ他ノ共犯人ニ対シテ公訴ヲ起スコトヲ得ル乎　校友　狭間　独醒

偽証罪成立ノ要素如何　校友　芝浦法狂生

第拾八号民事問題（明治法律学校科題）

第拾九号刑事問題（仝上）

雑報　パテルノストロ君の来翰／末松三郎君の演説／宮城浩蔵氏の演説／その他数件

第一一九号　明治二四年一月一〇日発兌

論説　明治廿四年ヲ迎フ

誤謬裁判ニ付テ　講師　今村　和郎

国際法学ニ於ケル国民主義ヲ論ス　伊国法学大博士　パテルノストロ論述　帝国法科大学生　安達峰一郎訳

商法延期ノ結果　法律学士　井上　操

新法ノ改正説ハ時ノ必需ニ応セス

判決例

鉱山借区券書換願受理催促ノ件　日本仏国法律学士　磯部　四郎

擬律擬判

民事十八号答案　校友　駿台　散士

刑事十九号答案　校友　蝸殻　目人

雑報　訴訟法上ノ代表者／明治二十三年間法政界紀事／商法延期／朝憲紊乱事件／衆議院議員の建議案／明治法律学校紀事

第一二〇号　明治二四年一月三〇日発兌

論説　刑法改正論　日本仏国法律学士　宮城　浩蔵口述　門人　佐々木忠蔵筆記

帝国議会議員特権ノ問題　文学士　有賀　長雄

国際上ニ於ケル国家刑罰ノ範囲　法学士　両角　彦六

国際法学ニ於ケル国民主義ヲ論ス　伊国大博士　パテルノストロ口述　帝国法科大学生　安達峰一郎訳

寄書　処分権ヲ論ス　本校校友　小嶋重太郎

判決例

詐欺取財ノ件

擬律擬判

第廿一号刑事問題　明治法律学校課題
第廿二号民事問題　同　断
第廿三号民事問題　発　題
代言人　和田守菊次郎

雑報　弁護士法案ノ撤回／商法延期ノ善後策／自撰投票有効／奇怪ナル法律ノ解釈／刑法改正法案／法学博士ノ候補者／東京電燈会社ノ出訴／明治法律学校紀事（臨時卒業試験及第者・校友司法官試補）

第一二一号　明治二四年二月一〇日発兌

論説　現行刑法改正論
日本仏国法律学士　宮城　浩蔵口述
門人　佐々木忠蔵筆記

帝国議会議員特権ニ関スル問題
文学士　有賀　長雄

国際上ニ於ケル国家刑罰権ノ範囲
法学士　両角　彦六

国際法学ニ於ケル国民主義ヲ論ス
伊国大博士　パテルノストロ口述
帝国法科大学生　安達峰一郎訳

民事訴訟第六十三条第三項ハ区裁判所ニ於テハ弁護士親族雇入以外ニ訴訟代理人ヲ許サルノ意ニアラス
校友　澤地　甚蔵

判決例
市会選挙無効ノ件

擬律擬判
第廿二号刑事問題答案　木訥斎主人
第廿五号刑事問題
第廿五号刑事問題答案　在高田　宏　包　子

雑報　商法及民法修正法案終ニ議場ニ現ハル／商法延期ニ関スル岸本校長ノ演説／法典弁疑

第一二二号　明治二四年二月二五日発兌

論説　現行刑法改正論
日本仏国法律学士　宮城　浩蔵口述
門人　佐々木忠蔵筆記

国際法学ニ於ケル国民主義ヲ論ス
伊国大博士　パテルノストロ口述
帝国法科大学生　安達峰一郎訳

国際上ニ於ケル国家刑罰権ノ範囲
法学士　両角　彦六

判決例
偽造証書行使ノ件

擬律擬判
第廿六号刑事問題　発題者　校友　三嶋亀四郎
第廿三号民事答案　校友　安達峰一郎

第廿一号刑事答案　小石川　岳楽　山人
寄書　内部主権外部主権トノ衝突　瓜　憶　子
雑報　憲法第五十九条、裁判口頭審理主義及裁判合議制度ノ相互ノ関係／電燈発火ノ訴訟ニ対スル曽根書記官長ノ防訴／刑法改正案議事初日ノ模様／我政府ハ民法及商法審査委員構成ノ建議ヲ如何セントスルヤ

第一二三号　明治二四年三月一二日発兌

論説　判事検事ノ資格消滅ニ就テ　法律学士　亀山　貞義
法律審査権論　文学士　有賀　長雄
国家ノ国際責任
伊国大博士　パテルノストロ口述
帝国法科大学生　安達峰一郎訳
判決例
委托物費消ノ件
徴兵忌避ノ件
擬律擬判
第廿七号税法問題　発題者　三村雲外生
第廿八号刑事問題　同　法　狂　生
第廿四号刑事答案　法科大学　羽南　学人
同　号刑事答案　木訥斎主人
雑報　宮城浩蔵氏の非地価修正論／死刑に関する動議／報告訂正の判決／裁判官の国会議員／法学新報／帝国議会開会中提出の議案／広告

第一二四号　明治二四年三月二七日発兌

論説　現行刑法改正論
日本仏国法律学士　宮城　浩蔵口述
門人　佐々木忠蔵筆記
国家ノ国際責任
伊国大博士　パテルノストロ口述
帝国法科大学生　安達峰一郎訳
法理講義
日本法学通論一斑　代言人　鹽入　太輔
擬律擬判
刑事第廿六号答案　校友　雲　山　生
同上答案　日本仏国法律学士　宮城　浩蔵
民事第廿九号問題　発題者　木訥斎主人
寄書　刑事被告人ノ拘留　代言人　久保野清吉
雑報　法治協会興る（法治協会創立趣意書・法治協会規則）／刑法改正案批評／明治法律学校生徒討論会

第一二五号　明治二四年四月一二日発兌

論説　現行刑法改正論
日本仏国法律学士　宮城　浩蔵口述

門人　佐々木忠蔵筆記

国家ノ国際責任

伊国大博士　パテルノストロ口述

帝国法科大学生　安達峰一郎訳

法理講義

日本商法疑義問答　法学士　松本慶次郎

日本法学通論一斑　代言人　鹽入　太輔

判決例

仁平郡造ヨリ仁平粂吉ニ係ル扶持米請求ノ件

寄書　刑ノ執行権ノ消滅ニ付テ論ス　南葛　野夫

雑報　新聞条例朝憲紊乱ノ解釈／出獄後ノ罪人ヲ如何セン／行政裁判所ニ属セサル行政訴訟／本校校員ノ名誉／嶽谷孫三氏／矢代操講師の逝焉

第一二六号　明治二四年四月二八日発兌

論説　勧業義済会告発事件ヲ論ス

日本仏国法律学士　宮城　浩蔵

政治学ノ現状

法科大学生　青雲　外史

法理講義

日本商法疑義問答　法学士　松本慶次郎

日本法学通論一斑　代言人　鹽入　太輔

判決例

私文書偽造行使例件

擬律擬判

第三十号民事問題　在千葉　可和　堂生

第卅一号刑事問題　同　同

第卅二号民事問題（人事編疑義）

芝区　梅陰　居士

寄書　特定物ヲ授与スルノ合意ノ効力ヲ論ス　安藤　正楽

自己ノ物件ニ非サルモノヲ他人ヨリ受領シ之ヲ費消シタルノ所為ハ詐欺取財ニ非ス

在長野　芹澤　友吉

雑報　東京代言新組合ノ選挙会／執達吏―叱撻吏／故矢代操講師／有賀長雄法学士ノ哀詞／広告

第一二七号　明治二四年五月一五日発兌

稟告　法政誌叢ト法治協会トノ関係

論説　国家自鎖権　伊国大博士　パテルノストロ口述

法科大学生　安達峰一郎訳

新法典ト治外法権（第一回）　校友　平井恒之助

法理講義

日本商法疑義問答　法学士　松本慶次郎

日本法学通論一斑　代言人　鹽入　太輔

擬律擬判

第卅二号民事問題（日本民法人事編）

発題者　梅陰生

第廿五号刑事問題答案
日本仏国法律学士　宮城　浩蔵
第卅二号民事問題答案　在校　佐々木忠蔵
寄書　民事上ノ過失ト懈解トノ区別ヲ論ス　石橋瓜憶子
雑報　今村和郎講師の逝焉／哀詞／露国皇太子ノ遭難ト改正刑法草案／各国版権期限／法治協会

第一二八号　明治二四年六月一五日発兌
論説　湖南ノ変ノ法政学界ニ及ホシタル影響
真物ニ類似セサル印章ノ偽造ハ印章偽造罪ヲ為スヤ否ヤ（刑法二百八条）
日本仏国法律学士　宮城　浩蔵口述
門人　佐々木忠蔵筆記
宣戦ハ当然総条約ヲ無効トナスモノナリヤ
伊国大博士　パテルノストロ述
帝国法科大学生　安達峰一郎訳
湖南ニ於ケル大審院判決ヲ評ス
代言人　和田守菊次郎
同　上　校友　林　武三
法理講義
日本商法疑義問答　法学士　松本慶次郎
判決例
酒造税則付則違犯件
擬律擬判
第卅二号民事問題（人事編疑義）
発題者　梅　陰　生
第卅三号刑事問題（明治法律学校課題）
第卅四号民事問題（同上）
第卅五号刑事問題（同上）
第卅六号民事問題（同上）
第卅七号刑事問題（同上）
民事問題第卅二号答案　在校　佐々木忠蔵
雑報　井上法律博士／罪宥不問／議員資格消滅ニ関スル新疑問／試験ノ案内／明治法律学校紀事

第一二九号　明治二四年七月二八日発兌
論説　欠席判決アリタルノ後チ被告人ノ為メニ経過スル所ノ時効ハ刑ノ時効ナルヤ
将タ公訴ノ時効ナルヤ
日本仏国法律学士　宮城　浩蔵
犯罪人引渡　伊国大博士　パテルノストロ述
帝国法科大学生　安達峰一郎訳
和田守菊次郎君カ湖南ニ於ル大審院判決ノ評ヲ読ム
校友　村瀬生投稿
津田三蔵ニ対スル擬律ハ錯誤ナリ
校友　中山吉太郎

法理問答
　日本商法疑義問答　法学士　松本慶次郎
判決例
　文書偽造罪件
　貨幣偽造罪件
擬律擬判
　第卅八号民事問題（明治法律学校課題）
　第卅九号刑事問題（同上）
　第四〇号刑事問題　校友　蝸殻生
　第四一号刑事問題　同
　第四二号刑事問題　同
　第四三号刑事問題　同
　第四三号民事問題　法学士　藻江居士
　刑事問題第卅三号答案　校友　和田生
　刑事問題第卅五号答案　同
雑報　実地問題三件／風説何ソ信ス可ケン／外国ニ於ケル日本人ノ犯罪／法治協会雑誌／法学新報記者ヨ

第一三〇号　明治二四年八月一八日発兌

論説　真物ニ類似セサル印章ノ偽造ハ印章偽造罪ヲ為スヤ否ヤ（刑法二百八条）
　日本仏国法律学士　宮城浩蔵口述
　門人　佐々木忠蔵筆記
　犯罪人引渡　伊国大博士　パテルノストロ述
　帝国法科大学生　安達峰一郎訳
法理問答
　日本商法疑義問答　法学士　松本慶次郎
判決例
　講事滞金請求件
　府県会議員選挙規則違犯件
擬律擬判
　第四四号刑事問題　校友　尾崎保
　刑事第四〇号答案　校友　短気生
　刑事第四一号答案　校友　桜狂生
　刑事第四二号答案　同
雑録　原稿ノ窃盗　法学士　名和岩内
　狂歌二首　同
雑報　判検事登用試験採用人員更改／改正系法案ノ前途／会社主義我国ニ行ハル／本邦所有権成立并沿革／明治法律学校講師謝恩会ノ景況／校友規則及校友討論会規則／卒業生人名／民法問答全集（松本慶次郎・村瀬甲子吉合著）

第一三一号　明治二四年八月二〇日発兌

論説　皇室ニ対スル罪ニ時効アル所以ヲ弁ス
　新法典　本校講師　阪東太郎

敢テ南勢村瀬君ニ請フ所アリ　校友　狐　疑　生
毎日新聞ノ控訴院廃合論　法治協会雑誌記者　信岡雄四郎
法理問答
日本商法疑義　法学士　松本慶次郎
翻訳　歴史研究ノ必要
仏国学士院会員　ウオロスキー著
日本法学士　有賀　長文訳
判決例
山林討伐件
擬律擬判
第四五号民事問題　法学士　藻江　居士
第四六号刑事問題　校友　法　痴　生
第四七号税法問題　在岡山　新　見　生
寄書　町村組合ニ於テ甲乙町村ヨリ父子兄弟同時ニ選挙セラレタル時其当選者ヲ定ムヘキ標準ヲ論ス
在兵庫県　自　治　生
雑録　祭矢代操君文　内田鉄三郎
七言絶二首　同
雑報　山田伯病篤シ／土方寧博士ノ法典実施意見／法治協会雑誌記者ニ一言ス／新法学博士／判事検事試験日割／民法正義ト商法正義／広告

第一三二号　明治二四年一〇月二〇日発兌

論説　裁判官ノ不羈トハ何ソヤ　米国法律博士　江東　学人
日本刑法改正論　判事　柳澤　重固
代言人受験上ノ手続ニ就キテ　校友　岩月　恒徳
校友狐疑生ノ問ニ答フ　同　村　瀬　生
在兵庫自治生君ニ白ス　同　太郎　山人
法理問答
日本商法疑義問答　法学士農科大学嘱託講師　松本慶次郎
翻訳　歴史研究ノ必要
仏国学士院会員　ウオロスキー著
日本法学士　有賀　長文訳
判決例
官文書偽造件
擬律擬判
税法問題第四七号答案　在校　木　訥　斎
自治問題第四八号問題　校友　自　治　生
民事問題第四九号問題　同　干　渉　生
雑報　司法大臣ノ委任ヲ受ケタル国ノ代表者／商法典実施ノ建議／郡長試験問題／判検事試験問題／女子ノ被選挙権／観物取締規則／人民一人ノ租税負担額

第一三三号　明治二四年一一月二〇日発兌

論説　皇室ニ対スル罪ニ時効アル所以ヲ弁ス　藍河　左人
　裁判官ノ不羈トハ何ソヤ
　　米国法律博士　江東　学人
　所有権ニ期限ヲ付スルコトヲ得ヘキヤ　校友　長谷川吉次
　再質南勢村瀬君　校友　狐　疑　生
判決例
　行政庁ノ違法処分ニ対スル件
擬律擬判
　明治廿四年施行判事検事試験問題私擬答案
　刑事訴訟法第一問　校友　太平　山人
　明治廿四年施行代言人試験問題私擬答案
　刑法第一問　校友　小泉　福蔵
　同　上　校友　黒木平次郎
　第五一号民事問題　校友　三田村捨太郎
　第五二号刑事問題　在校　木訥斎主人
　第五三号刑事問題　在備鞆　蒼民　居士
雑録　英吉利テンカン病診断書　医学士　藪江　筍庵
雑報　大審院ノ判例変更―刑事訴訟法／列国刑法協会第三回会議／代言試験問題／火酒禁制条例草案／民事訴訟法略論／判検事試験合格者／杉村虎一講師帰朝

第一三四号　明治二四年一二月二〇日発兌

論説　日本刑法改正論　判事　柳澤　重固
　再答狐疑生君　校友　村　瀬　生
　危険負担論　代言人　神山　常松
翻訳　ミッテルマイエー氏死刑論　法科大学　辻治太郎訳
　畜類ノ罪悪ト人間ノ罪悪トノ対照
　　伊国博士　ロンブロゾー著
　　法科大学　加藤幹雄訳
擬律擬判
　明治廿四年施行判事検事試験　校友　太平　山人
　明治廿四年施行代言人試験問題私擬答案
　　校友　小泉　福蔵
　同　上　校友　黒木平次郎
　第五三号刑事問題ニ答フ　在下野　巌舟　居士
　第四三号民事問題ニ答フ　在校　三田村捨太郎
　第五二号刑事問題ニ答フ　北筑　外史
　第五四号民事問題　在甲府　長田　賢孝
　第五五号刑事問題　在下野　太平　山人
　第五六号刑事問題　同
　第五七号刑事問題　同
寄書　貿易ノ方針　内田鉄三郎
雑録　送序附詩并歌　内田　隍南

雑報　本校生徒の大祝宴会（西園寺公望・杉村虎一帰朝）／六法講習会（設立趣意書・規則）／報告（代言試験及第者）

第一三五号　明治二五年一月二九日発兌

論説　「フヒリップ」ニ対スル裁判ニ付キ所見ヲ述ブ　日本仏国法律学士　宮城　浩蔵

内閣論　法学士　有賀　長文

日本刑法改正論（承前）　判事　柳澤　重固

売買定義論　校友　小黒平次郎

翻訳　ロンブロゾー氏犯罪論

畜類ノ罪悪ト人間ノ罪悪トノ対照　法科大学　加藤幹雄訳

法理問答　日本商法疑義問答（承前）　法学士　松本慶次郎

擬律擬判　明治廿四年施行代言人試験問題私擬答案　校友　小泉　福蔵

同　上　校友　小黒平次郎

第五四号民事問題答案　校友　小川半池生

雑報　希臘人フヒリップ煙草税則違反被告事件ノ判決／アコラス氏逝ク／憲法上ノ疑問／信岡雄四郎氏ノ代言披露

広告　謹テ購読諸君ニ告ク

【注記】『明治雑誌』および『法政誌叢』のバックナンバーは、明治大学総合図書館・明治大学博物館（旧刑事博物館）および東京大学法学部付属近代日本法政資料センター「明治雑誌新聞文庫」の所蔵本を利用した。

第四節　『法治協会雑誌』

A　発刊の目的とその後

前節で述べたように、明治二四年三月、民商法典の施行に反対する勢力に対抗するため、明治法律学校を中心にして、これに和仏法律学校が協力する「政治上ノ運動」団体として、「法治協会」が設立され、同年七月一二日、その機関誌として『法治協会雑誌』が創刊された。

「法治協会」は、創立に際して、会長に大木喬任（副会長名村泰蔵）をおき、幹事長は宮城浩蔵、評議員としては岸本辰雄・磯部四郎・井上正一、末松（光妙寺）三郎・斎藤孝治ら全二一名が名を連ねており、事務所は宮城代言事務所（京橋区鎗屋町一三番地）に置かれた[11][12]。ちなみに、明治法律学校創立の主要メンバーの一人である矢代操は、病床にあったため（四月二日死去）、協会設立には参加していない。

『法治協会雑誌』第一号の巻頭論説「発行ノ辞ト共ニ法治協会ノ主義綱領ヲ明カニス」によれば、同協会の目的は、「旧来ノ陋習ヲ打破シ…臣民カ有スル権利ノ保護ヲ鞏固ニスル」ため「速カニ善良なる法律規則ヲ実施シ、以テ我臣民ノ権利義務ヲ支配セシメ、我日本国ヲシテ完全ナル法治国タラシムルコト」にあるとされ、「法典ノ実施ヲ速カナラシムル事」および「法典ヲシテ国家ノ進運ニ伴随セシムル事」が二大綱領として掲げられた。

また、副会長名村泰蔵の論説「法治協会雑誌発行ニ就テ」は、

> 今日ノ要ハ結局、世人ヲシテ我新法典ノ何者タルヲ知ラシメ、進ンテ漸ク法文ノ意味ヲ周知セシムルノ手段ヲ講究スルニ在リ。然ルニ、彼ノ法律学校ト云ヒ、法律上ノ新著書ト云ヒ、若クハ法律ノ研究会ト名クル者ノ如キハ、所謂闔樊中ノ事ニシテ門外人ノ敢テ関与スル所ニ非サレハ、之ヲ以テ我法典ノ趣旨ヲ闡明セントスルハ、固ヨリ難シ。於是乎遂ニ法治協会ノ設立ヲ見ルニ至レリ。抑モ此会ノ目的タル、我法典ノ趣旨ヲ闡発講究シテ之ヲ世ニ公ニスルト同時ニ…法律ノ看護者タル任務ヲ以テ団結シ、茲ニ雑誌ノ発行ヲ見ルニ至ル

と述べ、新法典の法文内容を広く世に知らしめることにある点を強調している。

同協会は法典内容の講究といった学術的側面よりも、法典実施断行派の運動団体としての性格が前面に打ち出されており、雑誌面からも、同協会が京都・大阪・福島・静岡など各地に支部を結成し、山形・仙台・京阪神・山陰山陽地方などで学術演説会（遊説）を開催していることが知られる[13]。

以上のように、『法治協会雑誌』は、純粋な意味で、明治法律学校の機関誌とはいい難いが、同誌が、民法典論争において極めて重要な役割を果したこと、また施行断行派たる明治法律学校の政治的立場を鮮明に示すものであるという理由から、あえて、機関誌の範疇に包含したい。

B　各号の内容

第一号　明治二四年七月一二日発兌

論説　発行ノ辞ト共ニ法治協会ノ主義綱領ヲ明カニス

法治協会雑誌発行ニ就テ　法治協会副会長　名村　泰蔵

立法論　法学士　城　数馬

法廷ノ所感　日本仏国法律学士　岸本　辰雄

法典ノ修正実施先後論　代言人　和田守菊次郎

本誌発行ニ就テ　児嶋　惟謙

法治論　法律学士　河村譲三郎

法治協会ニ就テ　米国法律博士　入江鷹之助

我国法律上ノ慣習ニ就テ　法律学士　飯田　宏作

演説　古禮即今法ノ説　三嶋　毅

予算ノ性質ヲ論ジテ憲法第六十七条ノ解釈ニ及ブ

信岡雄四郎

雑録　法治協会雑誌出づ　代言人　土居　弘毅

続法学新報　法律学士　魯山　居士

ボアソナート氏の裁判所権限論を読む　團民　居士

雑報　商業上の恐慌俄然起る／お気がついたか／三代目の商鞅／何か故に卑怯にも商法廃止を主張せさりしや／英国人「ラドウ井グモント」より陸奥農商務大臣に対する訴訟に就て尾立検事の意見／大審院の改革／民事訴訟法にも亦弊あり／判事と鞆の平／行政官登用試験に就て／司法官と代言人試験／訴訟件数／猶興会及其の内情

会報　会員の遊説／本会役員／会員氏名

第二号　明治二四年八月一二日発兌

論説　法治協会ニ就テ　山田　顕義

我カ帝国ニ於ケル法典ノ利害如何　大井憲太郎

新法制定ノ沿革ヲ述ブ　日本仏国法律学士　磯部　四郎

商法実施延期ノ決議ニ就テ　仏国法律学士　末松　三郎

新法典ノ十大原則ヲ明カニス　代言人　鹽入　太輔

法典断行ノ意見　楠元　正隆

論商法　日本法律学士・仏国法律博士　梅　謙次郎

法典ノ修正実施先後論（承前）　代言人　和田守菊次郎

雑録　何ぞ新熟語、解し難きを憂へん　水去堂主人

裁判事務渋滞の原因（司法次官の訓令）　法律学士　蘆川　漁史

無籍人と治外法権　代言人　團民　居士

改正官制及び其の要旨　信岡雄四郎

雑報　会社法及び破産法実施の風説／民法理由書／改正刑法案再調査の風説／内務省令第十一号／十一万余円の証拠金に就て／保護金の所有権／判事の徴兵適齢／亦一奇／検事立会の範囲拡張／執達吏の運動／文官高等試験の不施行に就て／判事検事登用試験採用人員の増加

会報　会員払込心得／会長辞任／本会員の演説会／補脱／会員氏名（承前）

第三号　明治二四年九月一五日発兌

論説　合議裁判ノ制　曲木　如長

近時ノ裁判例　米国法律学士　澤田　俊三

法治国　尾立　維孝

新法制定ノ沿革ヲ述ブ（承前）

日本仏国法律学士　磯部　四郎

商法実施延期ノ決議ニ就テ（承前）
仏国法律学士　末松　三郎

古禮即今法ノ説　三嶋　毅

法典ト条約改正　法学博士　白眼　道人

雑録

田舎御土産　代言人　和田守菊次郎

職工事情　信　岡　生

区学務委員条例に関する行政訴訟　水去堂主人

雑報

新法典の英文翻訳／合議裁判に要する経費／刑法改正私考／新博士の起源／新博士撰定の標準／博士号濫用の疑、井上文学博士の書簡／翻訳博士に就て／賛成取消の勧告（某法学博士の奇策）／商法実施延期運動費用の成行／偽版の告訴（田口卯吉氏対明石中和氏）／撰挙熱の流行、僧侶の訴訟／外人の不法亡状／自撰投票／代言試験科目に就て／新法学博士の撰定に付質疑する所あらんとす（山田喜之助氏の議案）／代言人の名冠

会報

山形及び仙台に於ける本会員の演説会／京阪神遊説の模様／山陰山陽地方遊説の模様／支部設置／幹事撰任／本誌の発兌日／本誌の値上け

第四号　明治二四年一〇月一五日発兌

論説

法治協会ニ就テ　会　員　大木　喬任

民法及ビ商法ノ修正ヲ論ズ　同　尾立　維孝

穂積博士民法ヲ誤解ス　代言人　和田守菊次郎

新法典ノ十大原則ヲ明カニス（承前）
代言人　鹽入　太輔

古禮即今法ノ説　会　員　三嶋　毅

日本刑法論　和蘭法律博士　ハーメル

新法典論者ノ局部研究ヲ望ム
独国法律博士　巌谷　孫蔵

雑録

合議裁判は本邦固有の制なり
会　員　天野　御民

東京商業会議所定款に就て　同　平井恒之助

弁護士法案　代言人　團民　居士

家屋外の窮盗に就て　会員岡山　徒　惰　生

墓石の差押　水去学人　信岡雄四郎

雑報

商法修正案成る／市区改正の準備／特別輸出港規則改正／官吏懲戒裁判法／農会条例の模様／単行法律出でんとす／会同審問起らんとす／代言人の運動／棄却主義／大審院長と代言人／検事抜擢／判事検事及び代言人試験／停止の条件と期限に関する一大奇聞／日本売買法

会報

会費払込心得／本会雑誌再版／京坂に於ける法治協会／宮城氏の一行／福嶋に於ける法治協会／静岡県下に於ける法治協会／会員氏名（承前）

第五号

明治二四年一一月一八日発兌

論説
法典維持論ハ英法学者ヨリ起ル　日本仏国法律学士　宮城　浩蔵
国際法モ亦真法ナリ　会　員　織田純一郎
実業家ト法治協会　法律学士　福原　直道
合議裁判ノ制（第三号ノ続）　会　員　曲木　如長
英法学者日本国ヲ改造セントス　代言人　和田守菊次郎
訴訟延期ニ就テ代言人諸氏ニ望ム所アリ　法学士　城　数馬
土方法学博士ノ法典実施ノ意見ヲ読ム　会　員　信岡雄四郎
法典ノ討議法　法学博士　箕作　麟祥
日本刑法論（承前）　和蘭法律博士　ハーメル

雑録
法典の実施は即ち登記法の改正なり　会　員　長谷川吉次
弁護士法案略評　代言人　團民　居士
利息制限法を論じて高利貸撲滅同盟会員に一言を呈す　代言人　高田　似攏

雑報
国権是より確立す／司法権の発達将に絶海に及はんとす／司法行政衝突事件／会社法及破産法実施法案の成行／改正刑法案／民法理由書／弁護士法案に就ての続報／会計官吏に対する賠償命令の執行（逓信大臣より司法大臣への問合）／右に就ての諸説／今年度の代言試験…受験資格の拡張／代言試験の採点法／憲法問題、閣議決定の論点／緊急勅令に就て／轟然一震／何ぞ疑問の多きを怪まん／調査時期／然り而して／信用組合論／文書偽造罪の判決例変更／行政訴訟に就て／二十三年間の法令件数／民事訴訟法略論

会報
会費払込心得／本会評議員会／本会商法調査委員会／本会京都支部組織成る／御断り／会員氏名（承前）

第六号

明治二四年一二月一五日発兌

論説
商法部分施行論　日本仏国法律学士　宮城　浩蔵
会社法破産法ノ実施ニ遅シ　代言人　和田守菊次郎
「議会ニ於ケル予算議定ト勅令との関係」ニ付キ井上毅氏ノ意見ヲ読ム　法学博士・仏国法律博士　梅　謙次郎
国際法モ亦真法ナリ（承前）　会　員　織田純一郎
土方法学博士ノ法典実施ノ意見ヲ読ム（承前）　会　員　信岡雄四郎
条約ノ批准及批准ノ拒絶　会　員　曲木　如長
合議裁判考　会　員　尾立　維孝

雑録　商法及商法施行条例の一部施行に係る法律案の将来をトス　法律学士　魯山　居士
弁護士法案　水去堂主人
仏国公証人の制概略　蘆川　漁史
不景気救済策　会　員　長谷川吉次

雑報　商法部分施行法案衆議第一読会通過の模様／梅博士の先見／議会の法律問題／保安条例を吊ふ／一大断案／法律家ハ須く通識ならさる可からす／新趣向の弁論学／果して技倆なきか／売国文事件の落着／奏任五等の兵卒／二幅対／代言人の広告、紹介を要せすの由来／代言人試験及第者／正誤

会報　会費払込心得／本会評議員会／本会幹事会／本誌掲載科目増加／大坂支部組織成る／青森県に於ける本会派出員／京都支部の模様／本誌評議員会記事／会員氏名

第七号　明治二五年一月一五日発兌

論説　自撰投票論　仏国法律博士　本野　一郎
法治国変化ノ状態　代言人　鹽入　太輔
国際法モ亦真法ナリ（承前）　会　員　織田純一郎
民事訴訟法評論　代言人　和田守菊次郎
家督相続及長子権　代言人　信岡雄四郎
議会ニ於ケル予算議定ト勅令トノ関係ニ付井上毅君ノ意見ヲ駁スル梅謙次郎君ノ意見ヲ読ム　法学士　有松　晩翠

雑録　伊国代議院議員選挙法概略　会　員　曲木　如長
商法の将来　代言人　平井恒之助
隠居と戸主との間に為せる財産の授受は家督に因る相続なる乎　会　員　吉原常三郎
裁判官の不羈独立と児玉判事の転任　代言人　水去堂主人

判決例　用水堀堀直異議中立上告事件ニ関スル中間判決批評
同件上告棄却ニ関スル中間判決批評　代言人　團民　居士

雑報　梅博士と穂積博士の論戦／アンドリー、フヒリップ無免許烟艸営業事件第二審の判決／転任問題、判事の聯合運動／霹靂一爆／官民の戦機／一大革新／解散の時機／新議員の任期と歳費／衆議院議員臨時撰挙の詔勅／二十五年度の予算に就て／諸法案の動静／調停／非常上告／其筋／信岡雄四郎氏の代言披露

会報　会費払込心得／東京市内会員諸氏に告ぐ／本会新年宴会／会員氏名（承前）／其他広告数件

第八号　明治二五年二月一五日発兌

会説　国民ノ真正ナル意思ハ無事ノ日ニ現ハル

論説　答有松晩翠氏　法学博士　梅　謙次郎

覆審ノ制度　代言人　和田守菊次郎

司法官優遇ノ一策　法律学士　福原　直道

法律不保護論　代言人　鹽入　太輔

代言人ノ本分　法学士　城　数馬

判決例

仮処分当否争論事件及ヒ批評　代言人　團民　居士

不動産仮差押解除事件及ヒ批評　法律学士　得々　居士

消印セル登記印紙窃取看守盗事件及ヒ批評　法学士　城南　逸人

雑録　母の知れさる子　代言人　水去堂主人

民事訴訟法実施以前に作りたる公正証書の効力　代言人　夏目　辰二

雑報　狂騒の小言／立憲の血雨／予戒令／裁判官と行政官／憲法上の一大疑問／条約問題の再萌／控訴院廃合説に対する政府の意見／高等官等級令の改正に付て／拇印の効力／大審院準備書面の改正／大審院の方針／医者と代言人／大坂青年研法会

会報　幹事撰任／本会幹事の地方行／判決例募集

第九号　明治二五年三月一五日発兌

会説　本邦古来ノ商慣習ト商法

論説　民法財産篇第三百八条ト商法第二百九十九条　法学士　城　数馬

商慣習上ノ一大疑問　代言人　和田守菊次郎

衆議院ノ解散ニ随伴シテ生出セシ憲法上ノ疑問ニ対スル私見　会　員　金山　尚志

無条約国人ノ煙草税則違犯ハ同税則ニ依リ処罰スヘシ　法学士　M・A

日本刑法論　和蘭法律博士　ハーメル

判決例

地所建物取戻事件及批評　法学士　得々　居士

株券売却過剰金取戻事件及批評　法学士　城南　逸人

地所買戻事件及批評　代言人　杉山誠一郎

水道演説中止解散事件及批評　代言人　水去堂主人

雑録　独乙弁護士法　法学士　W・K

治外法権外の法権　会　員　蔵田　桜鉄

雑報　民商法実施期限／司法部内の提出案／代言人有志会／憲法問題／帝国議会立法期の繰方／撰挙訴訟／詞訟教唆／梨園の訟事／万国公法会に誇揚するに足る／世論の裁判を仰く／三百代言防止法／民事上告の

注意／死刑執行方法改正の議／各国帰化法制度／フヒリップ事件の再燃／登記の取扱所に就て

会報　信岡雄四郎氏の帰京／支部幹事上京／判決例募集

第一〇号　明治二五年四月一五日発兌

会説　本邦古来ノ商慣習ト商法

論説　治外法権論　仏国法律博士　本野　一郎

法典実施ノ必要　日本仏国法律学士　磯部　四郎

法律ハ人生処世ノ縄墨ト沿革ノ趣ヲ一ニス　法律学士　飯田　宏作

民事訴訟法疑問三則　代言人　信岡雄四郎

法典ト自由トノ関係ヲ論ス　代言人　鹽入　太輔

判決例

区会ノ権限及解釈ニ関スル行政事件及批評　法学士　城南　逸人

掟証書請求事件及批評　代言人　團民　居士

雑録　弁護士法案諮問ノ精神如何代言人　和田守菊次郎

独乙弁護士法（承前）　法学士　W・K

法界奇譚　代言人　水去堂主人

寄書　犯罪責任論　会　員　村瀬甲子吉

商慣習一大疑問ニ付和田守氏ノ意見ヲ反駁ス　会　員　山岸三四郎

雑報　法典実施に関する内閣相談会／法典実施に就き某外国法律家の意見／刑法改正審査の方針、委員の注意／登記法改正案要領／法制局の改革説／文官登用法改正の議／再び議会立法期に就て／法非ならす人非なり／条約改正委員／那覇地方裁判所の開庁に就て／債権仮差押の保証金に就て／知事不信任の上申書／当撰訴訟／／又してもフヒリップ事件／鸚鵡と判官／咄、何等の怪事ぞ

会報　会費払込心得／本会評議員会及幹事会／粕壁町に於ける法治協会演説会／判決例募集

第一一号　明治二五年七月三日発兌

会説　貴衆両院ニ於ケル法典延期説論評

論説　法典実施断行意見

［法治協会］

法学博士　井上　正一

法学博士　熊野　敏三

仏国法律学士・法律学士　磯部　四郎

仏国法律学士・法律学士　岸本　辰雄

仏国法律学士・法律学士　宮城　浩蔵

仏国法律博士　本野　一郎

法律学士　杉村　虎一

法学士　城　数馬

法典ノ実施ニ関スル明法会ノ意見

明法会会員

法学博士　梅　謙次郎
仏国法律学士　光妙寺三郎
仏国法律博士　本野　一郎
法学博士　熊野　敏三
法律学士　寺尾　亨
法律学士　飯田　宏作
法律学士　高木　豊三
法学博士　井上　正一
法律学士　岸本　辰雄
法律学士　杉村　虎一
法学士　城　数馬
法律学士　福原　直道
法学士　水町袈裟六
法学士　岡田朝太郎
法律学士　松室　致
法律学士　古賀　廉造
法律学士　亀山　貞義
法律学士　栗塚　省吾
法律学士　宮城　浩蔵
法律学士　磯部　四郎
法律学士　岩野　新平
法律学士　大島　誠治
法律学士　大塚　成吉
外三拾八名

法典実施延期ノ善後策果シテ如何　代言人　信岡雄四郎
条約改正ト法典実施　仏国法律博士　本野　一郎
判決例
撰挙人名簿除名請求事件及批評
山地村界争論事件　代言人　水去堂主人
雑録　咄々怪事　代言人　蘆川　漁史
雑報　お笑草の製造元／矛盾の二幅対／村田保氏の勇気／高○氏の熱拳、山○氏の頭上に飛ぶ／倫常と法典／花懺悔／弄花事件の復活／懲戒裁判所／田中司法大臣／右辞職に就て／法典実施の意見書及請願書／法典断行の演説会／刑事人類学万国会議／粕壁町の法律講義会
会報　本会大演説会／本会大会／号外の種類及郵税
号　外　明治二四年一二月六日発兌
『東京商工会ノ調査ニ係ル商法修正意見書』（明治二四年九月一六日）
【東京商工会残務整理委員総代渋沢栄一宛て報告書】
委員　奥三郎兵衛

渡部　温
吉川泰二郎
山中隣之助
大倉喜八郎
益田　克徳
林　賢徳
梅浦　精一
阿部　泰蔵

号外　明治二五年五月一三日発兌
『駁東京商工会商法修正説』
法律学士・仏国法律学士　岸本　辰雄
外六名

号外　明治二五年五月四日発兌
『駁東京日々新聞民法修正論』
法律学士・仏国法律学士　磯部　四郎

号外　明治二五年五月一一日発兌
『法典実施断行意見』（『法治協会雑誌』第一一号、所収）
法律学士・仏国法律学士　岸本　辰雄
外七名

号外　明治二五年五月一二日発兌
『辯　妄』（未完）
斉藤　孝治編輯
（磯部四郎ほか執筆か？）

号外　明治二五年五月一五日発兌
『法典実施意見』（『明法誌叢』第三号、所収）
法学博士　梅　謙次郎
外六名

号外　明治二五年六月一日発兌
『法典断行意見』
東京府下代言人有志者（一〇七名）
岡野　寛・江間　俊一・高橋　重蔵
安藤　兼吉・名和　浅吉・増田　謙司
平塚　有・岡本　宏・大條彦五郎
青木　洵・国崎　清・飯田　平助
高瀬　包三・仁杉　英・児玉松之助
熊谷　栄蔵・高木　祖来・浦田　治平
伊藤　松男・和田清風・久保田与四郎
望月　栄・清水愛之助・関　孝太郎
柴田　勇助・橋本　好正・利光　鶴松
志賀　盛・松尾清次郎・吉澤義一郎
宮内昌五郎・板倉　中・加藤　祚胤
大久保端造・富田　信英・木村　重凞
小野　筧・牧野作次郎・坂田　高寿
城　数馬・鈴木豊次郎・三田　角蔵
倉田　七郎・岩岡伊代治・中村　一興

小林　文蔵・津田　義治・濱地　八郎
郷津　友弥・四元　兼秀・荒巻　静吉
榧木　寛則・廣瀬　帆三・佐藤　終吉
上野　　靖・関　　脩輔・齊藤　弘治
中村　熊治・長谷川吉次・巖上　照雄
高橋庄之助・後藤亮之助・樫原三四郎
和田守菊次郎・増田岩男・中鉢　美明
井本　常治・塩入　太輔・雑賀啓次郎
山口　　憲・齊藤　良造・中島又五郎
野口本之助・平松福三郎・小原笠久吉
山谷　虎三・桑田　房吉・一條喜代助
石川　甚作・今井千代松・堀口文五郎
豊田鉦三郎・神山　常松・米田　　実
竹崎　季栄・田原嘉十郎・中村福太郎
久貝　義次・熊田勘太郎・山本　正範
山敷　宗一・丸山　七孝・浅間新五郎
平井恒之助・小川三千三・龍野　二郎
福嶋要三郎・佐瀬鎗四郎・佐々木茂三郎
守屋　此助・日野薫三郎・森嶋弥四郎
井上栄太郎・永田　　要・小川　広吉
野出鍋三郎・信岡雄四郎

明治二五年六月八日発兌

号　外

『重駁東京日々新聞民法論』

法律学士・仏国法律学士　　磯部　四郎

【注記】『法治協会雑誌』のバックナンバーは、法政大学ボアソナード記念現代法研究所所蔵の複製本を利用した（同研究所の中嶋敦子氏にとくにお世話になった。厚くお礼申し上げたい）。

通常号のほかに、数度にわたって「号外」が発行されている。これら「号外」については、明治大学図書館［志田文庫］、東京大学法学部図書館［箕作文庫］、同学部付属近代日本法政史料センター原資料部［穂積文庫］および明治新聞雑誌文庫、京都大学法学部図書館［小早川文庫］などに所蔵されているものを閲覧した。しかしながら、唯一つ、『駁東京商工会商法修正説』（岸本辰雄外六名）については、原本を確認し得なかったが、『澁澤榮一伝記資料』所載の資料に拠った。

第五節『明法誌（志）叢』

A　発刊の目的とその後

『明法誌叢』は、明治二五年三月二一日に発刊された。創刊号の編輯者は佐々木忠雄[14]と上林敬次郎[15]の二人、発行兼印刷者は鈴木敬親、発行所は明法堂（東京市神田裏神保町七番地）であった。発行の母胎となった「明法会」は、前述の「法治協会」創立に先立って、明治二四年二月二八日に、東京九段坂上の富士見軒において、飯田宏作・富井政章・梅謙次郎・黒川誠一郎・栗塚省吾・熊野敏三・松室致・福原直道・古賀兼造・寺尾亨・木下哲三郎・岸本辰雄・宮城浩蔵・城数馬・本野一郎などが会して組織された。この構成メンバーを見ると、同会および同誌は、明治法律学校と和仏法律学校の講師らの共同によるものであり、投稿者の顔ぶれから、とりわけ後者側の主導によるものであったことが知られる。すなわち、「明法会」は、和仏法律学校を中心として、これに明治法律学校が協力する「学問上ノ運動」団体と位置づけられるのである。したがって、『明法誌叢』は、『法政誌叢』の後を承けた明治法律学校の機関誌であるとともに、またそれ以上に和仏法律学校の機関誌でもあったわけである。

第二一号（明治二六年一一月二四日発行）からは、『明法志叢』と改題され、第三一号（明治二七年一〇月二二日発行）からは、内容上の「改良」が施された。同号巻頭の「謹告」によれば、「改良」とは「区々体裁の変易」あるいは「外観の修飾」ではなく、「記事材料を精択」することにあると言う。今後の計画として、四点（有益な泰西学者の新著新説を翻訳紹介、博士大家の講義、注目すべき判例の網羅的紹介と評論、購読者からの質疑を受けつけて有益な博士大家の解説を掲載すること）が挙げられている。

なお、同誌は、第三三号（明治二七年一二月二六日発行）で終刊となったと推測されるが、終刊に至った経緯やその理由については、現在のところ委細不明である。ちなみに、編輯者は、第三一号までは佐々木忠雄と上林敬次郎の二人が担っていたが（印刷者は堀田道実、発行所は明法会［東京市麹町区飯田町六丁目三番地］に変更されている）、第三二号では上林一人に、また第三三号では中司文次郎に替わっている。こうした編輯者の相次ぐ交替が、終刊に至る道を暗示しているとも言えよう。

B　各号の内容

第一号　明治二五年三月二一日発兌

論説　明法誌叢発刊ニ付キ明法会ノ目的ヲ述フ
　代言人・法学士　城　数馬

我邦今日法学者ノ務
　法科大学教授・法学博士　梅　謙次郎

代議政体ノ将来　仏国法律博士　本野　一郎

憲法第六十七条ノ解釈ニ付キ
　法科大学教授・法学博士　富井　政章

翻訳　ガロフハロ氏犯罪論　在法科大学　加藤幹雄訳

土耳其ニ於ケル罪人引渡ヲ論ス
　サロニック府代言人　エー、エル、サレム述
　在法科大学　若林栄二郎訳

寄書　無条約国人ノ煙草税則違犯ハ同税則ニヨリ処罰ス可キモノナルコトヲ論ス　法学士　M・A

判例　代言謝金要求ノ件

問答　第一号問題（他人ノ置忘レタル物ヲ盗取シタル件）
　発題者　法学博士　富井　政章
第二号問題（偽造証書ノ件）
　発題者　同　上
第三号問題（構成法第十条第三号ノ疑義）
　発題者　独逸法律博士　巌谷　孫蔵
第四号問題（訴訟参加ニ関スル件）
　発題者　同　上
第五号問題（代理ニ関スル件）　明治法律学校課題
第六号問題（保証ニ関スル件）　同　上
第七号問題（訴権抛棄ニ関スル件）
　発題者　佐々木忠蔵
第八号問題（差押競売ニ関スル件）
　発題者　上林敬次郎
第九号問題（裁判所管轄ニ関スル件）
　発題者　在大坂　攻　法　生
雑録　法典批評（民法債権担保編第十三条）
　法科大学教授法学博士　梅　謙次郎
新著批評（梅謙次郎著　民法債権担保論第一冊）
紀事　ルヴィリョー博士の帰国／松崎法学士の留学／エミール、ド、ラヴィユ氏逝焉／帝国議会立法期繰方／刑法改正法案／鄭某事件の判決／私訴裁判所言渡書／希臘人フィリップ事件／和仏法律学校／明治法律学校／明法会／広告

第二号　明治二五年四月二一日発兌

論説　民法取得編第百条評
　法科大学教頭・法学博士　富井　政章
罪科学　法学士　岡田朝太郎
永久条約ノ効力　伊国法学博士・プロフェッソル
　パテルノストロ述
　門人・在法科大学　安達峰一郎訳
翻訳　土耳其ニ於ケル罪人引渡ヲ論ス
　サロニック府代言人　エー、エル、サレム述
　在法科大学　若林栄二郎訳
ガロフハロ氏犯罪論　在法科大学　加藤幹雄訳
判例　妻離別事件
問答　第十号問題（土地取戻ノ件）
　発題者　法科大学教頭法学博士　富井　政章
第十一号問題（保証ノ件）
　発題者　法科大学教授法学博士　梅　謙次郎
第十二号問題（行政裁判ニ関スル件）
　発題者　代言人・法学士　城　数馬
寄書　裁判慣例ト自由トノ関係ヲ論ス
　代言人・明治法律学校校友　塩入　太輔
委任状ノ交付ハ第三者ニ対シ所有権ヲ移転ストノ説

ヲ駁ス
明治法律学校校友　山岸三四郎
雑録　仏国経済大家クールセール、スヌイユ氏ノ愛国論
新著批評（亀山貞義氏著刑事訴訟法論）
譚海
紀事　法典問題／国税徴収ノ時効問題／弁護士法案ニ対スル東京新旧組合代言人ノ意見／血属相婚ノ害／狂人亦類多シ／東京法学院ヲ吊フ／直江津通信／明法会／和仏法律学校／明治法律学校／広告

第三号　明治二五年五月二一日発兌
論説　法典実施意見
法科大学教授・法学博士　梅　謙次郎　他
罪科学　法学士　岡田朝太郎
翻訳　土耳其ニ於ケル罪人引渡ヲ論ス
サロニック府代言人　エー、エル、サレム述
在法科大学　若林栄二郎訳
ガロフハロ氏犯罪論　在法科大学　加藤幹雄訳
クールセール、スヌイユ氏法理論一班
在和仏法律学校　木村誠太郎訳
判例　誹譏罪ノ件／不法相続人ノ所為ニ関スル件
問答　第十三号問題（地所明渡シ執行ノ件）
題者　在和仏法律学校　六嘉　秀孝
第一号問題ノ解答
解答者　在和仏法律学校　山田　守次
第三号問題ノ解答
解答者　在和仏法律学校　鈴木弥三郎
寄書　信書ノ所有権ニ付テ
和仏法律学校校友　早石　好造
雑録　万能ノ効力　法学士　無能　居士
紀事　憲法上の問題／議院法第三十三の疑義／輸出税特免問題の結局／爆裂薬暴用者処刑法案／法典問題彙報／明治法律学校／明法会臨時総会／和仏法律学校の講談会／和仏法律学校校友大会／正誤

第四号　明治二五年六月二一日発兌
論説　法典ノ実施ニ関スル明法会員ノ意見
駁東京日々新聞法例論　法律学士　安　佐　生
翻訳　ガロフハロ氏犯罪論　在法科大学　加藤幹雄訳
判例　無宛名委任状ヲ添ヘタル株券交付ノ件
問答　第四号問題ノ解答
解答者　井出　茂富
第五号問題ノ解答　同　上
第九号問題ノ解答
同　在神田　山岡　景治
寄書　予審判事ハ予審中私訴ノ申立ヲ受ク可キモノトス

雑録　金銀両貨幣調和論（日本新民法典ニ於ケル金銀両本位制度）　在下毛　太平栄

仏国巴里大学名誉教授・日本法科大学教師　ボアソナード口演

在法科大学　安達峰一郎通訳

和仏法律学校校友　上田貞夫筆記

紀事　第三回帝国議会ノ成績／貴衆両院の衝突問題／民法商法典延期案議会を通過す／白耳義国の憲法改正案／外国人に対する賃借料の訴事／ボアソナード氏の心事／寺尾学士の洋行／明法会臨時総会／和仏法律学校校友会／明治法律学校／寄贈書目

第五号　明治二五年七月二四日発兌

論説　贓物返還ノ私訴ハ公訴被告人ニ対シ私訴ヲ提起シタルトキニ限リ為スコトヲ得可キモノナルヤ　法律学士　福原直道

相続法上ノ一疑問

リサンシエー、アン、ドロワー　飯塚茂太郎

翻訳　ガロフハロ氏犯罪論　在法科大学　加藤幹雄訳

クールセール、スヌイユ氏法理論一班（法律ノ編纂及ヒ解釈）　在和仏法律学校　木村誠太郎訳

判例　隠居財産取戻ノ件／官文書偽造ノ件

問答　第十四号問題（強盗ヲ為サントシテ人ヲ殺傷シタル件）和仏法律学校試験問題

第十五号問題（本案ノ弁論拒否ノ件）明治法律学校試験問題

第六号問題ノ解答　大坂　吉田欣二

第十一号問題ノ解答

在和仏法律学校　山田守次

寄書　不能犯ハ何故ニ罰ス可カラサル乎　喜撰法史

検事論一班　和仏法律学校校友　早石好造

記事　領事裁判権の撤廃／大審院判事の懲戒裁判／警視庁の証人尋問／七十の法学士／代言人試験の手数料／公証人試験／明治法律学校／和仏法律学校

第六号　明治二五年八月二三日発兌

論説　相続法上ノ一疑問

リサンシエー、アン、ドロワー　飯塚茂太郎

駁東京日々新聞法例論　法律学士　安佐生

翻訳　ガロフハロ氏犯罪論　在法科大学　加藤幹雄訳

クールセール、スヌイユ氏法理論

在和仏法律学校　木村誠太郎訳

判例　郵便為替証書変造行使ノ件／後見廃罷並後見職回復ノ件

問答　第十六号問題（偽造証書没収ノ件）

第十三号問題解答　在大坂　好　法　生
明治法律学校校友　川戸　甲
寄書　義務ノ直接履行ハ身体ヲ拘束スヘカラサル乎
明治法律学校校友　伊藤　武寿
雑録　執達吏の非行／新著批評（石尾一郎助著　民法代理論）
雑報　新任司法大臣／法典延期法案の運命／法治協会／公証人試験及第者／秘魯事件の判決／和仏法律学校／明治法律学校

第七号　明治二五年九月二一日発兌

論説　公訴ノ時効　法学士　吉原　三郎
駁東京日々新聞法例論　法律学士　安　佐　生
翻訳　ガロフハロ氏犯罪論　在法科大学　加藤幹雄訳
判例　大字境界争論ノ件／借区名義ノ変換ヲ求ムル件
問答　第十号問題解答　在和仏法律学校　田部　辰男
第十四号問題解答　在麹町　飯田　豊
第十七号問題（登記済ノ証書変造ノ件）
明治法律学校校友　柴田桜狂生
寄書　区裁判所検事ハ其管轄ニ属スル軽罪ノ現行被告人ヲ司法警察官ヨリ受取リタルトキ果シテ拘留状ヲ発スル能ハサルカ　明治法律学校校友　柴田桜狂生
商業会社員ニハ商業税ヲ賦課スヘキモノニアラス
明治法律学校校友　大久保規彬
雑録　現行刑法ノ欠典　明治法律学校校友　佐々木忠蔵
執達吏の非行／潭海（朝鮮ニ於ケル奇異ノ刑罰法）
雑報　司法省の事業／教育家と法典／選挙と犯罪／校書と憲法／外国政治家の日本憲法批評／万国講和会議／生膽事件の判決／和仏法律学校／明治法律学校

第八号　明治二五年一〇月二一日発兌

論説　狩猟規則ニ関スル疑問
代言人・法学士　城　数馬
酒切手ノ性格　法律学士　富谷鉎太郎
国際公法終講ニ際シ日本青年ニ望ム所ヲ述ブ
伊国法律博士　パテルノストロ
法学士　安達峰一郎口訳
代言人・明治法律学校校友　中村藤之進筆記
翻訳　ガロフハロ氏犯罪論　在法科大学　加藤幹雄訳
判例　寡婦復籍ノ件
問答　第十八号問題（外国人ノ犯罪ニ関スル件）
上林敬次郎
第十九号問題（外国ニ於テ為シタル契約ノ時効ノ件）　佐々木忠蔵
第十四号問題解答　在和仏法律学校　粟飯原一夫

第十七号問題解答　上町　桜井　義雄
第二十号問題（贓物返還ノ件）　法学士　藻江　居士
寄書　登記取消ハ私訴トシテ請求シ得ベキヤ
　代言人・明治法律学校校友　長谷川吉次
事実証明ノ許否ヲ論シテ法曹会委員ニ質ス
　代言人・明治法律学校校友　井本　常治
法曹会ノ決議ヲ評シテ検事ノ犯所臨検ト公訴提起トノ関係ヲ論ス　明治法律学校校友　桜　井　栄
法典断行之議　高橋　美稲
雑録　執達吏の非行
雑報　法典取調委員の任命／狩猟規則の疑問／行政訴訟法に関する疑問／刑事人類学と列国人類学会議／代議士選挙法の一進歩／工芸所有権保護に関する条約／仏国の非決闘法案／放火狂／代言試験場の騒擾／福井通信／和仏法律学校／和仏法律学校講談会／明法会／明治法律学校

第九号　明治二五年一一月二一日発兌
論説　数度ノ犯罪ニ付キ　法学士　岡田朝太郎
酒切手ノ性格　法律学士　富谷鉎太郎
翻訳　ガロフハロ氏犯罪論　在法科大学　加藤幹雄訳
判例　債権譲渡ノ件／新聞上予審事項ヲ掲載セシ件
問答　第十七号問題ノ答ニ就テ　浅　草　高田　長豊
第二十一号問題（窃盗ノ件）和仏法律学校擬律問題
第二十二号問題（賭博ノ件）
　明治法律学校校友　小久保満尊
第二十三号問題（欠席裁判ノ件）
　同　桜井生　投
法典解義（疑問及解答）
第一号問題（刑事訴訟法）
　質問者　大　坂　加藤於兎吉
第二号問題（刑事訴訟法）
　質問者　麹　町　飯田　豊
寄書　既定歳出論　在和仏法律学校　前田　兵郎
帝国議会議員に証言拒否の特権なきことを論し刑事訴訟法改正の必要に及ぶ
　在法科大学　談　峰　生
雑録　執達吏の非行／新著批評（高木氏訳民事訴訟法実習）
雑報　山田伯薨去／代言試験問題漏泄者／代言再試験期日／商業税賦課事件の行政判決／万国海商法会議／刑事人類学万国会議本邦代表者の報告／死刑存置の議決／和仏法律学校／明治法律学校

第一〇号　明治二五年一二月二四日発兌

論説　国際上国家ノ責任　法律学士　秋月左都夫
生産的事業　法学士　有賀　長文
ヌーシヤテル州新法典　法学士　岡田朝太郎訳
翻訳　ガロフハロ氏犯罪論　在法科大学　加藤幹雄訳
判例　執達吏ノ職権ニ関スル件
問答　第十六号問題解答　解答者　大井　八郎
第二十号問題解答　解答者　京都　山口　清吉
第二十一号問題解答　解答者　同　上
寄書　狩猟規則ニ関スル法理　法学士　山崎　哲蔵
紀事　白耳義国憲法改正事業法学士安達峰一郎／本年に於ける重要なる法律界の現象／法典実施の延期、商法の改正施行／弁護士法案／執達吏規則改正案出づ／代言出願人試験／刑事人類学万国会議本邦代表者報告／和仏法律学校／仏学会第六回総集会

第一一号　明治二六年一月二一日発兌

論説　ヌーシヤテル州新法々典ニ付キ　仏国法学博士　ヂョルヂュ、レロアル　法学士　岡田朝太郎訳
世界近代ノ三大「国際法典草案」　明法会員・法学士　安達峰一郎未定稿
現行刑法原論所載日本刑法史ニ付キ　法学士会員　虚心亭主人
翻訳　ガロフハロ氏犯罪論　在法科大学　加藤幹雄訳
判例　執達吏ノ職権ニ関スル件／貸金請求ノ件
問答　第二十四号問題（樹木片付請求ノ件）　発題者　佐々木忠蔵
第二十五号問題　発題者　栃　木　実　地　生
代言試験問題私擬答案（地方ノ部）刑法　明治法律学校校友　倉敷熊次郎
同　上　商法　明治法律学校校友　田上　諸蔵
寄書　懸賞問題（外国人ハ日本人ノ入夫トナルノ権ヲ有スルヤ）
発題者　明治法律学校講師・法学士　安達峰一郎
解答者　明治法律学校生徒　桜井　長蔵
反訴ニ付事物ノ管轄ヲ論ス　明治法律学校校友　田上　諸蔵
雑録　執達吏の非行
公訴ノ時効ニ関スル私見　高田　芥舟
紀事　衆議院の休会／決闘条例廃止法案／清国通信二件／荷蘭選挙法改正の件（法学士安達峰一郎氏報）／独逸法学博士ウインドシャイド氏の訃報／和仏法律学校／明治法律学校

第一二号　明治二六年二月二三日発兌

論説　布哇ノ革命ト彼我現行条約トノ関係ニ就テ

仏国法律博士　本野　一郎
布哇ノ革命ニ付テ　法学士　安達峰一郎
ヌーシヤテル州新法典　法学士　岡田朝太郎
翻訳　ガロフハロ氏犯罪論　在法科大学　加藤幹雄訳
判例　土地所有権ノ件／詐欺取財ノ件
問答　第二十六号問題（犯罪人ニ代リテ己レヲ告発セシメタル件）　仏国法律博士　本野　一郎
第二十七号問題（予約金取戻ノ件）　法学士　荒井賢太郎
第二十八号問題（親告罪ノ告訴拋棄ノ件）　栃木　桜井生
第二十九号問題（道側樹木伐採ノ件）　同　同上
第三十号問題（公訴時効中断ノ件）　法学士　井上　正一
第二号問題解答　在和仏法律学校　本多　太吉
第十五号問題解答　熊本　森島　浩
第十六号問題解答　紀州　能勢　恭三
第二十一号問題解答　在和仏法律学校　中司文次郎
第二十四号問題解答　和仏法律学校校友　横山鍵太郎
同上　明治法律学校校友　奥平　周作
代言試験問題解答（地方之部）刑事訴訟法　明治法律学校校友　倉敷熊次郎
雑録　先師宮城浩蔵先生略伝　及門　佐々木忠蔵
祭宮城浩蔵君文　日本仏国法律学士　岸本　辰雄
弔宮城浩蔵先生文　法学士　安達峰一郎
紀事　宮城学士逝く／商法一部施行法案／法典審査委員会／代言試験の成績／判事検事登用試験／兇徒嘯集事件上告追申書／博士ミシェル、ルヴォン氏／和仏法律学校

第一三号　明治二六年三月二三日発兌

論説　誹譏罪ニ於ケル事実ノ証明ヲ論シテ新聞紙条例ニ及フ　日本仏国法律博士　故宮城浩蔵口演
及門　佐々木忠蔵筆記
民事訴訟ニ於ケル国ノ代表者　法学士　若槻禮次郎
翻訳　ガロフハロ氏犯罪論　在法科大学　加藤幹雄訳
判例　無籍外国人裁判管轄ニ関スル件／保険契約ノ件
問答　第三十一号問題（訴訟印紙貼用ノ件）発題者　八木沢久三郎
第二十二号問題解答　伊勢　田川房次郎
第二十六号問題解答　和仏法律学校校友　横山鍵次郎

第二十七号問題解答　在和仏法律学校　中司文次郎
第三十号問題解答　紀州　能勢恭三
雑録　執達吏の非行
紀事　白耳義国憲法改正の件（其二）／明法会／法相の更迭／第四議会の成案／決闘律の改正／試験便り／裁判所及検事局取扱事件数／飯田氏及岸本氏／新著一束／弁護士法及ひ商法一部改正施行法／露国司法制度の通弊／刑事人類学万国会議／明治法律学校／和仏法律学校討論会／和仏法律学校講義録

第一四号　明治二六年四月二三日発兌
論説　権利及権能　法学士　水町袈裟六
ヌーシヤテル州新法々典ニ付キ　法学士　岡田朝太郎
吾人ノ法学ニ関スル概念　法学士　岡村　司
翻訳　ガロフハロ氏犯罪論　在法科大学　加藤幹雄訳
判例　憲法第六十一条解釈ノ件／変造証書行使ノ件
委託金費消罪及証書偽造罪ノ件
問答　第三十二号問題（家屋取払請求ノ件）　法学士・代言人　宮古啓三郎
第三十三号問題（競売ニ対スル異議ノ件）　法律学士　松室　致
第二十七号問題解答（第二）　明治法律学校校友　奥平周作
寄書　カルステンス上告事件ノ大審院判決ヲ論ズ　明治法律学校校友・代言人　伊藤武寿
日本法医学ノ組織　明治法律学校校友・法医学会雑誌記者　山井景美
雑録　懸賞論文（共同訴訟ニ関スル五大疑問）　法律学士　高木豊三
執達吏の非行
独逸国会ニ於ケル国際裁判法　法学士　安達峰一郎
紀事　北京同文館大試験の公法問題／朝鮮及ひ暹羅の法界一班／弁護士会会長／法典調査会委員／安達学士の懸賞論文／明法会評議員会／明法会員の講談会／和仏法律学校討論会／明治法律学校

第一五号　明治二六年五月二五日発兌
論説　地方自治行政私議　法学士　織田　萬
ヌーシヤテル州新法々典ニ付キ　法学士　岡田朝太郎
権利及権能　法学士　水町袈裟六
翻訳　ガロフハロ氏犯罪論　在法科大学　加藤幹雄訳
判例　誹毀ノ件／公売配当金ニ対スル異議ノ件／抵当登記

取消請求ノ件

問答　第三十四号問題（代価減少請求ノ件）　仏国法律博士　本野　一郎

第二十九号問題解答　和仏法律学校校友　横山鍵太郎

第三十二号問題解答　明治法律学校校友　耽　法　生

民事訴訟法ニ関スル疑問　在和仏法律学校　干　水　子

寄書　商慣習の談判ハ破毀の原因となるや否や　明治法律学校校友　溝渕　正気

雑録　外国人の居留及追放に関する件／直接国際談判に付て／議員候補者選挙費用制限法に付て

紀事　白耳義国普通選挙法の可決／外人不動産所有に関する裁判例／法典調査会／判事検事登用試験／弁護士試験規則／東京弁護士会役員選挙の軋轢／明治法律学校／和仏法律学校校友総会／在関西和仏法律学校校友懇親会

第一六号　明治二六年六月二一日発兌

論説　轉付命令ニ就テ　法律学士　高木　豊三

不法ニ審問又ハ処罰セラレタル刑事被告人ノ国ニ対スル損害賠償請求権

（明法会第一回講談会ニ於ケル演説筆記）

仏国法律博士　ルヴォン演説

法学士　安達峰一郎通訳

丹羽瀧男速記

翻訳　ガロフハロ氏犯罪論　在法科大学　加藤幹雄訳

判例　村費立替金償還請求ノ件／地籍確認ノ件／約束手形偽造罪ノ件／刑期計算ノ件

問答　第三十五号問題（預リ金取戻ノ件）　沖縄名護間切　内田彦兵衛

第三十六号問題（恐喝取財ノ件）　在明治法律学校　河瀬　国輔

第三十三号問題解答　耽　法　生

予約金取戻ノ請求ニ付テ　在山形県　今泉国太郎

寄書　人事法論（安達学士懸賞論文）　在明治法律学校　桜井　長蔵

財産編第四百十九条ニ付テ　荘田孝四郎

証憑不充分　明治法律学校校友　溝淵　正気

雑録　国際条約及輓近ノ国際法

罪囚行状録（其一）　法学士　岡田朝太郎

紀事　白耳義国普通選挙権認許案／千島艦損害要償訴件の妨訴抗弁に関する判決／米国官吏の小女誘拐事件／我国近代の法律教育に関する米国人の評論／催眠術と犯罪／阿片煙草と現行刑法／本野一郎氏／弁護士

試験及判検事試験／裁判所書記筆記試験問題／明法会講談会／和仏法律学校

第一七号　明治二六年七月二一日発兌

論説　法典ニ関スル述懐（明法会第一回講談会演説）
法学博士　梅　謙次郎講演
丹羽瀧男速記
短期ノ自由刑ノ弊害救済策　法学士　岡田朝太郎

翻訳　ガロフハロ氏犯罪論　在法科大学　加藤幹雄訳

判例　養子ノ財産ノ件／公訴付帯私訴ニ対スル原状回復ノ件

問答　第三十七号問題第三十八号問題
法学士　城　数馬
第十八号問題解答第十九号問題解答
第三十四号問題解答
明治法律学校校友　小貝　庸吉
同　紀州　能勢　恭三
民事訴訟法疑問第二第三ニ答フ
在明治法律学校　島　集次郎

寄書　人事法論（安達学士懸賞論文）
在明治法律学校　桜井　長蔵
商慣習ハ事実ナルヤ否ヤ
明治法律学校校友・弁護士　小泉　福蔵

雑録　国際条約及輓近ノ国際法
罪囚行状録（其二）　法学士　岡田朝太郎
新著批評（宮城浩蔵遺著　刑法正義上巻）
訥斎　主人

紀事　千島艦事件反訴棄却の判決／条件付裁判制およ監獄改良問題／列国刑事会議／仏国の選挙法改正案／法典調査会／判事検事登用試験及第者／弁護士試験／法学士七十五人／安達法学士／和仏法律学校／明治法律学校

第一八号　明治二六年八月二四日発兌

論説　相馬事件ノ原因　法律学士　磯部　四郎
株式会社ノ法人タル範囲　法学士　入江　良之
執行力アル正本ハ債務者ニ送達スヘキモノナルヤ
法学士　石尾一郎助

翻訳　ガロフハロ氏犯罪論　在法科大学　加藤幹雄訳
罪人ノ感情及情欲　伊太利　ロンブロゾ著
在法科大学　跛亀生訳

判例　和解契約解除ノ件／白紙委任状ノ効力ノ件／遺失物隠匿罪ノ件

問答　第三十九号問題　法学士　石尾一郎助
第三十五号問題解答　在勢州洞津　岡　光
第三十六号問題解答

寄書　人事法論（安達学士懸賞論文）　和仏法律学校校友　南会　学人
法医学の特色（相馬擾乱）　明治法律学校生徒　桜井　長蔵
法医学会雑誌記者　山井　景美
雑録　国際条約及輓近ノ国際法
世傳御料に関する古文書　法学士　衣縞　学人
妾の法律上の資格　石　一生
送羽南学人安達書記生赴任伊国序
東羽　在明治法律学校　白土　常山
紀事　法典調査会奈何／日本銀貨を法貨と為す決議／電気死刑／星弁護士と会則違犯／外人不動産所有に関する上告の判決／芸妓営業者と招客との法律上の関係／判検事登用試験／光妙寺三郎氏／明治法律学校／和仏法律学校

第一九号　明治二六年九月二四日発兌
論説　官業鉄道及民業鉄道ノ利害
法学博士・仏国法律博士　本野　一郎
布哇ニ於ケル日本移住民参政権問題
法律学士　秋月左都夫
翻訳　罪人ノ感情及ヒ情欲
伊太利　ロンブロゾ著
在法科大学　跛亀生訳
判例　約束手形ニ関スル訴訟ノ件／私生子養育ノ件／刑期計算ノ件
問答　第四十号問題　在和仏法律学校　K・K
第四十一号問題　明治法律学校校友　奥平　周策
判事検事登用試験弁護士試験問題ノ意見三件
明治法律学校校友　C・Z・S
和仏法律学校校友　K・M
明治法律学校校友　田上　諸蔵
敢テ教ヲ小貝庸吉君ニ乞フ（第三十四号問題解答ニ付テ）　紀州　能勢　恭三
寄書　贈与ニ包括権原ノモノアリヤ　荘田孝四郎
民法債権担保編第九条第二項
明治法律学校校友　小貝　庸吉
雑録　国際条約及輓近ノ国際法
試験問題の沿革と法学生の傾向　研法　頑生
紀事　白耳義国憲法改正議事続報／決闘罪に関する新法律案／法典調査の成行／帝国大学に於ける講座制／帝国大学入学者／判検事及弁護士試験問題／明治法律学校／和仏法律学校／同校学年試験問題

第二〇号　明治二六年一〇月一八日発兌
論説　官業鉄道及民業鉄道ノ利害

法学博士・仏国法律博士　本野　一郎

短期ノ自由刑ノ二大弊害救済策

法学士・法科大学嘱託講師　岡田朝太郎

不法ニ審問又ハ処罰セラレタル刑事被告人ノ国ニ対スル損害賠償請求権（明法会第一回講談会ニ於ケル演説筆記）

仏国法律博士　ルヴォン演説

法学士　安達峰一郎通訳

丹羽瀧男速記

翻訳　罪人ノ感情及ヒ情欲　伊太利　ロンブロゾ著

在法科大学　跛亀生訳

判例　不当営業税徴収取消ノ件（行政裁判所判決）

問答　判検事及弁護士試験問題ニ対スル意見二件

明治法律学校校友　C・Z・S

和仏法律学校校友　K・K

第二十八号問題解答　上林敬次郎

第三十七号問題解答　在明治法律学校　E・M

第三十八号問題解答　佐賀県　蘆　澤　潤

第三十九号問題解答　上林敬次郎

能勢君ノ高批ニ答フ　小貝　庸吉

寄書　弁駁小貝庸吉君債権担保論

和仏法律学校校友　本郷惣太郎

人事編第百八十一条第一号　茨　城　仁平弥生子

雑録　史料（小堀代官所五人組御改帳）

法学士　衣縞　学人

判事検事登用試験規則の改正　暗法　措火

市町村制第九条　汗馬　野史

紀事　白耳義国憲法改正案の可決／議員歳費／仏国居留人／法科大学の嘱託講師／判事検事登用試験規則の改正／判事検事口述試験／星氏懲戒事件の再申告／光妙寺法律学士の遠逝／春日法律学士／和仏法律学校卒業証書授与式／明治法律学校

第二一号　明治二六年一一月二四日発兌

論説　官業鉄道及民業鉄道ノ利害

法学博士・仏国法律博士　本野　一郎

不法ニ審問又ハ処罰セラレタル刑事被告人ノ国ニ対スル損害賠償請求権（明法会第一回講談会ニ於ケル演説筆記）

仏国法律博士　ルヴォン演説

法学士　安達峰一郎通訳

丹羽瀧男速記

公法ハ権力関係ナリトスルノ説ヲ評ス

法学士　織田　萬

翻訳　罪人ノ感情及ヒ情欲

伊太利　ロンブロゾ著

在法科大学　加藤幹雄訳

弁護士ノ本分

仏国法律博士　アンベル、リュービーユ著
法学士　巨鹿野人訳
判例　堤防決潰損害要償ノ件／仮処分ノ執行異議ノ件
問答　第四十二号問題　法学士　宮古啓三郎
第四十三号問題　上林敬次郎
第四十号問題解答　東　京　山岡　景治
同　名古屋　成等　常照
第四十一号問題解答　法学院院友　岡田　昌孝
予約問題ニ関シ再ヒ今泉君ノ明教ヲ乞フ
和仏法律学校校友　白洋学人　中司文次郎
更ニ小貝庸吉君ノ明教ヲ煩ハス
紀　州　能勢　恭三
雑録　千島艦損害要償訴件に関する上海英国高等裁判所の判決
史料（小堀代官所五人組御改帳）
法学士　衣縞　学人
紀事　千島艦損害要償訴件に関する上海英国高等裁判所の判決／外人裁判籍に関する新判例／文官試験規則の改正／判事検事登用試験の成績／特別認可学校規則の廃止／弁護士協会／相馬事件の局面大変／和仏法律学校紀事／明治法律学校紀事／寄贈書目

第二二号　明治二六年一二月二四日発兌

論説　領海問題（明法会第二回後援会演説）
法科大学講師・法律学士　秋月左都夫演説
上林敬次郎筆記
銀行登記問題ニ付テ（明治法律学校ニ於ケル講談）
弁護士・日本仏国法律学士　岸本　辰雄演説
佐々木忠蔵筆記
沖縄県ニ商法不施行ニ関スル疑義
法学士　荒井賢太郎
公民権消滅ニ関スル方今ノ問題
法科大学選科卒業　中島虎一郎
翻訳　弁護士ノ本分
仏国法律博士　アンベル、リュービーユ著
法学士　巨鹿野人訳
有夫ノ婦ノ無能力
法科大学教授　ルイ、ブリデール著
木村誠次郎訳
判例　現行犯ノ調書ノ件
問答　第四十四号問題
和仏法律学校校友研究会員　中司文次郎
第四十五号問題
和仏法律学校校友研究会員　佐藤　長松
第四十号問題解答（其三）
和仏法律学校校友　横山鍵太郎

第四十三号問題解答（其一）
和仏法律学校校友　本郷惣太郎
同　上（其二）　茗渓　漁夫
再ヒ能勢君ノ高論ニ答フ　小貝　庸吉
寄書　不定刑期論
北海道集治監空知分監教誨師　留岡　幸助
脅迫取財ト恐喝取財トノ区別ヲ論ス　福田　耕三
拝本郷惣太郎君弁駁　小貝　庸吉
雑録　領海に関する国際法協会万国会議の議決
希臘古代地制考（法学士織田萬）
評論　区裁判所ノ訴訟代理人ニ関スル法曹会ノ議決
法学士　石　一　生
紀事　第五議会に於ける必要法案／千島艦事件の質問及答弁／千島艦遺族損害要償事件／本年施行弁護士試験及第者／司法省指定学校／明法会記事／和仏法律学校記事／明治法律学校記事／寄贈書目

第二三号
明治二七年二月二八日発兌

論説　礦坑内ニ於テ囚徒ヲ使役スル可否（特ニ幌内炭坑ニ付テ言フ）　法学士　岡田朝太郎
婚姻ノ話（明法会第二回講談会ニ於ケル演説）
法学博士　梅　謙次郎演説
上林敬次郎筆記
夫婦財産制ヲ論ス　法学士　浅見倫太郎
翻訳　弁護士ノ本分
仏国法律博士　アンベル、リュービーユ著
法学士　巨鹿野人訳
有夫ノ婦ノ無能力
法科大学教授　ルイ、ブリデール著
木村誠次郎訳
判例　後見解除養嗣子届取消上告事件
弁護士　信岡雄四郎
印紙ノ偽造及使用ノ件
問答　第四十六号問題　上林敬次郎
第十七号問題　和仏法律学校校友　白洋　学人
第四十八号問題
第四十四号問題解答
明治法律学校校友・東京法学院院友
・和仏法律学校校友　高橋　穂積
第四十五号問題解答　高橋　穂積
同　上（其二）　伊　勢　田川房次郎
府県知事ハ巡査ノ過失ニ付被害者ニ対シテ賠償ノ責アルヤ　本　郷　東　正里
寄書　不定刑期論
北海道集治監空知分監教誨師　留岡　幸助
主タル義務者詐欺ニ因テ取消シ得ヘキ合意ヲ為シ保

証人之ヲ知リテ保障ヲ約シタル后主タル義務カ取消サレタルトキ尚保証義務存在スルヤ
弁護士・明治法律学校校友　小泉　福蔵

雑録　法制史料（小堀代官所五人組御改帳）
法学士　衣縞　学人

評論　法曹会記事第廿五号訴ノ提起後訴ノ価格ニ変更ヲ生シタル場合ニ関スル議決ヲ読ム
在山口　高霞　山人

紀事　千島艦沈没損害要償事件に関する政府の再答弁書／千谷判事の転所に就て／弁護士の判事任用／判事検事官等俸給令／二十六号内外交渉民事訴訟法数／明治法律学校記事／寄贈書目

第二四号　明治二七年三月二九日発兌

論説　株式会社ノ配当金ハ各株主ニ対シテ必ス平等ナラサル可カラサルカ
法学博士　本野　一郎

共同訴訟ノ五大疑問ニ就テノ意見
法律学士　高木　豊三

翻訳　有夫ノ婦ノ無能力
法科大学教授　ルイ、ブリデール著
木村誠次郎訳

判例　再審ノ件／相続ニ関スル件／文書偽造ノ件

問答　第四十九号問題
佐々木忠蔵

第五十号問題
第五十一号問題　在明治法律学校　月嶺　学人

第四十六号問題解答　函　館　北門　衛士

第四十七号問題解答
在和仏法律学校　楢原　俊之

第四十五号問題解答（其三）　佐藤　長松

第四十五号問題ニ付テノ高橋・田川両氏ノ意見ヲ評ス
在大分　山村　徳順

寄書　主タル義務者詐欺ニ因テ取消シ得ヘキ合意ヲ為シ保証人之ヲ知リテ保障ヲ約シタル后主タル義務カ取消サレタルトキ尚保証義務存在スルヤ
弁護士・明治法律学校校友　小泉　福蔵

雑録　国庫剰余金の臨時支出に関する憲法上の疑義
法学士　衣縞　学人

紀事　第五回万国監獄会議／明治廿六年訴訟件数／英国貴族院改革論／二十六年衆議院選挙者／衆議院議員の族籍職業別／選挙の犠牲／国庫剰余金支出ノ違憲問題／刑法改正審査会／弁護士の判事任用／明治法律学校記事／和仏法律学校記事／寄贈書目

第二五号　明治二七年四月二八日発兌

論説　予算可分論　法学士　織田　萬

法律学を以て普通教育の一科目と為すへきことを論

す　　法学士　岡村　司
　欧州市町村自治制の起原
　　法科大学選科卒業生　山田　三良
翻訳　弁護士ノ本分
　　仏　国　アルベルト、リュービール著
　　在法科大学　跛　亀　生訳
　会社トシテノ国家　仏　国　コムボツテクラ述
　　木村誠次郎訳
判例　原状回復ノ訴ノ件／墳墓ヲ発掘シテ白骨ヲ窃取シタ
　ル件
問答　第五十二号問題　和仏法律学校校友　佐藤　長松
　第五十三号問題　東　京　千代田基一郎
　第五十四号問題　淡斉　主人
　第四十八号問題解答　在明治法律学校　A・W
　第四十九号問題解答　粟飯原一夫
　第五十一号問題解答（其一）
　　和仏法律学校校友研究会員　矢野　芳弘
　同　上（其二）　山岡　景治
　第四十七号問題解答ニ付テ
　　和仏法律学校校友　梅荘　仙人
寄書　破産法ノ一欠点　明治法律学校校友　小泉　福蔵
　長所説明ノ為メ予審判事ヲ公判廷ニ呼出スコトヲ得
　ルヤ
　　在明治法律学校　熊沢　良吉
　共同訴訟人中一人上訴ヲ為シタル時ハ他ノ共同訴訟
　人ニ如何ナル効力ヲ及ホスヤ
　　在明治法律学校　山田福三郎
雑録　落葉片々（一）　茗　渓
紀事　英国貴族院廃止の議事／布哇領事裁判権の廃止／公
　使館の治外法権／法典調査会規則の改正／法典調査
　会委員の任命／千谷判事の懲戒裁判／弁護士の判事
　任用／金朴事件と国際問題と／両校連合大討論会／
　明治法律学校記事／和仏法律学校記事／本会記事／
　寄贈書目

第二六号　明治二七年五月二八日発兌

論説　法律ノ実際問題二件　法学博士　梅　謙次郎
　優先株問題　日本仏国法律学士　岸本　辰雄
　欧州市町村自治制の起原
　　法科大学選科卒業生　山田　三良
翻訳　弁護士ノ本分
　　仏　国　アルベールト、リュービース著
　　在法科大学　跛　亀　生訳
判例　私印盗用私書偽造行使ノ件／保険金額請求ノ件
問答　第五十五号問題　上林敬次郎
　第五十号問題解答
　第五十二号問題解答（其一）　橘江　漁夫

同　上（其二）　和仏法律学校校友　N・S
和仏法律学校交友研究会決議録
寄書　共同訴訟人中一人上訴ヲ為シタル時ハ他ノ共同訴訟
人ニ如何ナル効力ヲ及ホスヤ
在明治法律学校　山田福三郎
雑録　落葉片々（二）　茗　渓
遺産配分の制限／失踪者の身分及財産の処分法
評論　備荒儲蓄金及地方税ヲ以テ救助ヲ受ケタル者ハ公民
権ヲ喪失スルヤ
墓中ノ遺骨ハ財産ナリヤ　K・K
紀事　国際法紛議仲裁法議決／第十五回国際法協会会議／
第六回帝国議会／司法官試補実地修習期間短縮に関
する法律案貴族院に於て廃棄せられたり／判事の退
職の件に関する質問及答弁／千谷判事に対する懲戒
裁判事件／高等官試験規則／飯田福原両学士／両校
連合大討論会／明治法律学校紀事／和仏法律学校紀
事／本会紀事

第二七号　明治二七年六月二二日発兌
論説　優先株問題　日本仏国法律学士　岸本　辰雄
欧州市町村自治制の起原
法科大学選科卒業生　山田　三良
貨幣及紙幣ノ偽造変造ノ区別ニ付テ　旭峯　学人
翻訳　会社トシテノ国家　仏国　コムボデラク述
木村誠次郎訳
判例　登記済証書ノ偽造／支払命令ノ効力
問答　第五十六号問題　山　形　伊東　謙吾
第五十七号問題　和仏法律学校校友　一井　惣蔵
第五十八号問題　和仏法律学校校友　白洋　学人
第五十九号問題　明治法律学校校友　駿台　樵夫
第五十三号問題解答三件
同　上　駿台　樵夫
和仏法律学校校友　楢原　俊之
伊　勢　田川房次郎
第五十四号問題解答
和仏法律学校交友研究会決議録（其二）
雑録　落葉片々（三）　茗　渓
離婚の際子女の引取法／夫の失踪に因る婚姻解消／
勘当と久離と
評論　新著批評（岡田朝太郎著　日本刑法論）
離隔地間取引ニ関スル東京商業会議所ノ意見書ヲ読
ム　K・K
紀事　国庫剰余金支出に関する衆議院の決議／条約に関す
る衆議院の決議／第六議会の解散及其成績／離隔地
間取引に関する東京商業会議所の意見／文官高等試
験／弁護士試験の期日／大日本警察協会の設立／明

治法律学校紀事／和仏法律学校紀事／寄贈書目

第二八号　明治二七年七月二二日発兌

論説　優先株問題ニ就キ岸本辰雄君ニ答フ　法学博士　梅　謙次郎
証人ノ資格ニ就テノ問答　法律学士　高木　豊三
翻訳　会社トシテノ国家　仏　国　コムボデラク述
木村誠次郎訳
判例　雇人ノ所為ニ付雇主ノ責任／未成年者ノ諾約シタル無償契約／証書偽造罪ノ成立
問答　第六十号問題　法学士　両角　彦六
第六十一号問題　同　同
第六十二号問題　同　岡田朝太郎
第五十六号問題解答（其一）　京　都　大畠　久明
同　上（其二）　福岡県　藤原慶三郎
第五十七号問題解答（其一）
和仏法律学校校友　烱々生
同　上（其二）　伊勢久居　岡　光三郎
和仏法律学校交友研究会決議録（其三）
寄書　興行権ハ財産ニアラサルヤ
明治法律学校校友・弁護士　徳岡　梅吉
雑録　落葉片々（四）　茗　渓
勘当と久離と
和仏法律学校学年試験問題／明治法律学校学年試験問題
紀事　布哇の憲法草案／万国囚徒及幼者流浪者狂人等保護会議／関税及労働問題万国会議／李逸植等無罪を宣告せらる／千谷判事の懲戒裁判事件／離隔地間取引に関する大坂商業会議所の答申案／優先株問題／高等学校／外交官及領事館試験／弁護士試験／判事検事登用第一回試験／法学士七十四名／河津祐之氏逝く／熊野博士／明治法律学校紀事／和仏法律学校紀事／寄贈書目

第二九号　明治二七年八月二二日発兌

論説　優先株問題ニ付キ再ヒ梅謙次郎君ノ説ヲ駁ス
法律学士　岸本　辰雄
権利ノ定義ニ就テ（演説筆記）
法学士　井上　密
通信ニ依レル契約締結ニ関スル立法上ノ私見　K・K
判例　私署証書ノ日付ノ争、相殺／抵当付債券ノ譲渡
問答　第六十三号問題
第六十四号問題　C・S
第六十五号問題　山岡　景治
第五十五号問題解答　橘江　漁夫
第五十九号問題解答　和仏法律学校校友　K・M

第六十二号問題解答（其一）　高霞　山人
同　上（其二）　山岡　景治
寄書　付加刑ノ刑期ヲ論シテ解除条件ノ裁判ニ及フ　高田　長豊
雑録　国際公法戦時法規／和仏法律学校学年試験問題／明治法律学校学年試験問題
紀事　国際法論究の好時機／捕拿物裁判所／文官高等試験臨時委員／離隔地間取引に関する慣例／東京商業会議所の商法修正意見／明治法律学校紀事／和仏法律学校紀事／寄贈書目

第三〇号　明治二七年九月二二日発兌

論説　梅法学博士ノ訴訟能力ニ関スル論文ヲ読ム　法律学士　高木　豊三
権利ノ定義ニ就テ（演説筆記）　法学士　井上　密
通信ニ依レル契約締結ニ関スル立法上ノ私見　K・K
寄書　検事着席問題ニ就テ　溝淵　琴山
判例　受寄物ノ費消／町村ニ属スル債務ノ出訴期限ノ抛棄／私署証書ノ真否ノ争
問答　第五十八号問題解答　伊勢　安生地禎三
第六十号問題解答　長野県　山田　史郎
第六十一号問題解答　橘江　漁夫
第六十三号問題解答（其一）　か、け、
第六十三号問題解答（其二）　高霞　山人
第六十五号問題解答　在関西法律学校　藤　村　生
雑録　和仏法律学校校友研究会決議録（其四）
戦時禁制品運送ニ対スル制裁　在法科大学　伊吹山徳司
新著批評（ログロン著　実用刑法典）
紀事　日英条約の改正成る／捕拿審検令／捕獲審検所及高等捕獲審検所の開設／緊急勅令に関する憲法上の一疑問／法典調査会の意見書募集／文官高等試験／文官高等試験と法科大学卒業生／千谷判事の懲戒裁判事件／明治法律学校紀事／寄贈雑誌

第三一号　明治二七年九月二二日発兌

論説　答高木豊三君　法学博士　梅　謙次郎
梅氏ノ答書ニ付テ　法律学士　高木　豊三
行政法ノ攻究ニ就キテ　法学士　織田　萬
評論　「日本之法律」記者ノ駁論ニ答フ　旭峯　学人
身代限ノ処分ヲ受ケ未タ負債ノ弁済ヲ終ヘサル者ハ尚ホ公民権ヲ行フコトヲ得ルヤ　評　論　子
寄書　欠席判決ニ係ル刑ノ期満免除ノ中断ニ就テ　高霞　山人

不論罪ト宥恕減軽　羽前　東巌生
判例　家属ノ財産／未成年者ノ無償契約／上告審ニ於ケル妨訴抗弁／民事訴訟法第四百六十九条第七号ノ解釈／証書偽造行使罪ノ予備／恐喝ノ意義
問答　自殺者ノ為メニ手ヲ下シタル者ノ処分ノ問　失名氏
刑事欠席判決ニ付キテノ問　汗馬野史
試験問題解説
文官高等試験憲法問題　望雲生
同民法問題　同
同刑事訴訟法問題　茗渓
弁護士試験刑法問題　白洋学人
民事訴訟法問題
和仏法律学校校友　北龍子
判事検事登用試験民法問題　梅荘仙人
雑録　落葉片々（五）　茗渓
小作に関する制度／名主組頭五人組の事
三試験の問題　傍観子
紀事　緊急勅令に関する憲法上の新例／不任意転所問題の消滅／文官高等試験問題／弁護士試験問題／判事検事登用試験問題／欧州諸国法律上認許の結婚年齢／寄贈雑誌

第三二号　明治二七年一一月二五日発兌

論説　行政法ノ攻究ニ就キテ　法学士　織田　萬
保険ニ就キテ　法学士　志田鉀太郎
国法ト国際公法トノ関係　T・I
翻訳　占領政体ノ権限　在法科大学　伊吹山徳司
寄書　賭博犯処分ニ関スル法曹会ノ決議ヲ読ム
熊本　永井天舎
緊急勅令ニ関スル疑義　在和仏法律学校　K・O
判例　土地使用権売買ノ効力／売買ノ性質／犯罪ノ場所／共犯者ノ一人ニ対スル公訴提起ノ効力
問答　外国人ノ犯罪処分ニ付テノ問
在明治法律学校　山崎国太郎
転付命令ニ付テノ問　梅荘　仙人
他人ノ依頼ニ因リテ質入ヲ為シ之ヲ受戻サヽル者ノ処分ニ付テノ答　鋸山　居士
自殺者ノ為ニ手ヲ下シタル者処分ノ答　田川房次郎
同　上（其二）　在明治法律学校　佐藤　徳治
同　上（其三）　和仏法律学校校友　白洋　学人
刑事欠席判決ニ付テノ答
在和仏法律学校　麹台　隠士
第六十一号問題ノ解答ニ付テ
在明治法律学校　山崎国太郎
山崎国太郎氏ニ答フ　橘江　漁夫

文官高等試験憲法第三問題ノ解答ニ付テ　踏　雲　生

雑録　三試験の方法　傍　観　子

新著批評（実用刑事訴訟法典）

紀事　粛清の野に我政庁を建つ／外国商船乗員の裁判管轄／領海の限界／ボアツソナード先生／文官高等試験及第者／判事検事登用筆記試験の成績／弁護士筆記試験の成績／三井組対大蔵大臣の訴訟／和仏法律学校紀事

付録　局外中立国ノ権利義務ヲ論ス　自　道　生

貨幣本位ヲ論ス　乾　堂　居士

第三三号　明治二七年一二月二六日発兌

論説　家族法制ヲ概論シ特ニ家族ノ範囲ヲ論ス
法学士　浅見倫太郎

刑法第二編第二章第二節ニ就テ
法学士　岡田朝太郎

寄書　国際公法上ニ於ケル捕獲審検所
在法科大学　朝山　益雄

敢問評論子足下　吉野松太郎

答吉野君　評　論　子

欠席判決ノ刑ノ時効中断ニ就テ　淡泊　道人

判例　巡査ノ過失ニ対スル国家ノ責任／法律上ノ相殺／非法人ノ財団又ハ社団ニ対スル訴訟／窃盗罪ノ成立／証書騙取罪ノ成立

問答　競売期日ニ付テノ問
和仏法律学校校友　六嘉　秀孝

防衛ノタメ人ヲ殺傷シタル者処分ノ問
在明治法律学校　佐藤三之助

外国人ノ犯罪処分ニ付テノ答　同　人

同　上（其二）　泰　東　生

転付命令ニ付テノ答　佐藤　徳治

他人ノ依頼ニ因リテ質入ヲ為シ之ヲ受戻サヽル者ノ処分ニ付テノ答　芥舟　居士

紀事　休戦講和降伏等の関係／判事検事登用試験合格者／弁護士筆記試験合格者／ボアツソナード先生の送別／大蔵大臣対三井組の訴訟判決／寄贈書目

付録　大権ノ行動ヲ論ス　厚　東　生

号　外　明治二五年五月一五日発兌

『法典実施意見』（第三号［明治二五年五月二一日発兌］所収）
梅　謙次郎
外六名連署

号　外　明治二五年五月二三日発兌

『法典ノ実施ニ関スル明法会員ノ意見』（第四号［明治二五

年六月二一日発兌」所収）

梅　謙次郎
外二三名連署
外三八名

号　外　明治二五年五月二三日発兌

『条約改正ト法典実施』（『法治協会雑誌』一一号「明治二五年七月三日発兌」所収）

仏国法律博士　本野　一郎

【注記】『明法誌（志）叢』のバックナンバーは、明治大学総合図書館所蔵のマイクロフィルムおよび法政大学ボアソナード記念現代法研究所所蔵の複製本を利用した。なお、通常号のほかに、数度にわたって「号外」が発行されたようであるが、正確な回数・内容は不明である。

註

（1）東京大学法学部が機関誌を発行する以前において、いくつかの法律専門の雑誌が創刊されている。法律雑誌の元祖的存在である明治七年五月創刊の『法理雑誌』のほか、一〇年八月の『法律雑誌』、一三年五月の『法律志叢』、一四年三月の『明法志林』などが、特に重要なものとして知られている（西田長寿「『法律雑誌』、『法律志叢』、『明法志林』」明治文化全集月報、第一四号、一九五七年など、参照）。

（2）手塚豊「吾国各大学に於ける法学部門機関雑誌の変遷」（『法学会誌』第一三号、一九三六年、のち手塚豊著作集第九巻『明治法学教育史の研究』慶應通信、一九八八年、所収）二五一頁。

（3）もちろん、『明治大学百年史』においても、『明法雑誌』以下の機関誌について言及しており（とくに、第三巻通史編Ⅰ、一一〇頁以下、一七五頁以下）、その掲載記事は重要な資料として利用されているが、内容の全体が検討対象とされてはいない。

（4）小柳春一郎「明治前期の民法学——法学協会における設例討論を素材として」（水本浩・平井一雄編『日本民法学史・通史』信山社、一九九七年）は、『法学協会雑誌』に掲載された設例討論を対象として、当時の民事法理を検討した興味深い論稿である。

（5）『明治法学・明治学報・明治評論——号別索引』（明治大学法学部、一九八四年）および『国家及国家学総目録——巻号別索引』（明治大学法学部、一九八三年）。

（6）「懐古座談会」（『駿台』創刊号、一九三九年一二月）および「明治大学創立当時物語座談会」（『駿台新報』一九三三年三月）における安田繁太郎の談話、参照（『一二〇年の学譜（明治大学大学史紀要、第六号）』明治大学、二〇〇一年、に復刻されている）。

創刊号は、「持主」五味武策・「編輯人」安田繁太郎・「印刷人」吉井盤太郎、「印刷並ニ発売所」知新社（東京々橋区入弥左衛門町十五番地）となっており、月刊で一冊八銭であった。

（7）論説と並んで主要記事であったと思われる講義筆記について見れば、当時の講義内容を網羅的に収録したものではなく、極めて断片的かつ要約的なものであったと言ってよい。

(8) その後、明治二一年一月の第五二号から、明法堂から明法社（二〇年五月に設立された校友代言人による共同事務所）へと発行所が移り、さらに六月の第六一号からは、明治法律学校雑誌局に移管された

(9) 前掲『明治大学百年史』第三巻通史編Ⅰ、二九七～二九八頁。

(10) 手塚豊「吾国各大学に於ける法学部機関雑誌の変遷」（『法学会誌』第一三号、一九三六年、のち手塚豊著作集第九巻『明治法学教育史の研究』慶應通信、一九八八年、所収）二五一頁。

(11) 前掲『明治大学百年史』第三巻通史編Ⅰ、二九八～二九九頁。

(12) なお、副会長を南部甕男と記している例も見出される。

(13) 民法典施行の断行延期の論戦が最高潮に達した頃、明治二五年五月一七日付『東京日々新聞』（第六一七三号）には、同月一五日に江東中村楼で開催された法治協会大会の盛況が報じられている。

(14) 佐々木忠雄は、宮城浩蔵に私淑し、宮城の死後に『刑法正義』を編集・刊行（明治二六年四月）した人物として知られている。佐々木は、元治元（一八六四）年五月に天童藩家老の家に生まれ、明治一五年に山形県師範学校を卒業して天童小学校に勤務したが、宮城を頼って上京し、二〇年に明治法律学校に入学した。在学中から『法政誌叢』の編集に携わっている（鈴木秀幸「宮城浩蔵と山形の人々」『明治大学創立者　宮城浩蔵——国と地域をかける』明治大学校友会山形県支部、二〇〇二年、など参照）。

(15) 上林敬次郎は、東京方学校の第二回卒業生（明治一九年九月）であり、卒業後も同校と関係の深い『法律雑誌』『法学速成雑誌』『東京法学校雑誌』などの編集に関与している。のち、二七年一〇月最初の行政科試験に合格した（法政大学大学史資料委員会編『法律学の夜明けと法政大学』法政大学、一九九三年、など参照）。

山村　徳順　D 24
横渕（淵）正気　D 15・16
横山鍵太郎　D 12・13・15・22
横山光次郎　A 61
吉井盤太郎　A 4・5・6・8・9・11・12・13・14・15・17・18・57
吉田　欣二　D 5
吉田　恒吉　A 6
吉田　初三　A 57
吉野松太郎　D 33
吉原　三郎　A 60／D 7
吉原常三郎　A 32・33・67・68／B 100／C 7
米田幾一郎　A 89
ランボー　A 76・77
リュービース（ユ・ル）　D 21・22・23・25・26
両外　西缶　A 43
両角　彦六　B 107・112・120・121・122／D 28
ルヴォン　D 16・20・21
苓洲管見居士　A 84・85
レロアル　D 11
ローラン　A 35・36・37・39・41・45・47・52・54・55／B 105・106・107・108・109・110・113・114
六嘉　秀孝　D 3・33
碌々　居士　A 32・41
六々湾漁夫　A 19・25
魯山　居士　C 1・6
ロンブロゾー　B 134・135／D 18・19・20・21
若米　五郎　B 105・106・107・108・109
若槻礼次郎　D 13
若林栄二郎　D 1・2・3
若林　琳蔵　A 28・29・30・32・33・35・75
渡邊　洪基　A 26
和田生　B 129
和田守菊次郎　A 75・80／B 99・100・101・102・103・104・118・120・128／C 1・2・3・4・5・6・7・8・9・10

【A・B・C】

A. W.　D 25
C. S.　D 29
C. Z. S.　D 19・20
E. M.　D 20
F. H.　A 19
H. S.　A 31
K. K.　D 19・20・26・27・29・30
K. M.　A 19／D 19・29
K. O.　D 32
M. A.　C 9／D 1
M. F.　A 21
N. S.　D 26
O. K.　A 35
S. A.　A 21
S. S.　A 41
T. E.　A 30
T. I.　D 32
W. K.　C 9・10
Y. T.　A 25・27

福田　A 58
福田　耕三　D 22
福田善三郎　A 59
福地源一郎　A 26
福原　直道　C 5・8・11／D 5
藤原慶三郎　D 28
藤　村　生　D 30
藤本　継根　A 1
ブリデール　D 22・23・24
分権　居士　A 24
文　人　生　A 43
ボアソナード　A 45・81／D 4
望　雲　生　D 31
法　外　人　A 24
傍　観　子　D 31・32
法　狂　生　B 123
法　痴　生　B 131
木　訥　斎　B 121・123・124・132・133
北　龍　子　D 31
細江　守均　A 13・16
ホハ（ワ）テル　A 7・8・9・10・11
堀　確太郎　A 24
本郷惣太郎　D 20・22
本多　太吉　D 12

【ま行】

前田藤吉郎　A 55・56・66
前田　兵郎　D 9
曲木　如長　B 106・116・117／C 3・5・6・7
町井鉄之介　A 33
松井　誠治　B 113・114
松本慶次郎　B 125・126・127・128・129・130・131・132・135
守　A 22・23
松室　致　C 11／D 14
三島（嶋）亀四郎　A 83・84／B 122
三嶋　毅　C 1・3・4
三島　通良　A 19・20・21・22・23・25・28・31・34・37・38・41・46・47・49・50
水　可　元　B 110
水町袈裟六　C 11／D 14・15
溝淵　琴山　D 30
三田村捨太郎　B 133・134
箕作　麟祥　A 26・45／C 5
ミハエリス　A 37・38
未班秋城逸士　A 12
三村雲外生　B 123
宮川　四郎　A 71・88
宮城　浩蔵　A 2・4・6・19・20・21・38・45・75・76・81／B 100・109・118・120・121・122・124・125・126・127・128・129・130・135／C 5・6・11／D 13
宮古啓三郎　D 14・21
宮下定太郎　A 56
無能　居士　D 3
無　味　生　A 30
無名　少年　A 19
村上　米太　A 17
村瀬甲子吉　C 10
村　瀬　生　B 129・132・134
茗　渓　D 25・26・27・28・31
茗渓　漁夫　D 22
麺台　隠士　D 32
本野　一郎　C 7・10・11／D 1・12・15・19・20・21・24
森島　浩　D 12
守屋　此助　A 88

【や・ら・わ行】

八木沢久三郎　D 13
矢代　操　A 62・64／B 105・106
安田繁太郎　A 12
柳澤　重固　B 132・134・135
矢野　芳弘　D 25
藪江　筍庵　B 133
山井　景美　D 14・18
山岡　景治　D 4・21・25・29
山岸三四郎　C 10／D 2
山口　憲　B 103
山口　清吉　D 10
山崎国太郎　D 32
山崎　哲蔵　D 10
山田　顕義　C 2
山田　史郎　D 30
山田福三郎　D 25・26
山田　三良　D 25・26・27
山田　守次　D 3・5
山谷　虎三　B 102
山中源之助　A 48

治罪　法史　A 40
帖佐　顕　A 57・60／B 113
千代田基一郎　D 25
月嶺　学人　D 24
辻　治太郎　B 134
津田　藤麿　A 69・70・74・75・76・77
徹桑　法子　A 32・34
寺尾　亨　C 11
天放仙居士　A 54
土居　弘毅　C 1
踏　雲　生　D 32
東　巌　生　D 31
東洋　贖民　A 55・56
徳岡　梅吉　D 28
得々　居士　C 8・9
徒　惰　生　C 4
訥斎　主人　D 17
飛　羽　僊　A 77
富井　政章　D 1・2
富谷鉎太郎　D 8・9
留岡　幸助　D 22・23
豊田証三郎　B 100

【な行】

内藤　耻叟　B 116・117
那珂　貞治　A 30・47・48・57
中尾　邦蔵　B 104
永井　天舎　D 32
中島虎一郎　D 22
長島武次郎　A 60
長田　賢孝　B 134
永田　博　A 73・74・76
中司文次郎　D 12・13・21・22
長濱光次郎　A 56
中村　健三　A 7・8・9・10・11・12
中村藤之進　D 8
中村　倭胤　A 44
中山吉太郎　B 129
灘　川　生　A 20
夏目　辰二　C 8
名村　泰蔵　A 45・81／C 1
楢原　俊之　D 24・27
成等　常照　D 21
名和　岩内　B 130
南会　学人　D 18
南葛　野夫　B 125
新　見　生　B 131
西野　九一　A 59
仁平弥生子　D 20
丹羽　瀧男　D 16・17・20・21
野衣秀治郎　A 52
野口五百次郎　A 80
能　州　生　A 54
鋸山　居士　D 32
能勢　恭三　D 12・13・17・19・21
信岡雄四郎　B 131／C 1・2・4・5・6・7・10・11／C 3／D 23
乗竹孝太郎　A 16・17・19・20・21・23・24・25・26・31・33・34・35・36・42／B 100・101・103・108・109

【は行】

ハ ー メ ル　C 4・5・9
梅陰　居士　B 126
梅　陰　生　B 127・128
梅荘　仙人　D 25・31・32
跛　亀　生　D 18・19・20・25・26
白洋　学人　D 23・27・31・32
狭間　独醒　B 118
長谷川　喬　A 69・70・71・76・77・78・79・80・85・87／B 101・102・105・107
長谷川吉次　A 62・63・73／B 133／C 5・6／D 8
パテルノストロ　B 119・120・121・122・123・124・125・127・128・129・130／D 2・8
羽南　学人　B 123
早石　好造　D 3・5
林　正太郎　A 34・58
林　武三　B 128
バ ル ニ ー　A 1・2・3・4・6・7・9
板東　太郎　B 131
樋　口　保　B 101
評　論　子　D 31・33
平井恒之助　B 103・104・109・110・111・112・115・127／C 4・7
平　井　某　B 99
平岡満次郎　B 103
平　川　平　A 76
平松福三郎　A 26・47・58

佐藤三之助　D 33
佐藤　徳治　D 32・33
佐藤　長松　D 22・24・25
佐野龍次郎　A 51・53
サ　レ　ム　D 1・2・3
澤地　甚蔵　B 121
澤田　俊三　C 3
塩入　太輔　A 27・28・30・48・49・50・52・53・54・65・66・67・68・69・70・71・72・73・74・75・76・77・78・79・80・81・82・83・84・85・86・87・88・89・90・91・92・93・94／B 99・100・101・103・104・105・106・107・108・109・110・111・112・113・114・118・124・125・126・127／C 2・4・7・8・10／D 2
志田鉀太郎　D 32
自　治　生　B 131・132
実　地　生　D 11
志津野宗方　A 4・6・7・8・9
失　名　氏　D 31
自　道　生　D 32
芝浦法狂生　B 118
柴田桜狂生　D 7
柴田　勇助　A 70・90・91／B 99
島　集次郎　D 17
城　数馬　C 1・5・8・9・11／D 1・2・8・17
荘田孝四郎　D 16・19
城南　逸人　C 8・9・10
白土　常山　D 18
城石　山人　A 71
白眼　道人　C 3
水去堂主人　B 107・110／C 2・3・6・7・8・9・10・11
末松　三郎　B 116／C 2・3
杉村　虎一　A 3・5・33・34／C 11
杉山誠一郎　C 9
鈴木弥三郎　D 3
鈴　操　子　A 91／B 103・104・106・107・111・112・113・116
鈴操　居士　B 101・105
諏湖　逸民　A 21
駿台　散士　B 119
駿台　樵夫　D 27
青雲　外史　B 126
芹澤　友吉　B 126
藻江　居士　B 129・131／D 8
蒼民　居士　B 133

【た行】

太平　山人　B 133・134
太　平　栄　D 4
泰　東　生　D 33
岱麓　樵夫　A 31
高木　豊三　C 11／D 14・16・24・28・30・31
高須　律郎　A 14・15・19・20
高霞　山人　D 23・29・30・31
高瀬　包三　B 99
高田　芥船　D 11
高田　早苗　A 38・39・40
高田　長豊　D 9・29
高田　似攏　C 5
高取恒太郎　A 2
高橋藤之丞　A 57
高橋　秀臣　A 45
高橋　穂積　D 23
高橋　美稲　D 8
田上　諸蔵　A 72・76／D 11・19
田川房次郎　D 13・23・27・32
竹山　半造　A 71・72
田代　律雄　A 35・36・37・39・41・45・47・52
立　山　子　A 32・33
田能邨梅士　A 61・70／B 108
谷　弓太郎　B 106
谷山直太郎　A 10・11・18・19・22・29
田部　香蔵　A 1・2・3・4・6・7・9・12・15
田部　辰男　D 7
田村　居士　B 111・114・115
多羅尾篤吉　A 60・61
太郎　山人　B 132
短　気　生　B 130
淡泊　道人　D 33
淡斉　主人　D 25
談　峰　生　D 9
耽　法　生　D 15・16
団民　居士　C 1・2・4・5・7・8・10

河原元之助　B 111・115
河村譲三郎　C 1
干　水　子　D 15
巌船　居士　B 134
干　渉　生　B 132
嵓　太　生　A 43
巖谷　孫蔵　C 4／D 1
汗馬　野史　D 20・31
上林敬次郎　D 1・8・20・21・22・23・26
岸本　辰雄　A 4・8・9・14・26・45・66・67／B 99・106・107・111／C 1・11／D 12・22・26・27・29
喜撰　法史　D 5
北門　衛士　D 24
北筑　外史　B 134
北野竹次郎　A 50
橘江　漁夫　D 26・29・30・32
木下哲三郎　A 77
木村誠次郎　D 22・23・24・25・27・28
木村誠太郎　D 3・5・6
久華　学人　A 22・23
巨鹿　野人　D 21・22・23
虚心亭主人　D 11
錦街　楼盤　A 24
日下軒道人　A 84
楠元　正隆　C 2
久保田堅次　A 92・93／B 100・104・107・108・109・110・111
久保田与四郎　A 21
久保野清吉　A 57／B 124
熊沢　良吉　D 25
熊田勘太郎　A 58・59・86
熊野　敏三　A 1・2・3・5・7・11・12・13・14・16・19・20・21・51・87／B 102／C 11
熊本　昊　A 17
倉敷熊次郎　D 11・12
蔵田　桜鉄　C 9
倉本　了一　A 29
栗塚　省吾　C 11
黒木平次郎　A 89／B 133・134
桑田　房吉　A 35・50・51・52・54・63
炯　々　生　D 28
乾堂　居士　D 32
研法　頑生　D 19
小池　靖一　A 87／B 99・100・106・108・109・110
小泉　福蔵　B 133・134・135／D 17・23・24・25
江東　学人　B 132・133
厚　東　生　D 33
河野　易男　B 115・117
河野和三郎　A 22・53／B 103
叩法　台史　A 28
宏　包　子　B 121
攻　法　生　D 1
好　法　生　D 6
光妙寺三郎　A 23・30・31・34・35・36・48・51／B 103・104／C 11
高　陵　生　A 22・23
古賀　廉造　C 11
小貝　庸吉　D 17・19・20・22
狐　疑　生　B 131・133
小久保満尊　D 9
国民　逸士　B 117
小黒平次郎　B 135
小島重太郎　B 109
小嶋重太郎　B 120
児島　惟謙　C 1
五味　武策　A 18・19
コムボツテ（デ）クラ　D 25・27・28

【さ行】

採菊　居士　B 117
済々　居士　B 101・104・108・109
済々堂主人　A 84
斎藤　孝治　A 26・40・41・51・78／B 99
境澤弥太郎　A 61
榊原三之助　B 112
榊原友之進　A 92
作田右手雄　A 75
桜井　長蔵　D 11・16・17・18
桜井　義雄　D 8
桜　井　栄　D 8
桜　井　生　D 9・12
佐々木忠蔵　B 120・121・122・124・125・127・128・130／D 1・7・8・11・12・13・22・24
薩埵　正邦　A 60
佐藤　A 58

迂　　斎　A 22
ウオロスキー　B 131・132
上田　貞夫　D 4
上田　充　A 64・65・66・67
宇川盛太郎　A 20・21
宇川盛三郎　A 21・22・23・24・25・26・27・28・29・30・33・35・37・48・57・58・62・70・71・72・74・75
内田　隍南　B 134
内田鉄三郎　B 131・134
内田彦兵衛　D 16
内田　良輔　A 1・38／B 104
梅　謙次郎　C 2・6・8・11／D 1・2・3・17・23・26・28・31
梅津末三郎　A 30
浦山　春清　A 13
雲　外　生　A 27・31
雲　山　生　B 124
雲舟　狂生　A 70
江間　俊一　B 99・104
エ　リ　ー　A 44・46・48・51
鷹　洲　生　A 55
桜　狂　生　B 130
汪洋　少年　A 35
大井憲太郎　C 2
大井　八郎　D 10
大井田啓次郎　B 105
大木　喬任　A 45／C 4
大久保規彬　D 7
大倉　鈕蔵　A 28・29・30・37・40・42・43・44・46・48・51・54・55
大澤　三樹　A 16・21
大島　誠治　C 11
大塚　成吉　C 11
大畠　久明　D 28
大屋　峯吉　A 47
岡　　光　D 18
岡　光三郎　D 28
小笠原久吉　A 1・30
岡田朝太郎　C 11／D 2・3・9・10・11・12・14・15・16・17・20・23・28・33
岡田伝三郎　A 28
岡田　昌孝　D 21
岡村　司　D 14・25
岡村　輝彦　A 1・2／B 101・102
岡本　直熊　A 26・59
小川半池生　B 135
奥平　周作（策）　D 12・14・19
奥平　昌洪　A 81
奥戸喜之助　B 117
奥村　靖　B 99
尾崎　保　B 130
織田純一郎　C 5・6・7
織田　萬　D 15・21・25・31・32
尾立　維孝　C 3・4・6
小野　一郎　22・23・24・25・27・29・32・36
オルトラン　A 28・29・30

【か行】

芥船　居士　D 33
瓜　憶　子　B 122
蝸牛生尾崎　A 94
蝸殻　目人　B 119
蝸　殻　生　B 129
諤々　居士　B 117
岳楽　山人　B 122
か，け，　D 30
樫原三四郎　A 68・69・72
片寄晩之輔　A 40・52
片寄伴之助（輔）　A 47・58・73・79・81・85
片寄　雄　A 3・5
加藤於兎吉　D 9
加藤栄次郎　A 23
加藤重三郎　A 10・11
加藤　幹雄　B 134・135／D 1・2・3・4・5・6・7・8・9・10・11・12・13・14・15・16・17・18・21
金澤　保胤　A 77・94
金山　尚志　C 9
金田　保胤　A 25
神山　常松　B 134
亀山　貞義　B 103・104・105・116・123／C 11
ガロー（カルウオー）　A 3・69・70・74・75・76
可和　堂生　B 126
河瀬　国輔　D 16
川戸　甲　D 6
川那邊貞太郎　A 57

執筆者索引（明治法律学校機関誌）

『明法雑誌』【A】・『法政誌叢』【B】・『法治協会雑誌』【C】・『明法誌（志）叢』【D】
の通常号を対象とした。数字は，各雑誌の号数を示す。

【あ行】

藍河　左人　B 133
赤星　秀雄　A 64
秋月左都夫　D 10・19・22
アコラス　A 33・34
浅岳　居士　B 112
浅野豊三郎　A 60
浅間新五郎　B 103
浅見倫太郎　D 23・33
旭峯　学人　D 27・31
朝山　益雄　D 33
蘆川　漁史　C 2・6・11
蘆澤　潤　D 20
安佐生　D 4・6・7
東　正里　D 23
安達峰一郎　B 119・120・121・122・123・124・125・127・128・129・130／D 2・4・8・11・12・14・16・20・21
油井　守郎　A 14・15・16・18・23・27・28・29・31・36・39・42・45
天野　御民　C 4
天野　為之　A 82
荒井賢太郎　D 12・22
有賀　長雄　B 118・120・121・123
有賀　長文　B 108・131・132・135／D 10
有松　晩翠　C 7
粟飯原一夫　D 8・25
安生地禎三　D 30
安藤　正楽　B 126
暗法　措火　D 20
飯田　宏作　A 59／C 1・10・11
飯田　豊　D 7・9
飯塚茂太郎　D 5・6
石一生　D 18・22
石尾一郎助　D 18
石川　甚作　B 99
石田仁太郎　A 22
石塚　源吉　A 69
石橋瓜憶子　B 127
衣縞　学人　D 18・20・21・23・24
磯部　四郎　A 20・29・32・33・46・47・48・49・50・51・52・53・54・57・58・59・60・63・64・78・79・86／B 99・100・102・104・119／C 2・3・10・11／D 18
一井　惣蔵　D 27
一鴨斎　A 29
市兵衛　B 99
一回房　A 38
井出　茂富　D 4
伊東　謙吾　D 27
伊藤周五郎　A 48
伊藤　武寿　D 6・14
伊藤鉄次郎　A 58
伊藤　利馬　A 34／B 114・115・116
伊藤　真英　A 27・29・30
伊藤亦太郎　A 56
糸永　昊　A 22・24・25
井上　正一　C 11／D 12
井上　密　D 29・30
井上　操　A 1・2・3・4・9・10・89／B 103・104・112・113・119
伊吹山徳司　D 30・32
今泉国太郎　D 16
今村　和郎　B 99・102・103・110・111・113・114・115・119
井本　常治　A 19・20・21・22・23・24・25・26・27・28・29・30・31・32・33・34・37・38・39・40・41・43・44・46・48・51・57・59・60・61・62・63・64・65・66・67・68・69・74・75・76・78・83・86・92／B 102・104・112／D 8
入江鷹之助　C 1
入江　良之　D 18
入島　満江　A 74
岩月　恒徳　B 132
岩野　新平　A 62・63／C 11

執筆者紹介（執筆順）

村上 一博（むらかみ　かずひろ）…第１章・第２章・第５章・付 録

編著者紹介参照.

江藤 英樹（えとう　ひでき）…第３章

1965年生まれ. 明治大学法学部専任講師. 憲法.
明治大学大学院法学研究科博士後期課程単位取得退学.
主な著書：共著『住基ネットと監視社会』日本評論社［2003］. 共著『表現の自由とプライバシー』日本評論社［2006］.「フランスにおける表現の自由および私生活保障についての考察」『法律論叢』第79巻１号［2006］.

岩谷 十郎（いわたに　じゅうろう）…第４章

1961年生まれ. 慶應義塾大学法学部教授. 日本近代法史.
慶應義塾大学大学院法学研究科博士後期課程単位取得退学.
主な著書：共編『法と正義のイコノロジー』慶應義塾大学出版会［1997］. 共著『法社会史（新体系日本史２）』山川出版社［2001］.「法科大学院の創始と福澤諭吉」『福澤諭吉年鑑』32［2005］.

中山 幸二（なかやま　こうじ）…第６章

1957年生まれ. 明治大学法科大学院教授. 民事訴訟法.
早稲田大学大学院法学研究科博士後期課程単位取得退学.
主な著書：「民事訴訟法における送達の瑕疵・擬制と手続保障」『神奈川法学』第31巻１号［1996］. 共著『民事訴訟法学の新たな展開』成文堂［1996］. 共著『ファンダメンタル民事訴訟法』不磨書房［2003］.

編著者紹介

村上 一博（むらかみ　かずひろ）

1956年生まれ．明治大学法学部教授．日本近代法史．
神戸大学大学院法学研究科博士後期課程単位取得退学．
博士（法学・神戸大学）
主な著書：単著『明治離婚裁判史論』法律文化社［1994］．単著『日本近代婚姻法史論』法律文化社［2003］．単著『日本近代法学の巨擘——磯部四郎論文選集』信山社［2005］．

日本近代法学の揺籃と明治法律学校
（明治大学社会科学研究所叢書）

2007年3月15日	第1刷発行	定価（本体4300円＋税）
2009年5月20日	第3刷発行	

編著者　　村　上　一　博
発行者　　栗　原　哲　也

発行所　㈱ 日本経済評論社
〒101-0051　東京都千代田区神田神保町3-2
電話 03-3230-1661　FAX 03-3265-2993
info8188@nikkeihyo.co.jp
URL : http://www.nikkeihyo.co.jp

装幀＊渡辺美知子　　印刷＊文昇堂／製本＊山本製本所

乱丁落丁はお取替えいたします．　　　　　　　Printed in Japan
Ⓒ MURAKAMI Kazuhiro et. al., 2007　　ISBN978-4-8188-1930-6
・本書の複製権・譲渡権・公衆送信権（送信可能化権を含む）は㈱日本経済評論社が保有します．
・JCLS 〈㈱日本著作出版権管理システム委託出版物〉
本書の無断複写は著作権法上での例外を除き禁じられています．複写される場合は、そのつど事前に、㈱日本著作出版権管理システム（電話03-3817-5670、FAX03-3815-8199、e-mail: info@jcls.co.jp）の許諾を得てください．